# 브라질 포르투갈어 첫걸음 I

## Brazilian Portuguese

**최금좌** 지음

문예림

http://www.bookmoon.co.kr

**브라질 · 포르투갈어 첫걸음 I**

**초판 2쇄 인쇄** 2017년 8월 25일
**초판 2쇄 발행** 2017년 8월 31일

**지은이** 최금좌

**발행인** 서덕일
**펴낸곳** **문예림**
**주소** 경기도 파주시 회동길 366 (10881)
**전화** (02)499-1281~2
**팩스** (02)499-1283
**E-mail** info@bookmoon.co.kr

**출판등록** 1962.7.12 (제406-1962-1호)
**ISBN** 978-89-7482-861-5(93790)

# 머리말

이 책은 한국외국어 대학교 글로벌 캠퍼스에서 포르투갈어를 처음으로 접하는 학생들을 대상으로 회화수업과 문법수업을 연계하여 진행할 수 있도록 기획되었습니다.

원래 이 책의 기획의도는 문법책을 출판하는 것이었지만, 2011년 2학기 1학년 수업을 맡았던 브라질 원어민 교수 Dinna의 제안으로, 문법과 회화 책을 겸한 책을 출판하게 되었습니다. 출판목적은 제한된 수업 시간에 학생들의 학습 효과를 높이기 위해, 2012년 1학기부터 신입생이 꼭 습득해야 할 내용들을 여러 교수님들이 같은 교재로 각자가 맡은 수업 시간마다 그것을 반복하고자 하는 것이었습니다.

본 교재는 필자의 그동안의 포어강의를 바탕으로 가장 쉬운 표현이면서도 꼭 익혀야 할 표현들을 문형연습식으로 엮은 것입니다. 그런데 학생들의 편의와 흥미를 꾸준히 유도하기 위해 포르투갈어에서 가장 힘든 부분이라 할 수 있는 동사의 법을 기준으로 본 교재를 두 권으로 나누었습니다. 즉 제1권은 일상생활의 회화를 할 수 있는 직설법을 중심으로, 그리고 제2권은 고급회화를 할 수 있는 접속법을 중심으로 엮었습니다. 따라서 한국외국어 대학교 글로벌 캠퍼스의 포르투갈어(브라질어)과는 1학년 학생들이 한 학기 수업이 끝날 즈음에는 직설법으로 자신이 표현하고자 하는 내용을 스스럼 없이 말하거나 작문할 수 있는 수준을 기대하고 있습니다.

사실 포르투갈어의 직설법 습득 조차도 쉬운 일은 아닙니다. 왜냐하면 포르투갈어의 동사가 주어의 성과 수는 물론 시제에 따라 변하기 때문입니다. 하지만 이 동사들은 크게 세 개의 그룹으로 분리되는데, 이들은 일정한 규칙에 따라 변화하는 특성이 있습니다. 이를 동사의 활용이라고 하는데, 대부분의 초보 학습자들은 이 첫번째 난관을 극복하지 못하고 포르투갈어 학습에 흥미를 잃게됩니다.

이러한 학생들의 고충을 충분히 고려해 기획된 본 교재는 학생들이 포르투갈어를 학습함에 있어서, 꾸준한 흥미를 갖고 수업에 임할 수 있도록 돕기위한 일종의 “전과” 혹은 “자습서”의 역할을 하게 될 것입니다. 바로 이점이 본서의 강점이 될 것입니다. 그리고 본 교재의

또 다른 강점으로는 제시한 모든 문장에 한국말 해석을 붙여 놓았다는 것입니다. 그 이유는 너무나도 뻔하고 획일적인 번역이 아니라, 같은 문장이라 하더라도 여러 해석이 가능하다는 것을 보여주기위해 여러 페이지에 걸쳐 그것을 달리 표현했다는 것입니다. 이것은 그동안 필자가 고학년 학생들을 가르치면서 저학년부터 문장을 해석하는 능력을 배양시켜야 한다고 판단했기 때문입니다.

마지막으로 본 지면을 통해서 감사의 마음을 전하고 싶은 사람들이 있습니다. 우선 문예림의 서덕일 사장님께 감사드립니다. 그리고 편집 · 조판 전문업체인 신흥미디어의 담당자에게도 감사드립니다. 이분들이 아니었다면 결코 본서의 출판이 블가능했다고 믿기 때문입니다.

그리고 지난 학기 중 본서의 작업에 참여하여 도움을 준 고학년의 고은혜 김슬기 김초롱 박정환 임윤지 조성현 정연성 최지연 학생들에게도 감사의 말을 전합니다. 그리고 저학년의 소규모 스터디 그룹 멤버들인 전형준 한승희 박제민 김한솔 김은재 이성경 학생들에게도 감사의 말을 전합니다. 이들은 금번 겨울방학동안 우연히 필자에게 다가온 가장 큰 선물(?)이었습니다. 특히 복학생으로 이 그룹을 이끌고 있는 리더 전형준과 브라질 태생으로 중학교 때 한국으로 역이민한 이성경은 자신의 시간과 에너지를 외로운 작업을 하고 있던 필자에게 아낌없이 주었을 뿐만 아니라, 그 과정에서 필자의 "동반자"나 "친구"의 역할을 톡톡히 했다는 것을 다시 한번 강조하고 싶습니다.

2008년 리만 브라더스 사건이후 세계의 경제가 어려운 이 시점에서도 브라질은 2014년 월드컵과 2016년 올림픽 개최 준비로 바쁘게 움직이고 있습니다. 이에 따라 한국 사회와 관련 기업들의 브라질에 대한 관심은 급증하여 실제적으로 포르투갈어 전공자에 대한 수요가 기아급수적으로 늘고 있습니다. 따라서 스스로가 예습과 복습이 가능한 본서를 통해, 포르투갈어를 학습하는 모든 사람들에게 포르투갈어를 정복할 수 있는 "행운"이 깃들기를 간절히 바랍니다.

2012년 2월 28일

최 금 좌

# 개정판을 내면서

[브라질-포르투갈어 첫걸음 I (초급)] 출판 이후, 4년 만에 개정판이 나오게 되었습니다. 2012년 초 초판 출판을 서두는 과정에서 많은 오류가 있었음을 안타까워하던 중, 이렇게 수정할 기회가 주어져서 대단히 기쁘고 또한 감사하게 생각합니다.

본서는 그 동안 한국외국어대학교 뿐만 아니라, 브라질에 관심이 있는 대학의 교재로 선택되어 사용되었습니다. 그리고 개인적으로 포르투갈어가 필요한 일부의 사람들은 본서를 택해 독학하는 과정에서 자신의 의문점을 저자인 제게 직접 e-mail을 통해 해소하고자 하는 경향이 있었습니다.

따라서 본 개정판의 특징은 포르투갈어 발음을 강화하는 의미에서 필요하다고 생각되는 부분에 한국어 음성표기를 삽입했고, 또한 학습자들을 격려하는 차원에서 시각적으로 피곤하지 않게 좀 더 많은 공간을 할애 하려고 노력한 것입니다. 그리고 본서가 학습자들의 포르투갈어 습득에 좀더 편리하고 유용한 길잡이가 될 수 있도록 정답을 따로 만들어 부록에 첨가했습니다.

이 개정판이 나올 수 있도록 수고해 주신 신흥미디어의 윤종목 사장님과 문예림의 서민우 실장님께 다시 한번 감사 드립니다.

2016년 2월 28일

최 금 좌

# 목 차

## 속담 Provérbio

**Quem ri por último, ri melhor.**

▶ 마지막에 웃는 자가 최후의 승리자이다.

**De grão em grão, a galinha enche o papo**

▶ 티끌모아 태산.

**Para bom entendedor, meia palavra basta.**

▶ 지혜로운 사람에게는 그다지 많은 말이 필요하지 않다.

**Um dia é da caça, o outro do caçador.**

▶ 어느 날은 사냥감이 되고, 또 다른 날은 사냥꾼이 될 수 있다.

▶ 전화위복.

**Quem ama o feio bonito lhe parece.**

▶ 사랑하는 사람의 눈에는 상대방의 미운 점이 예쁘게 보인다.

▶ 눈에 콩깍지가 씌었다.

**A cavalo dado, não se olham os dentes.**

▶ 선물로 주어진 말은, 이를 들여다 보지 않는다.

▶ 주어진 선물에는, 결코 불평을 하지 않는다.

**Quem não tem cão, caça com gato.**

▶ 개가 없으면, 고양이로 사냥을 한다.

▶ 이가 없으면 잇몸으로 산다.

**Água mole em pedra dura, tanto bate até que fura.**

▶ 부드러운 낙수 물이 단단한 바위를 뚫는다.

▶ 끈질기게 무엇인가를 하면, 반드시 결과를 얻게 된다.

▶ 한 우물을 파야한다.

**Pelo dedo se conhece o gigante.**

▶ 될 성 싶은 나무 떡잎부터 알아본다.

# 알파벳

| | | | |
|---|---|---|---|
| A | a | 아 | á |
| B | b | 베 | bê |
| C | c | 쎄 | cê |
| D | d | 데 | dê |
| E | e | 애 | é |
| F | f | 애피 | éfe |
| G | g | 줴 | gê |
| H | h | 아가 | agá |
| I | i | 이 | i |
| J | j | 줘따 | jóta |
| L | l | 앨리 | éle |
| M | m | 에미 | ême |
| N | n | 에니 | êne |
| O | o | 어 | ó |
| P | p | 뻬 | pê |
| Q | q | 께 | quê |
| R | r | 애히 | érre |
| S | s | 애씨 | ésse |
| T | t | 떼 | tê |
| U | u | 우 | u |
| V | v | 붸 | vê |
| X | x | 쉬스 | chis |
| Z | z | 제 | zê |

* **k** [까 **ká**], **w** [다블류, **dablyu**], **y** [입실롱, **ipsilõ**]는 포르투갈어의 알파벳에 포함되지 않지만, 외래어나 고유명사, 국제단위(**kg**, **km**), 그리고 화학기호를 표기할 때 쓰인다.

* 알파벳은 모두 남성이다.

## ···▸ 악센트

포르투갈어에는 문자와 함께 사용할 수 있는 액센트 부호가 다섯 개가 있다. 그런데 아래의 기호들 중 네 개는 주로 모음 '**a, e, i, o, u**'의 문자에 쓰여, 비음(鼻音)을 나타내기도 하고, 열린모음(개모음–開母音)과 닫힌모음(폐모음–閉母音)을 구별해 주는 동시에, 대부분의 경우 강세도 표시한다.
따라서 한국어를 모국어로 쓰는 화자들에게는 모음의 비음 구별이 어렵게 느껴진다.그리고 포르투갈어에는 '**e**'와 '**o**' 모음에 강세 **acento agudo** " ´ "를 사용하여, 각 모음의 닫힌 소리와 열린 소리를 구분하는데, 이것은 음소로 기능한다. 따라서 포르투갈어의 기본모음은 **a** [아], **é** [애], **ê** [에], **i** [이], **ô** [오], **ó** [어], **u** [우] **7**개가 된다.
한국어를 모국어로 하는 화자들은 액센트가 사용되지 않았지만, 남자 **ele**의 닫힌 소리 [에]와, 여자 **ela**는 열린 소리 [애]를 구분하는데 많은 시간이 필요하다.

**1) til**: " ~ "
**a, o** 위에 사용되어, 비음을 나타낸다.

**2) acento agudo**: " ´ "
모든 모음 위에 사용될 수 있는데, **a, e, o** 경우 열린모음을 만든다 → **á, é, ó**

**3) acento grave**: " ` "
〈전치사 **a** + 정관사 **a**〉의 축약으로 문법적 기능을 한다. → **à**

**4) acento circunflexo**: " ^ "
강세와 닫힌소리를 나타내는 기호로 **a, e, o**에만 붙는다. → **â, ê, ô**

**5) cedilha**: " ç "
자음 **c**에만 사용되어 **c cedilha**라고 한다.

# 발음편

## 단모음

1) a

| a [a] [아] | ã [ã] [앙] |
|---|---|
| casa sala tapa lado | canto santo tampa lã |

2) e

| e [e] [에] | é [ɛ] [애] |
|---|---|
| ele nele dele | ela nela dela<br>sede queda pedra bela leva |
| ~e [ê] [엥] | ~ é [ɛ̃] [앵] |
| gente mente pente sente quente<br>tem sem quem bem vêm | mente dente também ninguém porém |

3) i

| i [i] [이] | ~ĩ [ĩ] [잉] |
|---|---|
| isto nisto misto quisto<br>liso litro liga livro | sinto minto quinto pinto<br>lindo tinto finco ginga |

| es__로 시작하는 단어 [i] [이스] | __e로 끝나는 단어 [i] [이] |
|---|---|
| escola esmola esquerdo estado<br>estádio espera esteira esquina | conte monte ponte longe<br>bonde cidade parede demente |

4) o

| o [o] [오] | ó [ɔ] [어] | õ [õ] [옹] |
|---|---|---|
| ovo novo bolo molho | nova bola mola nora | conto tonto donde monte<br>ponte bonde<br>ombro onda onde<br>ontem homem onça |

5) u

| u [u] [우] | ũ [ũ] [웅] |
|---|---|
| uva luva dura muro nulo furo | mundo junto suma nunca numa um |
| __o로 끝나는 단어 [u] [우] | |
| livro minto quinto sinto canto santo sonho tonto | |

## ▶ 이중모음

1) ai

| ai [ai] [에이] | ai [ãĩ] [앙잉] |
|---|---|
| mais | cães pães mães almães |

2) au

| au [au] [아우] | ão [ãũ] [어웅, 아웅, 엉웅, 앙웅] | am [ãũ] [앙웅] |
|---|---|---|
| grau pau mau nau auxílio aumento automóvel | tão são irmão pão cão vão limão canção coração | falam andam notam moram saltam tomam cantam nadam jantam chegam levam estudam |

3) ei

| ei [ei] [에이] | éi [ɛi] [애이] |
|---|---|
| peixe | idéia |

4) eu

| eu [eu] [에우] | éu/el [ɛu] [애우] |
|---|---|
| meu | céu véu mel |

5) oi

| oi [oi] [오이] | ói [ɔi] [어이] | õe [õĩ] [옹잉] |
|---|---|---|
| oito boi foi dois depois noite moita | dói | lições canções limões nações porções corções vulcões botões |

6) ou

| ou [ou] [오우] |
|---|
| outro |

7) ui

| ui [ui] [우이] | ui [ũĩ] [웅잉] |
|---|---|
| intuito | mui, muito |

8) iu

| iu [iu] [이우] |
|---|
| viu mentiu fugiu abriu pediu subiu ouviu corrigiu |

## ▶ 삼중모음

삼중모음은 [g]와 [k] 다음에만 나는 소리로 다음의 네 가지가 있다.

| | | |
|---|---|---|
| 예를 들면 | uai [waj] [와이] | quais |
| | ual [waw] [와우] | qual? |
| | uei [wej] [우에이] | averiguei |
| | uou [wow] [우오우] | averiguou |

## ▶ 자음

1) b

| |
|---|
| boca barco beber ambos sobre |

2) c

| ca co cu [ㄲ] | ce ci [ㅅ, ㅆ] | ç + a o u [ㅅ, ㅆ] |
|---|---|---|
| café casa caro cobra copo cor curvo | centro certo cinto cima | caça moça praça aço açúcar |

3) d

| d [ㄷ] | d+[i] -> [지] |
|---|---|
| dedo dizer dormir dúvida | dia tarde vende cidade |

4) f

| |
|---|
| falar famíla favor feio fome |

5) g

| g [ㄱ] | ge, gi [ㅈ] | gue, gui [게] [기] | gua, gue, gui, guo [과] [궤] [귀] [궈] |
|---|---|---|---|
| gado gato | gente giria | guerra guia | água linguiça |

6) h

| | |
|---|---|
| hotel hora homem | *h는 무음으로 발음되지 않는다. |

7) j

| |
|---|
| jantar jeito jornal |

8) l

| l [ㄹ] | __l [우] *단어의 끝에 올경우 |
|---|---|
| lado leite livro lobo luta | sol papel |

9) lh

| |
|---|
| lh [ㄹㄹ] *“빨래” 할 때 ㄹ이 겹쳐서 나는 소리] |
| colher filho olho milho trilho velho molho trabalho joelho folheto toalha |

10) m

| |
|---|
| mapa medo miolo moça mudança |

11) n

| n [ㄴ] | n+p, b가 아닌 자음이 올 경우 [~ㄴ]<br>*[n]이 비모음화되어 [ㅇ]에 가까운 소리가 된다. |
|---|---|
| nada nove | branco tango pântano pente |
| [나다] [너비] | [브랑꾸] [땅구] [빵따누] [뻬치] |

12) nh

| | |
|---|---|
| nh [ㄴㄴ] *"라잔냐" 할 때 ㄴ이 겹쳐서 나는 소리] |
| minha manhã amanhã vinho tinha vinha banho linha senhor |

13) p

| |
|---|
| pai pepino pipoca porta puro mapa poeira |

14) q

| |
|---|
| quando quem quarto quatro quase *항상 qu가 같이 나오는 점에 유의. |

15) r

| r- [ㅎ] | rr, r+n s l [ㅎ] | 모음+r+모음 [ㄹ] | -r [약한 르]<br>*음절끝이나 단어끝 |
|---|---|---|---|
| rádio rei rosa | honra ferro | caro claro barato | andar forte |

16) s

| 모음+s+모음<br>모음+s+유성자음 [ㅈ] | 단어의 맨앞이나 끝<br>무성자음 앞에서 [ㅅ, ㅆ]<br>-ss-가 겹칠 때 | 음절이나 단어의 끝<br>[약한 스] |
|---|---|---|
| Brasil peso mesmo coisa | sapato sala<br>lápis bastante<br>isso passar | estado eles |

17) t

| [ㄸ] | t + [i] -> [ㅉ] |
|---|---|
| tato tempo todo tudo turismo | dente noite |

18) v

| |
|---|
| vaca ver vidro |

19) x

| x_ 단어의 맨앞<br>-n +x<br>[쉬] | -x +자음<br><br>[ㅅ, ㅆ] | 모음 +x+ 모음<br>_x (단어의 끝) [gs, ks]<br>[ㄱ ㅅ/ㅆ] | 접두어 ex로 시작하는 단어<br>[ㅈ] |
|---|---|---|---|
| xícara enxugar | excesso texto<br>próximo touxe | táxi sexo fixo<br>tórax | existir exato<br>exame exemplo |

20) z

| z_ 단어의 맨앞 [ㅈ] | 모음과 모음 사이 [ㅈ] | 단어의 끝 [약한 스] |
|---|---|---|
| zero zona zangado | doze azul | feliz luz rapaz |

# 음절

포르투갈어 단어들을 음절로 나눌 줄 아는 것은 상당히 중요하다.

1) **ti-a**, **ap-to**, **sub-mun-do**와 같은 경우, 모음이 겹친 부분이나 자음이 겹친 부분을 떼어 서로 다른 음절로 만들 수 있다.
2) **ch**, **lh**, **nh**; **bl**, **br**, **cl**, **cr**, **dr**, **fl**, **fr**, **gl**, **gr**, **pl**, **pr**, **tr**; **gu**, **qu**과 같은 자음의 결합은 따로 떼어낼 수 없다. 따라서 이들의 음절은 **ta-char**, **ca-mi-nho**, **ne-gro**, **dis-tin-guir** 처럼 나뉠 수 있다.
3) 음절의 끝에 올 수 있는 자음의 유일한 결합은 **–ns** 뿐이다. 그 좋은 예가 바로 **trans-por-te**이다.
4) 이중모음이나 삼중모음의 경우도 음절로 나뉘어 질 수 없다.

## 강세가 있는 음절

1) 어미가 **o(s)**, **-a(s)**, **-e(s)**, **-am -em** 로 끝나는 단어는 악센트 강세가 특별히 없어도 끝에서 두 번째 음절에 강세가 있다.

예 **li-vro**, **ba-ta-ta**, **ver-da-de**, **von-da-de**, **u-ni-ver-si-da-de**
**de-sa-pa-re-ci-do**, **bra-ce-le-te**
**vol-ta**, **le-van-ta**, **co-me**, **be-be**
**jo-vem**, **ho-mem**, **ga-ra-gem**
**a-mam**, **vol-tam**, **co-mem**, **de-ci-dem**

그런데 예외가 있다. 즉 모음 '**i**' 이나 '**u**' 에 악센트가 붙으면, 그것이 하나의 음절로 기능하게 되기 때문이다. 즉 악센트가 음절을 나누는 역할을 한다.

예 **sa-í-da**, **sa-ú-de**

2) 어미가 **i**, **is**, **im**, **ins**;
**u**, **us**, **um**, **uns**;
**l**, **n**, **r**, **x**, **z**;
**ei**, **eis** *;
**ã**, **ãs**, **ão**, **ãos**, **ões**, **ães**로 끝나는 단어들은 마지막 음절에 강세가 있다.

예 **ven-di**, **jardim**, **cu-pins**
**ba-ca-lhau**, **co-meu**, **u-ru-bu**, **par-tiu**
**ca-pi-tal**, **pa-pel**, **a-zul**, **pro-fes-sor**, **car-taz**, **fa-lei**
**fa-lar**, **co-mer**, **be-ber**, **dor-mir**, **fa-lei**, **tra-ba-lhei**,
**ma-çã**, **co-ra-ção**, **ca-ma-rões**, **or-ga-ni-za-ções**

* 이중모음 **ei/eis**에 **acento agudo** 강세가 붙어 **éi/éis**이 된 경우는,
그것이 열린모음이라는 것을 표시하는 것이다.
따라서 **le-vei**, **pa-péis**의 경우는 여전히 마지막 음절에 강세가 있다.

3) 어미가 **o(s)**, **-a(s)**, **-e(s)**로 끝나는 단어에 악센트가 있을 경우, 강세있는 음절에 강세가 있다.

예 **pá**, **café**, **vocês**, **cipó**, **robô**

# 브라질 · 포르투갈어

# 첫걸음 I 〈초급〉

Unidade

# 1 직설법 현재 (SER 동사와 ESTAR 동사)

## Como vai? (안녕하십니까?)

- Bom dia!
- Bom dia! Como vai?
- Bem, obrigado. E o senhor?
- Bem, obrigado.

– 좋은 아침입니다!
– 좋은 아침입니다! 안녕하십니까? / 잘 지내시지요?
– 네, 잘 지냅니다. 감사합니다. 그런데 선생님께서는요?
– 네, 잘 지냅니다. 감사합니다.

* 아침인사 "Bom dia!", 오후인사 "Boa tarde!", 저녁인사 "Boa noite!"이다.
* bem은 영어의 well에 해당하는 부사로 "잘 지내다"의 '잘'에 해당한다.
* "obrigado"는 동사 obrigar (고맙게 여기게 하다, 은혜를 베풀다, 강제로 의무를 지우다)의 과거분사가 형용사로 쓰였다. 따라서 화자가 여자일 경우 "obrigada"로 변한다.
* e는 영어의 and에 해당하는 접속사 '그리고'이다.

## Como é o seu nome? (성함이 어떻게 되십니까?)

- Como é o seu nome?
- (Meu nome é) Carlos Lee.
- Como se escreve? Soletre "Lee"! O que significa?

– (당신의) 성함이 어떻게 되십니까?
– 저는 Carlos Lee입니다.
– 어떻게 씁니까? "Lee" 스펠링을 말해주세요. 그런데 "Lee"은 무슨 뜻이지요?

* Como éo seu nome? 대신 Qual é o seu nome?를 쓸 수 있다.
* soletre 는 soletrar의 명령법이다.

## Sou coreano. (저는 한국사람입니다.)

| | |
|---|---|
| Sou médico. | 저는 의사입니다. |
| Sou advogado. | 저는 변호사입니다. |
| Sou professor. | 저는 선생님입니다. |
| Sou funcionário público. | 저는 공무원입니다. |
| Sou aluno da Universidade Hankuk de Estudos Estrangeiros. | 저는 한국외국어 대학교 학생입니다. |

### De onde você é? (당신은 어디 출신입니까?)

- De onde você é?
- Eu sou de Busan, mas moro em Seul.

– 당신은 어디 출신입니까?
– 저는 부산출신입니다만, 서울에서 살고 있습니다.

* De onde vocêé?는 영어의 From where you are?이다.
* ser de + 도시이름 = ~ 출신이다.
* "morar em = ~에 살다.
* mas는 영어의 but에 해당하는 접속사이다.
* em은 영어의 in에 해당하는 전치사이다.

### Onde você mora? (당신은 어디에서 삽니까?)

- Onde você mora? No dormitório da universidade?
- Não, moro no centro da cidade. Na casa do meu tio.

– 당신은 어디에서 삽니까? 대학 기숙사에서 삽니까?
– 아니오, 서울 시내에 있는 삼촌 댁에서 삽니다.

* "Moro no centro da cidade."에서 no는 〈em+o〉, da는 〈de+a〉의 축약이다.
* "a cidade"는 "그 도시"로 해석되지만, 앞의 대화내용에 따라 "서울"이 된다.
* "Na casa do meu tio."에서 na는 〈em+a〉, do는 〈de+o〉의 축약이다.
* casa는 "집"이라는 명사이다. "내 친구의 집"이라고 할 때는 "na casa de um amigo meu"라고 하지만, "나의 집에서"라고 말 할 때는 정관사를 붙이지 않는다. 즉 내 집에는 정관사를 붙여서 한정할 필요가 없기 때문이다. 따라서 "나는 집에서 공부한다"라고 말할 때는 "Eu estudo em casa."가 된다.
* tio는 우리의 큰아버지, 작은아버지, 삼촌, 외삼촌, 이모부, 고모부 다 해당된다.
* no는 《(전치사) em + (정관사) o》의 축약형으로 영어의 in the ~ 에 해당한다.

### Sente-se, Por favor! (앉으세요.)

Por favor, sente-se aqui! Eu me levanto.

– 제가 일어날 테니까 부디 여기에 앉으세요.

* por favor는 "제발" 혹은 "부디"라는 부사구이다.
* sentar-se(자기 스스로를 앉히다, 앉다)와 levantar-se(자기의 몸을 일으키다, 일어나다)는 재귀동사이다.
* levantar-se에서 재귀대명사 se가 me로 바뀐 것은 주어가 1인칭 eu이기 때문이다. 그런데 문장에 주어가 있음으로써, 재귀대명사가 동사 앞으로 나와 "Eu me levanto."가 되었다.

## Na secretaria do Departamento de Português (포르투갈어 과사에서)

- Aqui é a secretaria do Departamento de Português?
- Você é aluno novo?
- Sou, sim. Aqui estão meus documentos.
- Ótimo. Sou Sílvia, assistente do Departamento. Como você se chama?
- João Lee. Quando começa a conferência internacional?
- Agora mesmo.

– 이곳이 포르투갈어 과사입니까?
– 너 신입생이구나?
– 네, 그렇습니다. 여기 제 서류들이 있습니다.
– 좋아 됐어. 나는 조교 Sílvia야. 너는 이름이 뭐니?
– João Lee입니다. 언제 그 국제학술대회가 시작됩니까?
– 지금 곧 시작할 거야.

* secretaria – 사무실 secretária – 여비서
* desta는 〈전치사 de + 지시형용사 esta〉의 축약으로, 뒤에 오는 명사가 남성이면 deste가 된다.
* 포르투갈어에서는 명사를 수식하는 형용사가 일반적으로, 영어와는 달리, 명사 뒤에서 수식한다. 즉 "casa branca(하얀 집)", "conferência international(국제학술회의)"처럼 〈명사 + 형용사〉가 된다.
* "Sou, sim."은 ser동사(~이다)의 1인칭 단수 현재이고, sim은 긍정의 "네"의 뜻이다.
* "Aqui estão meus documentos."에서 주어는 meus documentos이다. 그런데 documentos가 남성명사복수임으로, 앞에 오는 소유형용사 역시 남성 (1인칭) 복수형 meus가 쓰였고, estar동사(~이 있다) 역시 3인칭 복수 현재 estão가 쓰였다.
*aqui는 영어의 here로 장소부사이다.
* Ótimo는 형용사 bom의 최상급으로 "제일 좋은" "최상의" 뜻이다.
* assistente는 명사로 '보조원' 혹은 '보좌관'이란 뜻이다.
* Quando는 의문사로 "언제"의 뜻이고, começar 동사는 "시작하다"의 뜻이다.
* "Agora mesmo."는 "지금 바로"의 뜻으로 mesmo는 agora(지금)을 수식하는 부사이다.

## Muito Prazer. (매우 반갑습니다.)

| | |
|---|---|
| **Sílvia:** | Professor Gustavo, este é o João Lee. |
| **Professor Gustavo:** | Muito prazer em conhecê-lo. |
| **João Lee:** | O prazer é todo meu. |

| | |
|---|---|
| **Sílvia:** | Gustavo 교수님, 이 사람은 신입생 João Lee 입니다. |
| **Professor Gustavo:** | 너를 만나게 되서 매우 반갑구나. |
| **João Lee:** | 제가 영광입니다. |

* Muito prazer em conhecê-lo.에서 전치사 em은 ~해서 기쁘다라는 뜻이고, conhecê-lo는 "당신을 알게 되어서"라는 뜻이다. Unidade 6의 인칭대명사 직접목적격을 참고할 것.

## ••••▶ 인칭 대명사(주격)

| | | | |
|---|---|---|---|
| Eu | 나 (1인칭 단수) | Nós | 우리들 (1인칭 복수) |
| Você<br>Ele<br>Ela | 너, 당신 (3인칭 단수)<br>그<br>그녀 | Vocês<br>Eles<br>Elas | 너희들, 당신들 (3인칭 복수)<br>그들<br>그녀들 |

* 브라질에서는 2인칭 'tu'와 'vós'('당신'와 '당신들')를 일부 남부지방에서만 사용하고, 대신 대부분의 지역에서는 'você'와 'vocês'를 사용한다. 그런데 'você'와 'vocês'를 사용할 때 주의할 점은 동사변화를 3인칭으로 써야 한다는 점이다.

* o senhor 와 a senhora는 대화하는 상대방에게 예의를 차리거나 존경의 표시로 사용되는데, Doutor, Professor, Vossa Excelência도 같은 뜻으로 "박사님", "선생님" 혹은 "사모님" 등으로 사용된다.

## SER 동사의 직설법 현재 (Modo indicativo-Presente simples)

| | | | |
|---|---|---|---|
| Eu | sou | Nós | somos |
| Você<br>Ele<br>Ela | é | Vocês<br>Eles<br>Elas | são |

* SER 동사 다음에 나오는 형용사는 다음과 같이 주어의 성과 수에 일치한다.

| 단수 | 복수 |
|---|---|
| Eu sou aluno. (화자가 남성일 경우) | Nós somos alunos. |
| Você é aluna. | Vocês são alunas. |
| Ela é aluna. | Elas são alunas. |
| Ele é aluno. | Eles são alunos. |

### ▶ SER 동사의 용법

1. 사람의 이름 직업 국적 종교 특징 등 변하지 않는 사실을 나타낸다.

| | |
|---|---|
| Sou Joana. | 저는 Joana입니다. |
| Sou coreana. | 저는 한국사람입니다. |
| Sou funcionária pública. | 저는 공무원입니다. |
| Ele é jornalista. | 그는 신문기자입니다. |
| Ele é diretor da firma. | 그는 회사의 이사/부장입니다. |
| Ele é professor universitário. | 그는 대학교수입니다. |
| Ela é protestante. | 그녀는 개신교 신자입니다. |
| Ela não é socialista. | 그녀는 사회주의자가 아닙니다. |

2. 사람이나 사물의 특징을 나타낸다.

| | |
|---|---|
| Cláudio é alegre e bonito. | Cláudio는 쾌활하고 잘생겼습니다. |
| Maria é alta e bonita. | Maria는 키가 크고 예뻐요. |
| Eles são felizes. | 그들은 행복합니다. |
| Meu carro é novíssimo. | 제 차는 아주 새 것입니다. |
| Minha casa é grande e confortável. | 제 집은 크고 편안합니다. |

3. 시간이나 계절을 나타낸다.

| | |
|---|---|
| É hora do almoço. | 점심시간 입니다. |
| O jogo é hoje. | 그 경기는 오늘 있습니다. |
| É tarde demais. | 너무 늦었습니다. |
| É um pouco cedo. | 조금 이르군요. |
| Hoje é dia 4 de março. | 오늘은 3월 4일입니다. |
| Agora é primavera. | 금은 봄입니다. |

4. 공간에 대한 개념을 나타낸다.

| | |
|---|---|
| Onde é o banco? | 은행은 어디입니까? |
| - É no $2^o$ andar. | - 2층에 있습니다. |

5. 비인칭표현

| | |
|---|---|
| Nadar é bom para saúde. | 수영하는 것은 몸에 좋습니다. |
| Dormir bem é importante. | 잠을 잘 자는 것이 중요합니다. |
| É importante falar inglês. | 영어를 말하는 것이 중요합니다. |

*위 예문의 nadar, dormir bem, falar inglês는 영어의 to 부정법 (to +V)처럼 주어로 쓰인 명사구이다. 따라서 포어에서는 동사원형 그 자체가 부정법으로 사용된다는 것을 알 수 있다.

6. ser de ~ :

1) 소유나 소속을 나타낸다.

| | |
|---|---|
| Este carro é do Roberto. | 이 차는 Roberto의 것입니다. |
| Ele é da Samsung. | 그는 삼성 사람입니다. |
| Ele é da família Cardoso. | 그는 Cardoso 가문 사람입니다. |

2) 재료를 나타낸다.

| | |
|---|---|
| A mesa é de madeira. | 그 탁자는 나무로 만들어 진 것입니다. |
| O pão é de milho. | 그 빵은 옥수수 빵입니다. |

## Ⓐ SER 동사의 직설법 현재 연습

| | |
|---|---|
| O senhor é engenheiro? | ▶ 선생님께서는 엔지니어이십니까? |
| - Sou, sim. | ▶ –네, 그렇습니다. |
| - Não, não sou. Sou _professor_. | ▶ –아니오. 그렇지 않습니다. 저는 선생님 입니다. |

1. O senhor é diretor? Sou, ____________.
   ▶ 선생님께서는 diretor(부장/이사)이십니까? 네, 그렇습니다.
2. O senhor é médico? Sou, ____________.
   ▶ 선생님께서는 의사십니까? 네, 그렇습니다.
3. O senhor é professor? Sou, ____________.
   ▶ 당신은 학교선생님이십니까? 네, 그렇습니다.
4. A senhora é professora? Não, ____________.
   ▶ 당신은 학교선생님이십니까? 아니오, 그렇지 않습니다.
5. A senhora é diretora? Não, ____________.
   ▶ 선생님께서는 부장이십니까? 아니오, 그렇지 않습니다.
6. A senhora é brasileira? Não, ____________.
   ▶ 선생님께서는 브라질 사람이십니까? 아니오, 그렇지 않습니다.
7. Você é estudante? Sou, ____________.
   ▶ 당신은 학생입니까? 네, 그렇습니다.
8. Você é secretária? Não, ____________.
   ▶ 당신은 비서입니까? 아니오, 그렇지 않습니다.
9. Você é engenheiro? Não, ____________.
   ▶ 당신은 엔지니어입니까? 아니오, 그렇지 않습니다.
10. Você é italiana? Sim, ____________.
    ▶ 당신은 이태리 사람입니까? 네, 그렇습니다.

Vocês são mineiros?
▶ 당신들은 미나스 제라이스州 사람들입니까?

Somos, sim. Mas nossos amigos são paulistas.
▶ 네, 맞습니다. 하지만 우리 친구들은 상파울루州 사람들입니다.

1. Nossos amigos ______ paulistanos.
   ▶ 우리 친구들은 상파울루市 사람들입니다.
2. Ela ______ muito bonita.
   ▶ 그녀는 아주 예쁩니다.
3. Ele______ o diretor da firma? ______, sim.
   ▶ 그는 그 회사의 부장입니까? 네 그렇습니다.
4. Ele não ______ nosso amigo.
   ▶ 그는 우리의 친구가 아닙니다.
5. Esta firma ______ brasileira.
   ▶ 이 회사는 브라질 회사입니다.
6. Vocês ______ as novas advogadas? ______, sim.
   ▶ 당신들이 바로 그 새로 오신 변호사들입니까? 네, 그렇습니다.
7. Carlos e José ______ amigos.
   ▶ Carlos와 José는 친구입니다.
8. Eu ____ brasileira e ele é francês.
   ▶ 나는 브라질 사람이고 그는 프랑스 사람입니다.
9. O Rio de Janeiro____ uma cidade muito bonita.
   ▶ Rio de Janeiro는 아주 아름다운 도시입니다.
10. Estes engenheiros ______ franceses.
   ▶ 이 엔지니어들은 프랑스 사람들입니다.

# ESTAR 동사의 직설법 현재

| | | | |
|---|---|---|---|
| Eu | estou | Nós | estamos |
| Você<br>Ele<br>Ela | está | Vocês<br>Eles<br>Elas | estão |

* Estar동사 역시 영어의 be 동사에 해당한다.
그런데 ser동사와 다른 점은 주어의 상태나 위치를 나타낼 때 쓰인다.

Vocês moram aqui no Rio?
▶ 당신들은 여기 Rio에 사십니까?
-Não. Somos mineiros e moramos em Belo Horizonte.
▶ 아니오, 저희들은 Belo Horizonte에 사는 미나스 제라이스州 사람들입니다.
Estamos aqui de férias.
▶ 우리는 여기 휴가차 와있습니다.

## ▶ ESTAR 동사의 용법

### 1. 사람이나 물건의 상태 표현

Eu estou muito triste hoje. 나는 오늘 너무 슬픕니다.
Ele está doente. 그 남자가 아픕니다.
Ela está cansada.. 그 여자는 지금 피곤한 상태에 있습니다.

O leite está estragado 그 우유가 상했습니다.
O carro está quebrado. 그 차가 망가졌습니다.

Estar + **전치사** com (**영어의** with) 그 우유가 상했습니다.
Estou com sono. 나는 졸려요.
Estou com fome. 나는 배가 고파요.
Estou com sede. 나는 목이 말라요.

### 2. 사람이나 물건의 위치 표현

Onde está o professor Pedro? Pedro 선생님은 어디 계십니까?
- Está na sala de aula. – 교실에 계십니다.
O livro está sobre a mesa. 그 책은 탁자 위에 있습니다.

### 3. 순간이나 찰나 표현

| | |
|---|---|
| Está na hora de descansar. | 이제 쉬는 시간이 되었습니다. |
| Está tarde demais para se arrepender. | 후회하기에는 이미 때가 늦었습니다. |
| A reunião está marcada à uma hora da tarde. | 그 회의는 오후 1시로 예정되어 있습니다. |

### 4. 기후나 날씨 표현

| | |
|---|---|
| Hoje o tempo está muito bom. | 오늘 날씨가 참 좋습니다. |
| Hoje está quente. | 오늘 덥습니다. |
| Hoje está frio. | 오늘 춥습니다. |

## A ESTAR 동사의 직설법 현재 연습

| | |
|---|---|
| Onde você está? | ▶당신은 어디에 있습니까? |
| - Eu estou aqui. | ▶저 여기 있습니다. |

1. Eu _________ no aeroporto.
   ▶저는 비행장에 있습니다.

2. Luís __________em São Paulo? __________, sim.
   ▶Luís는 São Paulo에 있습니까? – 네, 그렇습니다.

3. Os engenheiros ___________ no escritório? Não, não__________.
   ▶그 엔지니어들은 사무실에 있습니까? – 아니오, 그렇지 않습니다.

4. O médico ___________ no hospital? Não, não___________.
   ▶그 의사는 병원에 있습니까? – 아니오, 그렇지 않습니다.

5. O dinheiro _________ no cofre.
   ▶그 돈은 금고 안에 있습니다.

6. Vocês _________ na fábrica?
   ▶당신들은 공장에 있습니까?

7. O livro ______ no armário? - Não, não ______.
   ▶그 책은 장 안에 있습니까? – 아니오, 그렇지 않습니다.

8. Você_______ no consultório?
   ▶당신은 진료실에 있습니까?

9. Nós__________ na praia e eles _______ na montanha.
   ▶지금 우리는 해변에 있고, 그들은 산에 있습니다.

11. Eu_______ aqui.
▶저는 여기 있습니다.

12. Os planos _______ na firma .
▶그 설계도들은 회사에 있습니다.

13. Nós______________em São Paulo, no hotel.
▶우리는 지금 São Paulo에 있는, 그 호텔에 있습니다.

14. A chave _______ na porta? ______, sim.
▶그 열쇠는 문에 (달려)있어요? – 네, 그렇습니다.

Onde está o diretor? ▶부장님은 지금 어디에 계십니까?
- Está na fábrica. ▶공장에 계십니다.

| | | |
|---|---|---|
| 1 ..............................? | Está no banco. | 은행에 있습니다. |
| 2 ..............................? | Está na praia. | 해변에 있습니다. |
| 3 ..............................? | Estou aqui. | 저는 여기 있습니다. |
| 4 ..............................? | Estamos aqui na sala. | 우리는 여기 교실에 있습니다. |
| 5 ..............................? | Está no consultório. | 진료실에 있습니다. |

O dinheiro está no banco? ▶그 돈은 은행에 있습니까?
- Não, não está. Está na firma. ▶아니오, 그렇지 않습니다. 회사에 있습니다.

1 ..............................? Não, não está. Está no Japão.
아니오, 그렇지 않습니다. 일본에 있습니다.

2 ..............................? Não, não estamos. Estamos na fábrica.
아니오, 그렇지 않습니다. 공장에 있습니다.

3 ..............................? Não, não está. Está no consultório.
아니오, 그렇지 않습니다. 진료실에 있습니다.

4 ..............................? Não, não estão. Estão no escritório.
아니오, 그렇지 않습니다. 사무실에 있습니다.

5 ..............................? Não, não está. Está na gaveta da mesa.
아니오, 그렇지 않습니다. 책상 서랍에 있습니다.

## ···▸ 정관사 o, a, os, as

포르투갈어의 정관사는 명사의 성과 수에 따라 명사 바로 앞에서 o, a, os, as로 명사를 한정시키는 역할을 한다.

| 수 \ 성 | 남성 | | |
|---|---|---|---|
| 단수 | o | o apartamento | 그 아파트 |
| 복수 | os | os apartamentos | 그 아파트들 |

| 수 \ 성 | 여성 | | |
|---|---|---|---|
| 단수 | a | a casa | 그 집 |
| 복수 | as | as casas | 그 집들 |

## ▸ 형용사의 위치 <정관사 + 명사 + 형용사>

* 포르투갈어에서 형용사는 일반적으로 명사 뒤에 오는 것이 특징이다.

| | | | |
|---|---|---|---|
| o apartamento novo | 그 새 아파트 | a casa nova | 그 새 집 |
| os apartamentos novos | 그 새 아파트들 | as casas novas | 그 새집들 |

* 만일 형용사가 앞에 올 경우, 그 뜻은 달라진다.

| | | | |
|---|---|---|---|
| o homem grande | 그 큰 사람 | o grande homem | 그 위대한 사람 |
| o homem pobre | 그 가난한 사람 | o pobre homem | 그 불쌍한 사람 |

## ▶ 정관사는 국가, 대륙, 길 이름 앞에는 반드시 붙이고, 도시 앞에는 붙이지 않는다.

| Países (국가들) | Cidades (도시들) | Continentes (대륙들) | Ruas, Avenidas (–길, –대로) |
|---|---|---|---|
| o Brasil<br>a Coreia<br>a China<br>o Japão<br>a França<br>a Alemanha | São Paulo<br>Seul<br>Pequim<br>Tóquio<br>Paris<br>Berlim | a Ásia<br>a África<br>as Américas<br>- a América do Norte<br>- a América do Sul | a rua da Consolação<br>a avenida do Brasil |
| 예외)<br>Portugal<br>a Israel<br>o Cuba | 예외)<br>o Rio de Janeiro<br>o Porto (포르투갈)<br>o Cairo (이집트) | a Europa<br>a Oceania | a rua da 가로수길<br>a avenida do 강남대로 |

* 포르투갈은 자신의 국명에 정관사를 사용하지 않았다.
이는 자신이 지구의 중심이라 생각한 자신감의 발로이다.

## ▶ 국가에 따른 국적을 나타내는 형용사와 해당언어

| País (국가) | Nacionalidade (국적) | Língua (언어) |
|---|---|---|
| o Brasil | brasileiro, -a | |
| a Coreia | coreano, -a | coreano |
| a Itália | italiano, -a | italiano |
| o Peru | peruano, -a | |
| a Alemanha | alemão, alemã | alemão |
| o Japão | japonês, japonesa | japonês |
| a Argentina | argentino, -a | |
| a Espanha | espanhol, espanhola | espanhol |
| o México | mexicano, -a | |
| a França | francês, francesa | francês |
| o Canadá | canadense | |
| a Inglaterra | inglês, inglesa | inglês |
| Portugal | português, portuguesa | porcuguês |

## •••▸ <전치사 + 정관사>의 축약

포르투갈어에서는 전치사와 정관사가 만날 때, 다음과 같이 축약된다.

| EM | DE |
|---|---|
| em + o → no | de + o → do |
| em + a → na | de + a → da |
| em + os → nos | de + os → dos |
| em + as → nas | de + as → das |

〈국가〉

Eu moro **na** Coreia.

▶ 나는 한국에서 삽니다.

Ele mora **no** Brasil.

▶ 그는 브라질에서 삽니다.

Eles moram **nos** Estados Unidos.

▶ 그들은 미국에서 삽니다.

〈도시〉

Eu moro em Seul.

▶ 나는 서울에서 삽니다.

Ele mora em Belo Horizonte.

▶ 그는 Belo Horizonte에서 삽니다.

Eles moram em Nova Iorque.

▶ 그들은 뉴욕에서 삽니다.

〈그 밖의 경우〉

Os planos **dos** engenheiros estão **nas** gavetas.

▶ 그 엔지니어들의(=그 엔지니어들이 만든) 설계도들이 그 서랍들 안에 있습니다.

As chaves **das** portas estão **nas** gavetas.

▶ 그 문들의 열쇠들이 그 서랍들 안에 있습니다.

Onde estão os livros **dos** professores?

▶ 어디에 그 선생님들 책들이 있지요?

-Estão **no** armário **da** sala.

▶ 그 교실의 그 (책)장 안에 있어요.

# 동사

포르투갈어에서 동사는 태(능동태와 수동태), 법(직설법과 접속법), 시제(현재, 과거, 반과거, 대과거, 미래, 현재진행, 과거진행, 현재완료, 과거완료, 과거미래), 수(단수와 복수) 인칭(1인칭과 3인칭)에 따라 그 어미가 변화한다. 이를 동사의 활용이라 하는데, 그것을 크게 1군(**-ar**) 2군(**-er**) 3군(**-ir**) 동사로 분류할 수 있다.

## ▶ 직설법 현재 (Modo indicativo-Presente simples)

### 1군 동사 _AR

**TOMAR**

| | | | |
|---|---|---|---|
| Eu | tom[o]<br>[또무] | Nós | tom[amos]<br>[또마무스] |
| Você<br>Ele<br>Ela | tom[a]<br>[또마] | Vocês<br>Eles<br>Elas | tom[am]<br>[또망, 또멍] |

### 2군 동사 _ER

**COMER**

| | | | |
|---|---|---|---|
| Eu | com[o]<br>[꼬무] | Nós | com[emos]<br>[꼬메무스] |
| Você<br>Ele<br>Ela | com[e]<br>[꼬미] | Vocês<br>Eles<br>Elas | com[em]<br>[꼬랑, 또멍] |

### 3군 동사 _IR

**ABRIR**

| | | | |
|---|---|---|---|
| Eu | abr[o]<br>[아브루] | Nós | abr[imos]<br>[아브리무스] |
| Você<br>Ele<br>Ela | abr[e]<br>[아브리] | Vocês<br>Eles<br>Elas | abr[em]<br>[아브행] |

## Ⓐ MORAR 동사의 직설법 현재 연습

| | | | |
|---|---|---|---|
| Eu | moro | Nós | moramos |
| Você<br>Ele<br>Ela | mora | Vocês<br>Eles<br>Elas | moram |

Onde o senhor mora? ▶ 선생님께서는 어디에 사십니까?
- Moro no Brasil. – 저는 브라질에서 삽니다.
- Moro em São Paulo. – 저는 São Paulo에서 삽니다.
- Moro na avenida São João. – 저는 avenida São João에서 삽니다.

1. Onde o senhor mora? (Brasília) ..........
   ▶ 선생님께서는 어디에서 사십니까? – 저는 Brasília에서 삽니다.
2. Onde o senhor mora? (São Paulo) ..........
   ▶ 선생님께서는 어디에서 사십니까? – 저는 São Paulo에서 삽니다.
3. Onde o senhor mora? (Itália) ..........
   ▶ 선생님께서는 어디에서 사십니까? – 저는 이태리에서 삽니다.
4. Onde a senhora mora? (Alemanha) ..........
   ▶ 선생님께서는 어디에서 사십니까? – 저는 독일에서 삽니다.
5. Onde a senhora mora? (Boston)..........
   ▶ 선생님께서는 어디에서 사십니까? – 저는 보스톤에서 삽니다.
6. Onde você mora? (Peru)..........
   ▶ 선생님께서는 어디 사십니까? – 저는 페루에서 삽니다.
7. Onde você mora? (rua da Luz) ..........
   ▶ 선생님께서는 어디 사십니까? – 저는 rua da Luz에서 삽니다.
8. Onde você mora? (avenida Brasil) ..........
   ▶ 선생님께서는 어디 사십니까? – 저는 avenida Brasil에서 삽니다.
9. Onde a senhora mora? (avenida Tiradentes) ..........
   ▶ 선생님께서는 어디 사십니까? – 저는 avenida Tiradentes에서 삽니다.
10. Onde o senhor mora? (Rio de Janeiro) ..........
   ▶ 선생님께서는 어디 사십니까? – 저는 Rio de Janeiro에서 삽니다.
11. Onde você mora? (Portugal) ..........
   ▶ 선생님께서는 어디 사십니까? – 저는 포르투갈에서 삽니다.

* 2인칭으로 o senhor, a senhora를 사용할 경우, você(당신)보다는 좀 더 경의를 표하기 때문에 '선생님께서는'으로 해석할 수 있다.

## B Ser de~와 〈전치사 + 정관사〉 축약 연습

| | |
|---|---|
| De onde o senhor é? | ▶ 선생님께서는 어디 출신이십니까? |
| - Sou de São Paulo. | 저는 São Paulo 출신입니다. |
| - Sou do Japão. | 저는 일본 출신입니다. |
| - Sou da Argentina. | 저는 아르헨티나 출신입니다. |

1. De onde o senhor é? (Paris) ..........
   ▶ 선생님(남자)께서는 어디 출신이십니까?
2. De onde o senhor é? (Londres) ..........
   ▶ 선생님(남자)께서는 어디 출신이십니까?
3. De onde o senhor é? (Nova York) ..........
   ▶ 선생님(남자)께서는 어디 출신이십니까?
4. De onde a senhora é? (Berlim) ..........
   ▶ 선생님(여자)께서는 어디 출신이십니까?
5. De onde a senhora é? (Tóquio) ..........
   ▶ 선생님(여자)께서는 어디 출신이십니까?
6. De onde você é? (Espanha) ..........
   ▶ 당신은 어디 출신입니까?
7. De onde o senhor é? (México) ..........
   ▶ 선생님(남자)께서는 어디 출신입니까?
8. De onde a senhora é? (França) ..........
   ▶ 선생님(여자)께서는 어디 출신입니까?
9. De onde você é? (Canadá) ..........
   ▶ 당신은 어디 출신입니까?
10. De onde o senhor é? (Roma) ..........
    ▶ 선생님(남자)께서는 어디 출신이십니까?
11. De onde você é? (Portugal) ..........
    ▶ 당신은 어디 출신입니까?
12. De onde a senhora é? (Rio de Janeiro) ..........
    ▶ 선생님(여자)께서는 어디 출신이십니까?
13. De onde vocês são? (Seul) ..........
    ▶ 당신들은 어디 출신입니까?
14. De onde vocês são? (Los Angeles) ..........
    ▶ 당신들은 어디 출신입니까?

## Ⓒ 1군 동사 직설법 현재 연습

| | |
|---|---|
| Você mora em São Paulo? | ▶당신은 São Paulo에 사십니까? |
| Moro, sim. | ▶네, 그렇습니다. |

1. (começar)
Você ____________ o curso amanhã. Eu ____________hoje.
▶나는 오늘 코스(=수업)를 시작하고, 당신은 내일 시작합니다.

2. (morar)
A senhora _______________ aqui?_______________, Sim.
▶선생님(여자)께서는 여기 사십니까? 네, (여기) 삽니다.

3. (morar)
Eu não_______________ em apartamento. E você?
▶나는 아파트에서 살지 않습니다. 그런데 당신은 어디에 사십니까?

4. (morar)
Nossos amigos _______________ na Espanha.
▶우리 친구들은 스페인에서 삽니다.

5. (falar)
Ele ____________ inglês e alemão e ela ____________ espanhol.
▶그는 영어와 독어를 말하고, 그녀는 스페인어를 말합니다.

6. (morar)
Vocês não _______________ no Brasil?_______________, sim.
▶당신들은 브라질에 살지 않습니까? – 네, (브라질에서) 삽니다.

7. (falar)
O senhor _______________ francês, mas eu não _______________.
▶선생님께서는 불어를 말하시지만, 전 못합니다.

8. (entrar)
Nós _______________ no escritório do engenheiro.
▶우리는 그 엔지니어의 사무실로 들어갑니다.

9. (entrar)
A secretária _______________ na sala do engenheiro.
▶그 여비서가 바로 그 엔지니어 방으로 들어갑니다.

10. (começar)
Ele ____________ o curso hoje mesmo? Não, não __________.
▶그가 정말 오늘 그 수업을 듣기 시작합니까? 아니오, 아닙니다.

11. (entrar/falar)
O engenheiro ______________ no escritório e ______________com o diretor.
▶그 엔지니어가 사무실로 들어가서, 이사님과 말합니다.

12. (morar/falar)
Nós ______________no Brasil e ______________ Português.
▶우리는 브라질에서 살아서, 포르투갈어로 말합니다.

13. (perguntar)
O diretor ________________ o nome do novo engenheiro.
▶그 이사님은 새로 온 엔지니어의 이름을 묻습니다.

14. (morar/falar)
Meus filhos ______________ em Londres e ___________ inglês.
▶나의 자식들은 런던에 살아서, 영어로 말합니다.

15. (morar/falar)
Nós ________________ na Coreia e _____________ coreano.
▶우리들은 한국에 살아서, 한국어로 말합니다.

## D 포어로 작문하기 1

우리는 São Paulo 州 사람입니다. 그런데 우리는 지금 Rio de Janeiro 공항에 있습니다. 우리는 많은 산과 해변이 있는 이 도시를 매우 사랑합니다. 우리의 친구들인 Paulo와 Luísa는 이 아름다운 도시, Rio de Janeiro에 살고 있습니다. Paulo는 엔지니어이고 Luísa는 한 무역회사에서 여비서로 일하고 있습니다.

| | |
|---|---|
| *상파울루州 사람 | paulista |
| *리우 데 자네이루州 사람 | carioca |
| *상파울루市 사람 | paulistano |
| *미나스 제라이스州 사람 | mineiro |

## 포어로 작문하기 2

내 이름은 Sebastião입니다. 나는 서울출신입니다. 그런데 나는 지금 포르투갈어를 배우기 위해서 São Paulo에 있습니다. São Paulo는 큰 도시입니다. 나는 이 도시가 좋습니다.

| | |
|---|---|
| * 큰 | grande |
| *포르투갈어를 배우기 위해서 | para aprender português |
| * ~을 좋아하다 | gostar de ~ |
| *이 도시 | esta cidade |

## 포어로 작문하기 3

나의 아버지는 엔지니어이십니다. 나의 어머니는 중학교 음악선생님이십니다. 그들은 부산출신이지만 결혼 후 서울에서 살고 있습니다. 그래서 저는 서울에서 태어났습니다. 지금 나는 의사가 되기위해서 열심히 공부하고 있습니다.

| | |
|---|---|
| *엔지니어 | engenheiro |
| *중학교 | ginásio |
| *음악선생님 | professora da música |
| *의사가 되기 위해서 | para ser médico |
| *지금 | agora |
| *열심히 공부하고 있습니다 | Estou estudando com esforço. |
| *결혼 후에 | depois do casamento |

## E Você로 대화 이끌어 가기

**Tomás:** ..........................................................................................

**Luís:** ▶ Bom dia! 좋은 아침입니다!

**Tomás:** ..........................................................................................

**Luís:** ▶ Bem, obrigado. E você? 좋습니다, 고마워요. 당신은요?

**Tomás:** ..........................................................................................

**Luís:** ▶ De onde você é? 당신은 어디 출신입니까?

**Tomás:** ..........................................................................................

**Luís:** ▶ Sou de Porto Alegre. 저는 Porto Alegre 출신입니다.

**Tomás:** ..........................................................................................

**Luís:** ▶ Moro na rua Augusta. E você? 저는 Augusta거리에 삽니다. 당신은요?

**Tomás:** ..........................................................................................

**Luís:** ▶ Eu gosto muito dessa rua. 저는 그 거리를 아주 좋아합니다.

**Tomás:** ..........................................................................................

**Luís:** ▶ Não, não sou. Sou médico. E você? 아니오, 저는 의사입니다. 당신은요?

**Tomás:** ..........................................................................................

**Luís:** ▶ O novo engenheiro da firma? 그 회사의 새로 온 엔지니어입니까?

**Tomás:** ..........................................................................................

**Luís:** ▶ Boa sorte! 행운을 빕니다!

Unidade

# 2 직설법 현재(TER 동사와 HAVER 동사)

## Mostrando a cidade de São Paulo (São Paulo 소개하면서)

**Paula:** Venha comigo. Vou mostrar São Paulo para você.
**João:** Para onde vamos primeiro?
**Paula:** Vamos para o centro, de ônibus. Há um ponto de ônibus ali na esquina.
**João:** De ônibus não. Temos tempo. Vamos a pé. Gosto de andar, e você?
**Paula:** Eu também gosto.

**Paula:** 이리 오세요(=저와 함께 가세요). 제가 São Paulo를 보여드릴께요. (저와 함께 가게)이리오세요.
**João:** 가장 먼저 (우리는) 어디로 갑니까?
**Paula:** 버스를 타고 시내로 갑시다. 저기 코너에 버스정류장이 있어요.
**João:** 우리 버스로 가지 말고, 시간이 있으니까 걸어서 갑시다. 저는 걷는 것을 좋아합니다. 당신은요?
**Paula:** 저 역시 좋아합니다.

*"Venha comigo."에서 venha는 동사 vir의 명령법이며, '오세요'의 뜻을 갖고 있다.
*comigo는 〈전치사 com + 전치사의 목적격대명사 mim〉의 축약이다.
*"Para onde는 "어디로"이고, vamos는 ir동사의 1인칭 복수 현재이다.
*primeiro는 여기서 "우선" 혹은 "먼저"를 나타내는 부사로 쓰였다.
*〈ir de ônibus〉는 "버스로 가다"이고, "ir a pé"는 "걸어서 가다"이다.
*"Há ~ ." 혹은 "Não há ~ ."는 "…이 있습니다" 혹은 "…이 없습니다"의 뜻이다.
*ponto de ônibus는 버스정류장
*ali na esquina 저기 코너(모퉁이)에
*"Temos tempo."에서 temos는 ter동사(갖다)의 1인칭 복수 현재이고, tempo는 "시간"이나 "기후"를 나타내는 명사이다.
* 〈gostar de + N(명사) 혹은 V(동사)〉은 "~을 좋아한다" 혹은 "~을 하는 것을 좋아한다"가 된다. gostar 동사는 언제나 전치사 de를 동반한다는 점에 유의해야 한다.
*também "역시"라는 뜻의 부사
*gosto는 gostar동사(좋아하다)의 1인칭 단수 현재.

## Explicando sobre a cidade de São Paulo (São Paulo에 대해 설명하면서)

**Paula:** A cidade de São Paulo é a capital do Estado de São Paulo. A cidade é dividida em duas partes. Uma parte é o centro da cidade que é bem antiga e velha. E a outra parte é bem nova e moderna, com a presença de edifícios comerciais e de serviços.
Veja! Esta é a parte velha da cidade. Aqui nesta calçada, é o teatro municipal. Naquela calçada ali é a Prefeitura. Lá, naquela esquina, é o Correio..
**João:** Estes prédios são antigos. Gosto deles.
E você? Você também gosta?
**Paula:** Gosto, sim.

**Paula:** 도시 São Paulo는 São Paulo 州의 수도입니다. 이 도시는 두 부분으로 나뉘어 있습니다.
한 지역은 시내 중심가로 매우 낡고 오래된 지역이고, 또 다른 지역은 아주 현대적인 사무실(상업적 건물과 서비스업) 건물들이 들어선 새로운 지역입니다.
자 보세요! 이곳은 이 도시의 오래된 지역입니다. 여기 이곳은(=이 인도에 있는 건물은) 시립극장이고, 저기 저곳은(=저 인도에 있는 건물은) 시청이고 그리고 당신과 가까운 그 코너에 있는 건물은 우체국입니다.

**João:** 이 건물들은 오래되었네요. 저는 이런 건물들이 좋습니다.
그런데 당신은요? 당신도 역시 좋아하십니까?

**Paula:** 네, 좋아합니다.

*é dividida em duas partes 는 "둘로 나누어지다."의 뜻이다.

* antiga는 형용사 antigo의 여성형으로 "옛날의" 혹은 "구식의" 뜻이고, velha는 형용사 velho의 여성형으로 "늙은" 혹은 "낡은"의 뜻이다.

* nova는 형용사 novo의 여성형으로 "새로운"의 뜻이고, moderna는 형용사 moderno의 여성형으로 "근대적인" 혹은 "현대적인"의 뜻이다.

## Onde é a USP? (상파울루 대학교(USP)는 어디입니까?)

**João:** Onde é a Universidade de São Paulo(USP)?

**Paula:** Na Cidade Universitária. Lá têm muitos prédios bonitos e modernos.
Mas a Faculdade de Direito da Universidade de São Paulo ainda fica no centro da
cidade. Perto de lá, há a Praça da Sé e a Catedral Metropolitana de São Paulo.

**João:** 상파울루 대학교는 어디입니까?

**Paula:** 대학도시 내에 있습니다.
그곳에는 현대적인 아름다운 건물들이 많이 있습니다. 그러나 상파울루 대학교 법과대학은 아직도 시내에 있습니다. 그곳 가까이에, 세 광장과 상파울루 성당이 있습니다.

* perto de는 "…과 가깝게"라는 뜻의 부사구를 이끈다.

* 상파울루 州정부는 1970년대 초 그동안 시내 여러 곳에 분산되어 있던 단과대학을 계획적으로 당시 도시의 외곽이었던 지역에 a cidade universitária (대학 도시)를 조성하여 상파울루 대학교를 세웠다.

## Pedindo uma informação (길을 물어보면서)

Uma informação, por favor.
- Pois não.
Há um ponto de ônibus aqui perto?
- Sim, o ponto de ônibus é ali, naquela calçada.
Obrigado.

저 실례합니다만, 말 좀 물어 보겠습니다.
– 네 무엇을 도와드릴까요?
여기 가까이에 버스정류장이 있습니까?
– 네, 저기 저 길에 버스정류장이 있습니다.
감사합니다.

## Ao telefone (전화할 때)

| | |
|---|---|
| (전화를 받는 사람) | - Alô! |
| (전화를 한 사람) | De onde fala? |
| | - Companhia Brasileira de Bebidas Premium. |
| | O senhor Fernando está? |
| | - Não, não está. |
| | Hoje ele está trabalhando no escritório de São Paulo. |
| | - O senhor não tem o número do celular dele? |
| | - Sim, eu tenho. |
| | Obrigado. |

– 여보세요!
지금 제가 전화한 곳이 어디지요? *
– Companhia Brasileira de Bebidas Premium (프레미엄 브라질 음료회사) 입니다.
Fernando씨 계십니까?
– 아니오, 안 계십니다.
그는 오늘 상파울루 사무실에서 근무하고 있습니다.
– 선생님께서는 그분의 핸드폰 전화번호를 가지고 계시지 않으십니까?
– 네, 갖고 있습니다.
감사합니다.

*전화한 사람이 "지금 전화 받는 곳이 어디지요?"라고 묻는 것으로, 자신이 전화한 곳을 확인하는 브라질식 대화이다.

- Alô!
Alô. Por favor, a Paula.
- Ela não está. Quer deixar recado?
Não, obrigado, Eu ligo depois.

– 여보세요!
여보세요, Paula 부탁합니다.
– 지금 없어요. 메모를 남기시겠습니까?
아니오, 제가 나중에 전화하지요.

- Alô!
Boa noite, por favor, a Jaqueline.
- Está, sim. Mas ela está jantando agora.
Está bem. Telefono mais tarde. Muito obrigado e até logo.
- Até logo.

– 여보세요!
안녕하세요, Jaqueline 있습니까?
– 네, 있어요. 그런데 지금 저녁 먹고 있어요.
알았습니다. 제가 나중에 전화하겠습니다. 감사합니다. 그리고 안녕히 계세요.
– 안녕히 계세요.

## HAVER 동사 용법

| Há ~ | ~이 있습니다. |
| --- | --- |
| Há uma escola perto daqui. | 여기 가까이 학교 하나가 있습니다. |
| Há quantas estações num ano? | 년에는 몇 계절이 있습니까? |
| Onde há uma farmácia? | 약국은 어디에 있습니까? |
| Há(Têm) muitos livros na biblioteca. | 도서관에 많은 책이 있습니다. |
| Há(Têm) muitas pessoas na praça. | 그 광장에 사람들이 많이 있습니다. |
| Há(Têm) um aluno e uma aluna na sala. | 교실에 남학생 1명과 여학생 1명이 있습니다. |

## "~이 있습니다" ESTAR, FICAR, TER 동사

<Estar 동사> 상태

Um aluno e duas alunas estão na sala de aula.
1교실에 1명의 남학생과 2명의 여학생들이 있습니다.

<Ficar 동사> 건물위치

A Universidade de São Paulo fica na Cidade Universitária.
USP는 대학도시에 있습니다.

<Haver 동사> 영어의 There is ~. / There are ~.

Há a Praça da Sé e a Catedral Metropolitana de São Paulo no centro da cidade.
상파울루 시내 중심지에는 세광장과 상파울루 성당이 있습니다.

<Ter 동사> Haver동사

Lá têm muitos prédios bonitos e modernos.
그곳에는 아름답고 현대적인 건물이 많이 있습니다.

*Haver동사는 주어가 단수나 복수에 상관없이 쓰이는 반면, Ter동사는 주어의 수에 따라 tem 이나 têm을 사용하는 것이 차이점이다.

## •••▸ 부정관사 um, uma, uns, umas

| 수 \ 성 | 남성 | 여성 |
|---|---|---|
| 단수 | um | uma |
| 복수 | uns | umas |

| | | | |
|---|---|---|---|
| um cofre | 한 개의 금고 | uma mesa | 한 개의 탁자 |
| um engenheiro | 한 명의 남자 엔지니어 | uma secretária | 한 명의 여비서 |
| um menino | (어느) 한 소년 | uma menina | (어느) 한 소녀 |
| um aluno | (어느) 한 남학생 | uma aluna | (어느) 한 여학생 |
| uns meninos | 몇명의 소년들 | umas meninas | 약간의 소녀들 |
| uns alunos | 몇 명의 학생들(남자+여자) | umas alunas | 몇 명의 여학생들 |

*포르투갈어의 부정관사는 영어의 'a'나 'an'처럼 '한' 혹은 '하나'의 뜻을 가지고 있다. 그런데 내용에 따라 "어느" 라는 뜻으로 쓰이기도 한다.
*그리고 영어와 다른 점은 부정관사가 복수로 사용된 다는 점인데, 아래의 예처럼 "약간의", "대개" 혹은 "몇몇의" 라는 뜻이 된다.

### Ⓐ 부정관사 연습

1. Há _____ chave e _____ documento na gaveta.
   ▶그 서랍에 한 개의 열쇠와 한 개의 문서가 있다.
2. Temos um amigo em Tóquio. Ele tem _____ fábrica.
   ▶우리는 Tóquio에 사는 한 친구가 있다. 그는 한 개의 공장을 갖고 있다.
3. Nesta avenida há _____ hotel e _____ cinema.
   ▶이 큰 대로에는 한 개의 호텔과 한 개의 영화관이 있다.
4. Meu médico tem _____ consultório moderno.
   ▶내 의사는 현대식 진찰실을 갖고 있다.
5. Neste escritório há _____ armário e _____ mesa.
   ▶이 사무실에는 한 개의 수납장과 한 개의 책상이 있다.

## Ⓑ IR 동사의 직설법 현재 연습

| | | | |
|---|---|---|---|
| Eu | vou | Nós | vamos |
| Você<br>Ele<br>Ela | vai | Vocês<br>Eles<br>Elas | vão |

Para onde vamos? - Vamos para o centro.
▶우리 어디로 갈까요? – 시내로 가자.

* 전치사 para는 여기서 영어의 to에 해당함으로 para onde는 '어디로'의 뜻이다

1. (Brasília)
   Para onde vamos?
   ▶ ..........................................................................브라질리아로 가자.

2. (aeroporto)
   Para onde vamos?
   ▶ ..........................................................................공항으로 가자.

3. (Estação Rodoviária)
   Para onde ele vai?
   ▶ ..........................................................................그는 버스터미널로 간다.

4. (ponto do ônibus)
   Para onde você vai?
   ▶ ..........................................................................나는 버스 정류장으로 간다.

5. (França)
   Para onde Antônio vai?
   ▶ ..........................................................................그는 프랑스로 간다.

6. (Paris)
   Para onde a senhora vai?
   ▶ ..........................................................................나는 파리로 갑니다.

7. (fábrica)
   Para onde eles vão?
   ▶ ..........................................................................그들은 공장으로 간다.

8. (Belo Horizonte)
   Para onde você vai?
   ▶ ..........................................................................Belo Horizonte로 간다.

9. (Av. das Bandeiras)
Para onde vocês vão?
▶ ..................................................................... 우리들은 Avenida das Bandeiras길로 간나.

10. (consultório)
Para onde os médicos vão?
▶ ..................................................................... 그들은 병원(진료소)으로 간다.

11. (São Paulo)
Para onde Paulo e Luísa vão?
▶ ..................................................................... 그들은 São Paulo로 간다.

12. (hotel)
Para onde Luísa vai?
▶ ..................................................................... 그녀는 호텔로 간다.

13. (correio)
Para onde vocês vão?
▶ ..................................................................... 우리들은 우체국에 간다.

14. (rua 7 de Setembro)
Para onde o senhor vai?
▶ ..................................................................... 나는 7 de Setembro 거리로 간다.

## Ⓒ 빈칸에 ir 동사 써넣기

João, meu marido, __________ para o escritório e eu ___________ para o banco. Meus filhos __________ para a escola. Ao meio-dia nós ____________ para casa. Hoje, João não ___________ para o escritório. Ele e eu ____________ para o Rio de Janeiro.

나의 남편 João은 회사에 가고 나는 은행에 간다. 그리고 우리 아이들은 학교에 간다. 정오에 우리들은 집으로 돌아온다. 그런데 오늘 João은 출근하지 않았다. 왜냐하면 그와 나는 Rio de Janeiro에 가기 때문이다.

| | | |
|---|---|---|
| ~을 타고 가다 | ir de carro | 차를 타고 가다 |
| | metrô | 지하철을 타고 가다 |
| | ônibus | 버스를 타고 가다 |
| | táxi | 택시를 타고 가다 |
| | trem | 기차를 타고 가다 |
| | bicicleta | 자전거를 타고 가다 |
| | navio | 배를 타고 가다 |
| | avião | 비행기를 타고 가다 |
| 걸어서 가다 | ir a pé | 걸어서 가다 |

Eu vou de ônibus para a cidade.
▶나는 버스를 타고 그 도시에 간다.

1. (táxi)
   Eu vou ___________ para o centro.
   ▶나는 시내에 택시를 타고 간다.
2. (carro)
   Nós ________________________ para a fábrica.
   ▶우리는 공장에 차를 타고 간다.
3. (avião)
   Eu ________________________ para o Canadá.
   ▶우리는 캐나다에 비행기를 타고 간다.
4. (avião)
   Paulo e Luísa ________________________ para o Rio.
   ▶Paulo와 Luísa는 히우에 비행기를 타고 간다.
5. (navio)
   Vocês não ________________________ para os Estados Unidos.
   ▶너희들은 미국에 배를 타고 간다.
6. (metrô)
   Os funcionários ________________________ para a firma.
   ▶그 종업원들은 회사에 지하철을 타고 간다.
7. (a pé)
   Nós ________________________ para a escola.
   ▶우리는 학교에 걸어서 간다.
8. (ônibus)
   Você ________________________ para o escritório.
   ▶너는 사무실에 버스를 타고 간다.
9. (trem)
   Luís não ________________________ para casa.
   ▶Luís는 집에 기차를 타고 가지 않는다.
10. (bicicleta)
    Os meninos ________________________ para a escola.
    ▶그 소년들은 학교에 자전거를 타고 간다.

| Como vamos para o centro? | Vamos de ônibus. |
|---|---|
| ▶ 시내에 어떻게 갈까? | 비스 타고 가자. |

1. ______________________________? Vamos de avião.
   ▶ 비행기 타고 가자.
2. ______________________________? Ele vai a pé.
   ▶ 그는 걸어서 간다.
3. ______________________________? Vou de metrô.
   ▶ 나는 지하철을 타고 간다.
4. ______________________________? Vou de trem.
   ▶ 나는 기차를 타고 간다.
5. ______________________________? Ele vai de navio.
   ▶ 그는 배를 타고 간다.
6. ______________________________? Vamos de táxi.
   ▶ 우리는 택시를 타고 간다.
7. ______________________________? Eles vão de táxi.
   ▶ 그들은 택시를 타고 간다.
8. ______________________________? Eles vão de carro.
   ▶ 그들은 차를 타고 간다.
9. ______________________________? Ela vai a pé.
   ▶ 그녀는 걸어서 간다.
10. ______________________________? Elas vão de ônibus.
   ▶ 그녀들은 버스를 타고 간다.

## ···▸ 지시형용사 este, esse, aquele와 장소부사 aqui, aí, ali/lá

| 이<br>este aqui<br>(여기 이것)<br>(나와 가까울 때) | | 그<br>esse aí<br>(거기 그것)<br>(상대방과 가까울 때) | | 저<br>aquele ali/lá<br>(저기 그것)<br>(나와 상대방으로부터 멀리 있을 때) | |
|---|---|---|---|---|---|
| este livro<br>esta chave<br>estes livros<br>estas chaves | aqui | esse livro<br>essa chave<br>esses livros<br>essas chaves | aí | aquele livro<br>aquela chave<br>aqueles livros<br>aquelas chaves | ali/lá |

*오늘날 'este'와 'esse'는 옛날처럼 구분해서 사용하지 않는 경향이 있다.

## Ⓐ 빈칸에 알맞은 지시형용사 써넣기

| | |
|---|---|
| Estes carros aqui são modernos. | ▶여기 있는 이 차들은 최신 모델이다. |
| Esses documentos aí são importantes? | ▶(너와 가까이에 있는) 거기 그 문서들은 중요한 것이니? |
| Aquelas praias lá são bonitas. | ▶(저기 있는) 저 해변들은 아름답다. |

1. ____________ escritórios ali no prédio têm muita atividade!
   ▶저기 있는 저 건물 사무실들은 많은 활동을 한다(=매우 바쁘다).
2. ____________banco é muito antigo aqui na cidade.
   ▶이 은행은 여기 우리 도시에서 매우 오래 된 것이다.
3. ____________ ponto de ônibus ali na esquina é novo.
   ▶저 코너에 있는 저 버스 정류장은 새로 만들어진 것이다.
4. ____________óculos aí são da Laura?
   ▶거기 그 안경은 Laura 것이니?
5. ____________casa lá na esquina é bonita.
   ▶저기 코너에 있는 저 집은 예쁘다.
6. ____________salas aqui têm muitas mesas.
   ▶여기 이 사무실에는 많은 책상이 있다.
7. ____________chaves aí na mesa são da Lúcia?
   ▶거기 그 책상에 열쇠들은 Lúcia의 것이니?
8. ____________cofres ali têm muito dinheiro.
   ▶저기 있는 저 금고들 안에는 돈이 많다.
9. ____________fábrica lá no subúrbio é muito grande.
   ▶교외에 위치한 저 공장은 매우 크다.
10. ____________ informação aqui no livro é importante.
   ▶여기 이 책이 주는 정보는 중요하다.

## ···▸ <전치사 + 지시형용사>의 축약
## neste(s), nesta(s), naquele(s), naquela(s)

| | |
|---|---|
| em + este → neste | em + estes → nestes |
| em + esta → nesta | em + estas → nestas |

| | |
|---|---|
| em + aquele → naquele | em + aqueles → naqueles |
| em + aquela → naquela | em + aquelas → naquelas |

Há uma secretária neste escritório.
▶ 이 사무실에는 여비서가 한 명 있다.

Há muitos engenheiros nestes prédios aqui.
▶ 여기 이 건물들에 많은 엔지니어들이 있다.

Há uma chave nesta gaveta aqui.
▶ 여기 이 서랍에는 한 개의 열쇠가 있다.

Há muitas casas nesta região de praia.
▶ 이 해변지역에는 집이 많다.

Há documentos importantes naquele cofre ali.
▶ 저기 저 금고에는 중요한 문서들이 있다.

Há muitos prédios antigos lá naquela rua.
▶ 저기 저 길에는 옛날 건물들이 많이 있다.

### Ⓐ 〈전치사 + 지시형용사〉 축약 연습 1

(ponto de ônibus/esquina)
Há um ponto de ônibus nesta esquina aqui.
▶ 여기 이 길모퉁이에 버스정류장이 하나 있다.

1. (médico/consultório)

   ..........................................................................

   ▶ 여기 이 병원에는 네 명의 의사들이 있다.

2. (aeroporto/cidade)

   ..........................................................................

   ▶ 여기 이 도시에는 공항이 하나 있다.

3. (posto de gasolina/esquina)

.......................................................................................................................

▶ 저 코너에 주유소가 하나 있다.

4. (livros/armários)

.......................................................................................................................

▶ 그 수납장들 안에 책들이 많이 있다.

### 〈전치사 + 지시형용사〉 축약 연습 2

(consultórios/prédios/ali)
Há consultórios naqueles prédios ali.
▶ 저기 저 건물(들) 안에는 병원들이 있다.

1. (quinze dólares/gaveta/lá)

.......................................................................................................................

▶ 저기 저 서랍에 15달러가 있다.

2. (farmácia/calçada/ali)

.......................................................................................................................

▶ 저기 저 사람들이 다니는 길에 약국이 하나 있다.

3. (muitos turistas/montanhas/lá)

.......................................................................................................................

▶ 저기 저 (겹겹이 싸인) 산들 속에는 많은 관광객들이 있다.

4. (dentistas/consultórios/ali)

.......................................................................................................................

▶ 저기 저 병원들 안에는 치과의사들이 있다.

## B 해석하기

São Paulo é uma cidade brasileira, capital do estado de São Paulo e principal centro financeiro, corporativo e mercantil da América Latina. É a cidade mais populosa do Brasil, do continente sul- americano e de todo o hemisfério sul do mundo. São Paulo é também a cidade brasileira mais influente no cenário global, sendo considerada a 14ª cidade mais globalizada do planeta.

## Gostar de ~ 표현

| | |
|---|---|
| Gostar de + N (명사) | ~을 좋아한다. |
| V (동사원형) | ~하는 것을 좋아한다. |

| | |
|---|---|
| Eu gosto dela. | 나는 그녀를 좋아한다. |
| Eu gosto de andar. | 나는 걷는 것을 좋아한다. |
| Eu gosto do Hotel Brasília. | 나는 그 Hotel Brasília를 좋아한다 |
| Eu gosto desta cidade. | 나는 이 도시를 좋아한다.. |
| Eu não gosto daquela professora. | 나는 저 여선생님을 좋아하지 않는다. |
| Ele é muito bom. Gosto dele. | 그는 매우 좋은 사람이라, 나는 그를 좋아한다. |

### A 〈Gostar de + 목적격 대명사〉

Estes prédios são antigos. Gosto deles.
▶나는, 이 건물들이 오래된 것이라, 나는, 좋아한다.

Esta casa émoderna. Gosto dela.
▶나는, 이 집이 최신식이라, 나는, 좋아한다.

1. Estas casas são antigas. Gosto ..........
   ▶이 집들은 오래되었다. 그래서 나는 그것들을 좋아한다.
2. Esta cidade é antiga. ..........
   ▶이 도시는 오래되었다. 그래서 나는 그것을 좋아한다.
3. Este aeroporto é moderno. ..........
   ▶이 공항은 현대적이다. 그래서 나는 그것을 좋아한다.
4. Aquelas mesas são modernas. ..........
   ▶저 탁자들은 현대적이다. 그래서 나는 그것들을 좋아한다.
5. Aquela carteira é nova. ..........
   ▶저 지갑은 새 것이다. 그래서 나는 그것을 좋아한다.
6. Meu carro não é velho. ..........
   ▶내 차는 낡지 않았다. 그래서 나는 그것을 좋아한다.
7. Minhas amigas são simpáticas. ..........
   ▶내 여자친구들은 인정이 많다. 그래서 나는 그녀들을 좋아한다.
8. Minha casa é grande. ..........
   ▶나의 집은 크다. 그래서 좋아한다.
9. Meu carro é antigo. ..........
   ▶내 차는 구식이다. 그래서 나는 그것을 좋아한다.

10. Meus livros são antigos. ................................................................................

▶ 내 책들은 고서들이다. 그래서 나는 그것들을 좋아한다.

## B 〈Gostar de + V(동사원형)〉

Vamos a pé. Gosto de andar.
▶ 걸어서 가자. 나는 걷는 것을 좋아하거든.

1. Ele gosta ______ morar no centro.
   ▶ 그는 시내에 사는 것을 좋아한다.
2. Ela gosta ______ morar em São Paulo.
   ▶ 그녀는 São Paulo에 사는 것을 좋아한다.
3. Nós gostamos _____ ir a pé.
   ▶ 우리는 걸어서 가는 것을 좋아한다.
4. Vocês não ____________ falar inglês.
   ▶ 너희들은 영어로 말하는 것을 좋아하지 않는다.
5. Você ____________ falar.
   ▶ 너는 말하는 것을 좋아한다.
6. Eu não ___________ morar na praia.
   ▶ 나는 해변에 사는 것을 좋아하지 않는다.
7. Meus amigos ___________ morar em Belo Horizonte.
   ▶ 나의 친구들은 Belo Horizonte에 사는 것을 좋아한다.
8. Minha filha ___________ visitar museus.
   ▶ 나의 딸은 박물관에 가는 것을 좋아한다.
9. Meu marido ___________ mostrar a cidade para os amigos.
   ▶ 내 남편은 친구들에게 이 도시를 보여주는 것을 좋아한다.

## C 〈Gostar de + N(명사)〉

Você gosta de cerveja?
▶ 너는 맥주를 좋아하니?

1. Eu ___________ livros antigos.
   ▶ 나는 고서들을 좋아한다.

2. Nós ___________ casas antigas.
▶ 우리는 고택들을 좋아한다.

3. Eles ___________ cidades grandes.
▶ 그들은 대도시(들)을 좋아한다.

4. Ela ___________ casas modernas.
▶ 그녀는 현대식 주택들을 좋아한다.

5. Meus filhos ___________ prédios modernos.
▶ 우리 애들은 현대식 건물들을 좋아한다.

## D 〈Gostar de + 정관사〉

Gosto do aeroporto de Paris. Gosto da parte velha da cidade.
▶ 나는 파리공항을 좋아한다. 나는 파리의 舊지역을 좋아한다.

1. Eu ________ muito ____ amigos _____ meu filho.
▶ 나는 내 아들 친구들을 매우 좋아한다.

2. Meus amigos ________ muito _____ casa nova.
▶ 내 친구들은 그 새 집을 무척 좋아한다.

3. Você gosta ________ planos _____ novo diretor?
▶ 너는 새 이사님 프로젝트가 마음에 드니?

4. Nós gostamos ________ prédio _____ correio.
▶ 우리는 그 우체국 건물을 좋아한다.

5. Este diretor não gosta ________ secretária.
▶ 이 부장님은 그 여자 비서를 좋아하지 않는다.

6. Eles gostam ________ filmes franceses.
▶ 그들은 프랑스 영화를 좋아한다.

7. Gostamos ________ casa da praia.
▶ 우리는 해변에 있는 그 집을 좋아한다.

8. Ela gosta ________ casa da Mônica.
▶ 그녀는 Mônica의 집을 좋아한다.

9. Ela não ________ _____ novo aeroporto.
▶ 그녀는 그 새 공항을 좋아하지 않는다.

10. Eu gosto ________ livro de português.
▶ 나는 그 포르투갈어 책을 좋아한다.

11. Vocês gostam ________ praias brasileiras?
▶ 너희들을 브라질 해변을 좋아하니?

12. Estes engenheiros não ________ ______ meus planos.
▶ 이 엔지니어들은 내 기획안을 좋아하지 않는다.

13. Nós não ___________ ______ prédio ______ Prefeitura.
▶ 우리는 그 시청 건물을 좋아하지 않는다.

14. Meu amigo ________ muito ______ praias do Rio.
▶ 내 친구는 Rio해변을 매우 좋아한다.

15. Os paulistas ________ muito ______ metrô. Ele é muito rápido.
▶ 상파울루州 사람들은 지하철을 매우 좋아한다. 아주 빠르니까.

## E 〈Gostar de + 지시형용사〉

| | |
|---|---|
| O aeroporto desta cidade é antigo. | ▶ 이 도시의 공항은 오래되었다. |

1. Eles gostam __________ prédio ali.
▶ 그들은 저기 저 건물을 좋아한다.

2. Eu gosto do diretor __________ firma.
▶ 나는 이 회사의 그 이사님을 좋아한다.

3. Minha amiga gosta __________ livro ali.
▶ 내 친구는 저기 저 책을 좋아한다.

4. As praias __________ região são famosas.
▶ 이 지역의 해변들은 유명하다.

5. As calçadas __________ cidade são velhas.
▶ 이 도시의 인도들은 오래되었다.

6. As portas __________ salas ali estão abertas.
▶ 저기 저 사무실들의 문들은 열려 있다.

7. A chave __________ gaveta está aqui na mesa.
▶ 여기 이 서랍의 열쇠는 탁자에 있다.

8. Os clientes __________ firma são americanos.
▶ 이 회사의 고객들은 미국인들이다.

9. Os documentos __________ engenheiro estão na gaveta.
▶ 이 엔지니어의 서류들은 그 서랍에 있다.

10. Gostamos da secretária _________ engenheiro.
▶ 우리는 이 엔지니어의 그 여비서를 좋아한다.

## TER 동사의 직설법 현재

| | | | |
|---|---|---|---|
| Eu | tenho<br>[떼뉴] | Nós | temos<br>[떼모스] |
| Você<br>Ele<br>Ela | tem<br>[뗑] | Vocês<br>Eles<br>Elas | têm<br>[뗑] |

### A TER 동사의 직설법 현재 연습 1

Eu tenho dinheiro no banco. ▶ 나는 돈을 은행에 넣어 두었다.

1. Luís e Teresa _________ quatro filhos.
   ▶ Luís와 Teresa에게는 4명의 자식들이 있다.
2. Você _________tempo?
   ▶ 너 시간 있니?
3. Não, eu não _________ tempo.
   ▶ 아니, 시간 없어.
4. O Brasil ________ muitas cidades antigas.
   ▶ 브라질에는 오래된 도시들이 많다.
5. Esta cidade __________muitos prédios modernos.
   ▶ 이 도시는 현대적(=이 도시에는 현대적 건물이 많다) 건물들을 많이 갖고 있다.
6. Aquele prédio ali __________oito andares.
   ▶ 저기 저 건물은 8층이다.
7. Estas montanhas __________muitas casas bonitas.
   ▶ 이 산(들)은 예쁜 집들을 많이 갖고 있다(=이 산에는 예쁜 집이 많다).
8. O senhor __________ sorte.
   ▶ 당신은 운이 좋다.
9. Nós __________um amigo em Recife.
   ▶ 우리는 Recife에 사는 친구가 있다.
10. Vocês __________ livros novos no armário.
    ▶ 그 장안에 너희들의 새 책이 있다.
11. O Rio de Janeiro __________muitos turistas.
    ▶ Rio de Janeiro에는 많은 관광객들이 있다.

12. Você _________ dinheiro?

▶ 돈 있어?

13. Não, eu não _________dinheiro. _________ cheque.

▶ 아니, 현금은 없어. 그런데 수표는 갖고 있어.

14. Nós _________amigos em Porto Alegre.

▶ 우리는 Porto Alegre에 친구들이 있습니다.

15. Meu filho _________ quatro anos.

▶ 나의 아들은 4살이다.

### TER 동사의 직설법 현재 연습 2

Você tem dinheiro?
-Não, não tenho dinheiro. Tenho cartão de crédito.
▶ 너 돈이 있니?
–아니, 나 돈 없어. 하지만 신용카드는 갖고 있어.

1. Ele tem uma casa?
(apartamento)......................................................................................

▶ 그는 집을 갖고 있니? 아니, 그는 집은 없지만 아파트는 갖고 있어.

2. Eles têm sorte?
(azar) ..............................................................................

▶ 그들은 행운을 갖고 있니? 아니, 행운이 아니라, 액운을 갖고 있어.

3. Nós temos dinheiro no banco?
(dinheiro na firma) .............................................................................

▶ 우리는 돈을 은행에 넣어 두었지? 아니, 은행이 아니라, 회사에 두었어.

4. Vocês têm a chave do carro?
(chave da casa) ...............................................................................

▶ 너희들은 그 차 열쇠를 갖고 있니? 아니, 차 열쇠가 아니라 집 열쇠를 갖고 있어.

5. O médico tem casa na montanha?
(casa na praia) ...............................................................................

▶ 그 의사는 산에 집을 갖고 있니? 아니 산이 아니라 해변에 갖고 있어.

6. Os armários têm documentos?
(livros)............................................................................................

▶ 그 수납장들 안에 문서들이 있니? 아니, 문서가 아니라 책들이 있어.

7. Brasília tem prédios antigos?
(prédios modernos) ..............................................................................................
▶ Brasília에는 옛날 건물들이 있니? 아니, 옛날 건물들이 아니라, 현대적 건물들이 있어.

8. A Estação Rodoviária tem trens?
(ônibus)..............................................................................................................
▶ 고속버스 터미널 역에 기차가 있니? 아니, 기차가 아니라 버스가 있지.

## B 작문하기

1. 나는 운이 되게 없다(=재앙을 갖고 있다).

▶ ..............................................................................................................

2. 그는 운이 매우 좋다.

▶ ..............................................................................................................

3. 그는 돈이 없다.

▶ ..............................................................................................................

4. 우리는 자식이 많다.

▶ ..............................................................................................................

5. 너희들은 오늘 시간이 없다.

▶ ..............................................................................................................

6. 그녀는 16살이다.

▶ ..............................................................................................................

# ···▸ 소유 형용사 meu(s), minha(s), nosso(s), nossa(s)

| Eu(단수) | | nós(복수) | |
|---|---|---|---|
| meu | amigo | nosso | filho |
| minha | amiga | nossa | filha |
| meus | amigos | nossos | filhos |
| minhas | amigas | nossas | filhas |

## Ⓐ 소유형용사 연습

(nós) Nossa casa não é grande.
▶우리 집은 크지 않다.

1. (nós)
__________ filhos não estão aqui.
▶우리 애들은 지금 여기 없다.

2. (eu)
__________ mulher gosta de caminhar.
▶내 아내는 걷는 것을 좋아한다.

3. (nós)
__________ trabalho é interessante.
▶우리(가 하는) 일은 재미있다./흥미롭다.

4. (eu)
__________ apartamento é grande.
▶내(가 사는) 아파트는 크다.

5. (nós)
__________ amigos têm problemas.
▶우리 친구들에게 문제가 생겼다.

6. (nós)
__________ cidade é pequena, mas tem muitos parques.
________ parques são bonitos.
▶우리 도시는 작지만 많은 공원을 갖고 있다. 그리고 우리의(=그) 공원들은 근사하다./멋있다.

7. (eu)
__________ marido e __________ filha vão para casa a pé.
▶나의 남편과 딸은 걸어서 집으로 간다.

8. (nós)

________ secretárias trabalham bem.

▶ 우리 여자비서들은 일을 잘 한다.

9. (eu)

__________ amigos moram em Salvador.

▶ 내 친구들은 Salvador에서 산다.

10. (eu)

__________ filhas vão de ônibus para a escola.

▶ 내 딸들은 학교에 버스타고 간다./통학을 버스로 한다.

## B 작문하기

1. 우리 시내에 버스로 갈까?

▶ ..........................................................................................................

2. 아니, 걸어서 가자, 나는 걷는 것을 좋아해.

▶ ..........................................................................................................

3. 나도 그래. 시내에는 옛날 건물들이 많이 있니?

▶ ..........................................................................................................

4. 응, 그래. 하지만 새 건물들도 있어.

▶ ..........................................................................................................

5. 너 돈 있니?

▶ ..........................................................................................................

6. 아니, 없어.

▶ ..........................................................................................................

7. 은행은 어디에 있지?

▶ ..........................................................................................................

8. 저기 저 코너에 있는 인도에 있네.

▶ ..........................................................................................................

## ···▸ VENDER 동사의 직설법 현재

| | | | |
|---|---|---|---|
| Eu | vendo<br>[벤두 / 벵두] | Nós | vendemos<br>[벤데모스 / 벵데무스] |
| Você<br>Ele<br>Ela | vende<br>[벤지 / 벵지] | Vocês<br>Eles<br>Elas | vendem<br>[벤뎅 / 벵뎅] |

### Ⓐ 2군 동사 직설법 현재 연습

(atender) Eu atendo meus cliente de manhã.
▶나는 아침에 고객과 상담한다.

1. (atender)
   A secretária ____________ o telefone.
   ▶그 여비서가 전화를 받는 일을 한다.

2. (atender)
   Nós sempre ____________ o diretor.
   ▶우리는 그 이사님이 우리를 찾으면, 언제나 그의 요구를 들어준다(= ).

3. (escrever)
   Ele __________ pouco.
   ▶그는 편지를 거의 쓰지 않는다(= ).

4. (atender)
   Ela __________ a porta.
   ▶(누군가가 오면) 그녀가 문을 연다(= ).

5. (comer)
   Tomás __________ muito.
   ▶Tomás는 많이 먹는다.

6. (comer)
   Tomás e Antônio __________ muito.
   ▶Tomás와 Antônio는 많이 먹는다.

7. (vender)
   Minha firma __________ imóveis.
   ▶우리 회사는 부동산을 매매하는 회사이다.

8. (aprender)
Você __________ inglês na escola?
▶ 너는 학교에서 영어를 배우니?

9. (beber)
Nós não __________ cerveja de manhã.
▶ 우리는 아침에 맥주를 마시지 않는다.

10. (aprender)
Vocês não __________ japonês na escola?
▶ 너희들은 학교에서 일본어를 배우지 않니?

11. (vender)
Eu não __________ minha casa. Gosto muito dela.
▶ 나는 내 집을 팔지 않는다. 나는 이 집을 매우 좋아한다.

12. (aprender)
Eu __________ português na universidade.
▶ 나는 대학교에서 포르투갈어를 배운다.

13. (responder)
Eles não __________ às minhas perguntas.
▶ 그들은 내 질문에 대답하지 않는다.

14. (receber)
Paulo __________ cartas de seus amigos.
▶ Paulo는 친구들로부터 편지를 받는다.

## B 1군 동사 (andar, trabalhar, comprar, conversar)와 2군 동사 (beber, escrever, vender, comer) 연습

(comprar/vender)
Nós compramos e vendemos casas e apartamentos.
▶ 우리는 주택(들)과 아파트(들)을 매매한다.

1. (morar/trabalhar)
João ____________ em São Paulo, mas ____________ em Santos.
▶ João은 São Paulo에 살지만, Santos에서 일한다.

2. (morar/trabalhar)
Nós ____________no centro, mas ____________ no subúrbio.
▶ 우리는 시내에 살지만, 도시외곽(=교외)에서 일한다.

3. (morar/trabalhar)

Eles ____________ neste prédio e ____________ naquela fábrica.

▶그들은 이 건물에 살지만, 저 공장에서 일한다.

4. (morar/trabalhar)

Eu ____________ aqui e ____________ lá.

▶나는 여기에서 살지만, 저기에서 일한다.

5. (comer/beber)

Luís ____________ pizza e ____________ cerveja.

▶Luís는 피자를 먹고 맥주를 마신다.

6. (comer/beber)

Nós ____________ pizza e ____________ vinho.

▶우리들은 피자를 먹고 포도주를 마신다(피자를 포도주와 먹는다).

7. (comer/beber)

O senhor __________ pizza e __________ água?

▶선생님께서는 피자를 물과 함께 드십니까?

8. (comprar/vender)

Nós ____________ e ____________ carros antigos.

▶우리는 중고차를 매매합니다.

9. (atender/mostrar)

As secretárias ____________ o telefone e ____________ o escritório para os clientes.

▶그 여비서들은 전화를 받고, 고객들에게 사무실을 보여준다.

10. (andar/comer)

Eu ____________ muito e ____________ pouco.

▶나는 많이 걷고 조금 먹는다.

11. (andar/comer)

Você ____________ pouco e ____________ muito.

▶너는 조금 걷고 많이 먹는다.

12. (trabalhar/andar)

Os médicos ____________ muito e ____________ pouco.

▶의사들은 일은 많이 하고 걷기는 조금 한다.

13. (andar/mostrar)

Nós ____________ e ____________ a cidade para os turistas.

▶우리는 관광객들에게 이 도시를 걸어서 보여준다.

14. (comprar/vender)

A senhora ____________ e ____________ livros antigos.

▶당신은 고서(들)을 매매합니까?

15. (beber/comer/andar)

Meu amigo ________ muito, ________ muito e ________ pouco.

▶ 나의 친구는 많이 먹고 (술도)많이 마시지만, 걷기는 거의 하지 않는다.

## 직설법 현재진행 (Modo indicativo - Presente continuo - Gerúndio)

| | | |
|---|---|---|
| Estar | + | - ando |
| | | - endo |
| | | - indo |

| | | | |
|---|---|---|---|
| morar | – | Eu estou morando em Seul. | ▶ 나는 지금 서울에서 살고 있다. |
| atender | – | Eu estou atendendo o paciente. | ▶ 나는 지금 그 환자를 보고 있는 중이다. |
| partir | – | Eu estou partindo para o Brasil. | ▶ 나는 지금 브라질을 향해 떠나고 있다. |

### A 직설법 현재진행 연습

Ele está atendendo um cliente agora.

▶ 그는 지금 고객과 상담 중 이다.

1. (trabalhar)

   Agora o médico não ____________________ naquele hospital.

   ▶ 지금 그 의사는 저 병원에서 일하고 있지 않다.

2. (comer/beber)

   Agora nós ________________ pizza e ________________ cerveja.

   ▶ 우리는 지금 피자를 먹고, 맥주를 마시고 있다.

3. (mostrar)

   Hoje ele ____________________ a cidade para os amigos.

   ▶ 오늘 그는 친구들에게 그 도시를 보여주고 있다.

4. (atender)
Eu ______________________ o telefone agora.
▶ 나는 지금 전화를 받고 있는 중이다.

5. (atender)
Ela ______________________ um cliente na frente da porta agora.
▶ 그녀는 지금 문 앞에서 손님을 맞고 있다.

6. (aprender)
Você ______________________ português agora.
▶ 너는 지금 포르투갈어를 배우고 있는 중이다.

7. (trabalhar)
Eles não ______________________ muito agora.
▶ 그들은 지금 일을 많이 하고 있지 않다.

8. (escrever)
Vocês não ______________________ cartas agora.
▶ 너희들은 지금 편지를 쓰지 않고 있다.

9. (atender)
Nós não ______________________ estes clientes hoje.
▶ 우리는 오늘 이 고객들을 받지 않고 있다.

10. (aprender)
Eu não ______________________ Alemão agora.
▶ 나는 지금 독일어를 배우고 있지 않다.

Unidade

# 3 직설법 현재(PODER 동사와 IR 동사)

### Podemos almoçar agora? (우리 지금 점심식사하러 갈까요?)

**Paula:** Podemos almoçar agora? Estou muito cansada e com fome.
**João:** Eu também.
**Paula:** Há um bom restaurante aqui perto.
**João:** Boa idéia!

**Paula:** 우리 지금 점심식사하러 갈까요? 저는 배가 고프고 피곤해요.
**João:** 저도 역시.
**Paula:** 여기 가까이에 좋은 식당이 하나 있어요.
**João:** 좋은 생각입니다.

### No restaurante (식당에서)

**Paula:** O que você vai pedir?
**João:** Talvez uma salada de legumes e carne com batatas. E você?
**Paula:** A mesma coisa. Vou tomar também uma cerveja. Estou com sede.
**João:** Já podemos pedir a sobremesa.

**Paula:** 뭘 주문하시겠어요?
**João:** 야채 샐러드와 감자를 곁들인 소고기를 주문할까 봐요. 당신은요?
**Paula:** 같은 것으로 하지요. 전 맥주 한 병 마실래요. 목이 말라요.
**João:** 후식도 미리 주문하십시다.

### Pagando a conta (계산할 때)

**João:** Garçon, a conta, por favor. Este restaurante não é caro.
**Garçon:** Desculpe, senhor, mas a gorjeta não está incluída.
**João:** Ah, é mesmo.
**Paula:** Então podemos ir.

**João:** 웨이터, 계산서 주세요. 이 식당은 비싸지 않네요.
**Garçon:** 죄송합니다. 손님. 그런데 팁이 포함되지 않았습니다.
**João:** 아, 그렇군요.
**Paula:** 그럼(=계산이 다 되었으면) 우리 갈까요?

# ••• 조동사 PODER의 직설법 현재

| | | | |
|---|---|---|---|
| Eu | posso | Nós | podemos |
| Você<br>Ele<br>Ela | pode | Vocês<br>Eles<br>Elas | podem |

* poder동사는 "~을 할 수 있다"라는 뜻도 있지만, 상대방으로부터 "…을 해도 좋다"는 허락의 의미가 있다. 그런데 "너는 포어를 말할 줄 아니?" 혹은 "너는 수영할 줄 아니?"라고 할 때 poder동사 대신 saber동사를 사용해야 한다는 점에 주의해야 한다. 즉 "Você sabe falar português?" 혹은 "Você sabe nadar?"라고 말해야 한다.

## A PODER 동사의 직설법 현재 연습

Está chovendo. Vamos ficar em casa. O que podemos fazer?
▶비가 오고있네. (그럼) 우리 집에 있자. (그런데) 우리 뭐하고 놀지? (=뭘 할 수 있을까?)

1. Nós ______________ assistir (a) televisão.
   ▶우리는 텔레비전을 볼 수 있다.

2. Eles ______________ ler o jornal.
   ▶그들은 신문을 읽을 수 있다.

3. Eu ______________ escrever para meus amigos.
   ▶나는 내 친구들에게 편지를 쓸 수 있다.

4. O Felipe ______________ telefonar para os amigos.
   ▶Felipe는 친구들에게 전화를 할 수 있다.

5. Eu ______________ ir para os Estados Unidos.
   ▶나는 미국에 갈 수 있다.

6. Nós ______________ ir para o Brasil de navio.
   ▶우리는 배를 타고 브라질에 갈 수 있다.

7. A Luísa ______________ estudar para o teste de amanhã(가능성).
   ▶Luísa는 내일 시험을 위해, 지금 공부 하고 있을 확률이 높다.

8. Você ______________ ouvir um CD novo.
   ▶너는 새 CD를 들어도 좋다 (허락의 의미).

9. As crianças ______________ jogar cartas.
   ▶아이들은 카드놀이를 해도 좋다.

10. Vocês ______________ sair hoje à noite.
    ▶너희들은 오늘 밤 외출해도 좋다.

## Ⓑ PODER 동사로 대답하기

| | |
|---|---|
| No trabalho, você pode conversar?<br>▶ 직장에서 당신은 말할 수 있어요? | - Posso.<br>– 네. |
| No trabalho, você pode dormir?<br>▶ 직장에서 당신은 잠을 잘 수 있나요? | - Não, não posso.<br>– 아니오, 그럴 수 없습니다. |

1. Você pode chegar mais tarde? ............................................................
   ▶ 당신은 더 늦게 도착할 수 있습니까?
2. Você pode tomar cerveja? ............................................................
   ▶ 당신은 맥주를 마실 수 있습니까(=맥주를 마셔도 괜찮겠습니까)?
3. Vocês podem fumar? ............................................................
   ▶ 당신들은 담배를 피울 수 있습니까?
4. Seu chefe pode sair mais cedo? ............................................................
   ▶ 당신의 직장상사는 일찍 나갈 수 있습니까(= 다른 사람보다 일찍 퇴근해도 됩니까)?
5. Vocês podem discutir com o chefe? ............................................................
   ▶ 당신들은 당신들의 직장상사와 논쟁할 수 있습니까?
6. As secretárias podem ir para casa na hora do almoço?
   ............................................................
   ▶ 그 여비서들은 점심시간에 집에 갈 수 있습니까?
7. Seus colegas podem usar sua mesa? ............................................................
   ▶ 당신의 동료들이 당신의 책상을 사용해도 되나요?

## 의문사

| | | |
|---|---|---|
| Quem? | Who | 누가 |
| Quando? | When | 언제 |
| Onde? | Where | 어디서 |
| O quê? | What | 무엇을 |
| Qual/Quais? | Which | 어떤 것을 |
| Quanto/Quanta/Quantos/Quantas? | How many/How much | 얼마/몇 개? |
| Como? | How | 어떻게 |

1. __________ é ele?
- Ele é Roberto, meu amigo.
▶ 그는 내 친구 Roberto입니다.

2. __________ ele mora?
- Em São Paulo.
▶ 그는 (도시) São Paulo에 삽니다.

3. __________ ele está aqui no Rio?
- Porque ele está em férias.
▶ 그는 휴가 중이거든요.

4. __________ ele vai fazer hoje?
- Ele vai visitar o Corcovado.
▶ 그는 Corcovado를 방문할 겁니다.

5. __________ ele vai ao Corcovado?
- De carro.
▶ 차로 갈 겁니다.

6. __________ custa a visita ao Corcovado?
- Nada. É grátis.
▶ 돈이 전혀 들지 않습니다. 무료입니다.

7. __________ amigos ele tem no Rio?
- Muitos.
Ele tem muitos amigos aqui.
▶ 많아요.
그는 이곳에 많은 친구들을 갖고 있어요.

8. __________ ele vai voltar para São Paulo?
- No domingo.
▶ 그는 일요일에 São Paulo로 돌아갈 겁니다.

9. __________ é a profissão dele?
- Ele é advogado.
▶ 그의 직업은 변호사입니다.

## •••▸ 가까운 미래: <동사 IR + V(동사원형)> (Modo indicativo – Futuro imediato)

| | | | |
|---|---|---|---|
| Eu | vou morar | Nós | vamos morar |
| Você<br>Ele<br>Ela | vai morar | Vocês<br>Eles<br>Elas | vão morar |

### Ⓐ 동사 IR + V(동사원형) 연습

O que você vai tomar?
▸ 당신은 무엇을 마시겠습니까?

Vou tomar uma cerveja.
맥주 한 병 마시겠습니다.

1. O que você vai comer? ..............................
   ▸ 당신은 무엇을 드시겠습니까?
2. O que vocês vão tomar? ..............................
   ▸ 당신들은 무엇을 마시겠습니까?
3. O que ele vai pedir ao garçom? ..............................
   ▸ 그는 웨이터에게 무엇을 주문할까요?
4. O que vamos fazer depois do almoço? ..............................
   ▸ 점심 후에 우리 뭘 할까요?
5. Como sobremesa, o que você vai oferecer? ..............................
   ▸ 후식으로, 당신은 무엇을 제공하겠습니까?
6. O que vamos tomar? ..............................
   ▸ 우리는 무엇을 마실까요?

Está chovendo. Vamos ficar em casa. O que podemos fazer?
▸ 비가 와서 우리는 집에 있을 거야. 그런데 무엇을 할 수 있지(=뭘 하지)?

1. ..............................? Vamos, sim. Vamos falar com a secretária.
   네. 그럴 겁니다. 그 여비서와 얘기할 겁니다.
2. ..............................? Não, vou jantar às 7 horas.
   아니오, 7시에 저녁을 먹을 겁니다.

3. ............................................? Vou, sim. Vou tomar cerveja.
네. 그럴 겁니다. 맥주를 마실 겁니다.

4. ............................................? Não, vamos comprar uma casa.
아니오, 우리는 집을(=집 한 채를) 살 겁니다.

5. ............................................ ? Não, ele vai ficar em casa.
아니오, 그는 집에 있을 겁니다.

6. ............................................ ? Não, eles vão tomar sopa.
아니오, 그들은 수프를 먹을 겁니다.

## B 문장과 해석 연결하기

1. Ele não vai pagar a conta de gás porque está sem dinheiro.
2. Elas vão ter problemas na firma porque não gostam do chefe.
3. Eu vou jantar devagar porque não estou com pressa.
4. Nós vamos mais tarde porque não estamos com fome.
5. Ela não vai escrever para mim porque não tem meu endereço.

(　　) 우리는 배가 고프지 않으니까 좀 더 늦게 갈 것이다.
(　　) 그녀는 내 주소를 갖지 않아 내게 편지를 쓰지 않을 것이다.
(　　) 그 여자들은 회사에서 자신들의 상사를 좋아하지 않기 때문에, 문제를 갖게 될 것이다.
(　　) 그는 지금 돈이 없어서 가스비를 내지 않을 것이다.
(　　) 나는 급하지 않으니까 천천히 저녁을 먹을 것이다.

* 〈Vamos + V(동사원형)〉은
영어의 〈Let's + V(동사원형)〉과 같은 형태로 '우리 ~ 하십시다'의 뜻이다.
그런데 "우리 ~ 하러 가십시다"의 경우
Vamos ir para comer no centro. 대신 → Vamos para comer no centro. 로 쓴다.
즉 같은 동사 ir를 두 번 반복해서 쓰지 않는다.

## ••• SER와 ESTAR 동사의 차이

| Ser | 불변의 성질 | Estar | 일시적인 상태 |
|---|---|---|---|
| Ela é bonita.<br>O Saara é quente | 그녀는 예쁩니다.<br>사하라 사막은 덥습니다. | Ela está bonita hoje.<br>Hoje está quente. | 오늘 예쁘군요.<br>오늘 덥군요. |

### Ⓐ 알맞은 동사 써넣기

1. Hoje ___________ quente.
▶ 오늘은 덥습니다.

2. Ele ___________ inteligente.
▶ 그는 똑똑합니다.

3. Ele __________ americano.
▶ 그는 미국인입니다.

4. Nós ___________ contentes agora.
▶ 우리는 지금 만족합니다.

5. Nossos amigos ___________ na sala.
▶ 우리 친구들은 거실에 있습니다.

6. Nós ___________ brasileiros.
▶ 우리는 브라질사람입니다.

7. A Suíça ___________ um país bonito.
▶ 스위스는 예쁜 나라입니다.

8. Eu ___________ aqui agora.
▶ 저는 여기 있습니다.

9. Os copos ____________ na mesa e ___________ de cristal.
▶ 테이블 위에 컵들이 있습니다. 그런데 그 컵들은 크리스탈로 만들어진 것입니다.

10. Onde __________ seu carro? Na garagem?
▶ 어디에 당신의 차가 있습니까? 차고에 있습니까?

11. O Brasil ___________ um país muito grande.
▶ 브라질은 매우 큰 나라입니다.

12. Ele ___________ médico e ___________ no hospital agora.
▶ 그는 의사이고 지금 병원에 있습니다.

13. O Alasca ____________ frio. A Sibéria também ___________.
▶ 알래스카는 춥습니다. 시베리아도 마찬가지입니다.

14. Ele __________ cozinheiro e __________ no restaurante agora.
▶ 그는 요리사이고 지금 식당에 있습니다.

15. Eles __________ estrangeiros. Eles __________ no Brasil para trabalhar.
▶ 그들은 외국인입니다. 그들은 일하기 위해 브라질에 있습니다.

## B 작문하기 1

1. 내 형 Ronaldo는 컴퓨터 전문가이다.
▶ ..........................................................................................

2. 그는 내 직장 상사이기도 한데, 아주 실용을 추구하는 사람이다.
▶ ..........................................................................................

3. 그는 개신교 신도지만, 친구들과 bar에서 맥주를 마신다.
▶ ..........................................................................................

4. 우리는 Curitiba 출신이지만, 지금 여기 São Paulo에 살고 있다.
▶ ..........................................................................................

5. 그는 오늘 행복하다. 여름이라 지금 해변에 있기 때문에.
▶ ..........................................................................................

6. 나는 배가 고프다. 벌써 오후 두시가 되어서.
▶ ..........................................................................................

## 작문하기 2

1. 당신은 선생님이십니까? 아니오, 전 학생입니다.
▶ ..........................................................................................

2. 당신은 웨이터입니까? 아니오, 전 요리사입니다.
▶ ..........................................................................................

3. 그녀들은 지금 배가 고픕니까? 아니오, 배 고프지 않습니다.
▶ ..........................................................................................

4. 컵이 테이블에 있습니까? 네, 있습니다.
▶ ..........................................................................................

5. Mariana, 지금 졸려요? 네, 그렇습니다.
▶ ..........................................................................................

6. 그는 웨이터입니까? 네, 그래서 지금 식당에 있습니다.
▶ ..........................................................................................

7. 당신들은 외국인입니까? 네, 그래서 일하려고 여기 있습니다.
▶ ..........................................................................................

8. Fagundes씨는 장사를 하십니까? 아니오, 그는 선생님입니다.

▶ ..........................................................................................................................

9. Luís와 Paula 당신들은 미국인이십니까? 아니오, 우리는 영국인입니다.

▶ ..........................................................................................................................

10. 그 차는 주차장에 있습니까? 아니오, 없습니다.

▶ ..........................................................................................................................

## Ⓒ 질문하기

| | |
|---|---|
| Onde está Mariana?<br>▶Mariana는 어디 있습니까? | -Ela está em casa.<br>–집에 있습니다. |

1. ........................................? Eles são fotógrafos.
   ▶ 그들은 사진작가입니다.
2. ........................................? Eles estão no clube.
   ▶ 그들은 클럽에 있습니다.
3. ........................................? Não. Nós somos brasileiros.
   ▶ 우리는 브라질 사람입니다.
4. ........................................? Eu estou em casa à noite.
   ▶ 나는 밤에 집에 있습니다.
5. ........................................? Porque estamos com sede.
   ▶ 왜냐하면 목이 마르기 때문입니다.
6. ........................................? Ela é a secretária do presidente.
   ▶ 그녀는 사장님 비서입니다.
7. ........................................? Eu estou nervoso porque tenho muitos problemas.
   ▶ 나는 너무 많은 문제 때문에 지금 신경이 곤두서 있습니다.
8. ........................................? Ele está no dentista.
   ▶ 그는 치과에 있습니다.
9. ........................................? Eu vou bem.
   ▶ 나는 잘 있어요.

## ···▸ Estar com + N(명사)

| | | |
|---|---|---|
| Eu estou com fome.<br>전 지금 배가 고파요. | Eu estou com frio.<br>추워요. | Eu estou com sede.<br>목이 말라요. |

### ▸ 문제 해결 제시하기

Ele está com fome.
그는 지금 배가 고파요.
O que ele vai fazer?
그가 뭘 할까요?

→ Ele vai almoçar.
점심을 먹으러 갈 겁니다.

1. Ele está com sede (목이 말라요).
   O que ele vai fazer? → ..........................................................

2. Ele está com fome (배가 고파요).
   O que ele vai fazer? → ..........................................................

3. Eles estão com calor (더워요).
   O que ele vai fazer? → ..........................................................

4. Eles estão com frio (추워요).
   O que ele vai fazer? → ..........................................................

5. Ela está com sono (졸려요).
   O que ele vai fazer? → ..........................................................

6. Vocês estão com pressa (급해요).
   O que ele vai fazer? → ..........................................................

7. Ele está com dor de cabeça (머리가 아파요).
   O que ele vai fazer? → ..........................................................

## antes de ~/depois de ~: ~이전에 / ~이후에

antes de (do, da, dos, das)
Eu vou sair antes do almoço. 나는 점심 전에 나갈 겁니다.
Eles vão pensar antes de falar. 그들은 말하기 전에 생각할 겁니다.

depois de (do, da, dos, das)
Ele vai sair do restaurante depois de pagar a conta.
그는 계산을 한 후에 식당을 나갈 것입니다.
Eles vão chegar depois das cinco horas.
그들은 5시 이후에 도착할 것입니다.

* 영어의 before, after로 시간을 나타내는 부사구를 이끄는 표현으로 뒤에 명사나 동사가 온다.

antes de / depois de + 정관사 + N (명사)

antes de / depois de + V (동사원형)

**Um rapaz cabeludo** (더벅 머리 총각)

- Que horror! Quando você vai cortar o cabelo?
- Depois do jantar.
- Depois do jantar? Depois do jantar o barbeiro está fechado.
- Ah! É mesmo! Então vou antes do jantar.

– 아이 흉해! 머리는 언제 자를 거야?
– 저녁 먹은 후에요.
– 저녁 먹은 후에? 저녁 먹은 후면, 이발소는 문을 닫아.
– 아! 그렇군요! 그럼 저녁 먹기 전에 가지요.

## Ⓐ depois de, do(s), da(s)로 대답하기

(o almoço)
Quando você toma cafezinho? Depois do almoço.
▶ 당신은 언제 커피를 마십니까? 점심 후에요.

1. (o café da manhã)
   Quando você vai ao escritório?
   ▶ 당신은 언제 직장에 갑니까?
2. (o jantar)
   Quando vamos ao cinema?
   ▶ 우리 언제 영화보러 가요?
3. (a aula de português)
   Quando você vai voltar para casa?
   ▶ 언제 당신은 집으로 돌아옵니까?
4. (acabar meu trabalho)
   Quando você vai sair do escritório?
   ▶ 언제 당신은 퇴근합니까? Depois de acabar... / Depois que acabar...
5. (os feriados)
   Quando você vai falar com seu chefe?
   ▶ 언제 당신은 상사와 얘기할 것입니까?
6. (conhecer São Paulo)
   Quando ele vai a Recife?
   ▶ 언제 그는 Recife에 갑니까?

## Ⓑ antes de, do(s), da(s)로 대답하기

(o almoço)
Quando você toma o aperitivo? Antes do almoço.
▶ 언제 식욕을 돋구는 에피타이저를 먹습니까? 점심식사 전에요.

1. (o meio-dia)
   Quando você vai ao banco?
   ▶ 언제 당신은 은행에 갑니까?

2. (o café da manhã)
Quando ele vai viajar?
▶ 언제 그는 여행갑니까?

3. (três horas)
Quando vai acabar a reunião?
▶ 언제 그 회의가 끝날 겁니까?

4. (ir ao barbeiro)
Quando você vai ao correio?
▶ 언제 당신은 우체국에 갈 겁니까?

5. (sair do escritório)
Quando eu posso falar com você?
▶ 언제 얘기할 수 있어요?

6. (chegar ao escritório)
Quando você compra o jornal?
▶ 언제 신문을 살 겁니까?

## Ⓒ 해석하기

### 가장무도회 **Um baile a fantasia**

- Nossa! Olhe alí no canto! Quanta gente esquisita!
- É mesmo. Olhe! Há um chinês, dois japoneses, dois espanhóis e três alemães.
- O chinês é meu irmão mais novo.
- Não gosto dessas mulheres. Estão muito feias.
- Os homens estão engraçados.
- E o cabeludo? É homem ou mulher?
- É meu marido.

## D 가수와 인터뷰하기

1. ..............................................? Meu nome é Betinho Estrela.
   ▶제 이름은 Betinho Estrela입니다.

2. ..............................................? Eu canto música caipira.
   ▶저는 컨트리음악을 합니다.

3. ..............................................? Eu estou aqui em São Paulo porque vou fazer um show.
   ▶공연을 하기 위해 지금 여기 São Paulo에 있습니다.

4. ..............................................? No Teatro Tupiniquim.
   ▶Tupiniquim 극장에서 (할 겁니다).

5. ..............................................? No sábado que vem.
   ▶다음주 토요일입니다.

6. ..............................................? Muitas. Muitas pessoas vão ver meu show. Eu sou muito popular aqui.
   ▶정말 많은 사람들이 제 공연을 보러 올 겁니다. 저는 이곳에서 좀 유명하거든요.

7. ..............................................? Eu vou ganhar 2.000 dólares.
   ▶저는 2,000달러를 받을 겁니다.

8. ..............................................? Meu show vai ser muito bonito. Luzes e efeitos especiais.
   ▶제 공연은 조명과 특수효과로 매우 멋질 겁니다.

9. ..............................................? Tininha Maravilha vai cantar comigo. Nós sempre trabalhamos juntos.
   ▶Tininha Maravilha가 저와 함께 노래할거에요. 우리는 언제나 함께 공연을 하죠.

10. ..............................................? Vou cantar as músicas do meu último disco.
    ▶제가 최근에 낸 음반에 수록된 노래들을 부를 겁니다.

# ••• 명사의 수: 복수만들기

## ▶ 모음으로 끝나는 단어일 경우

1. 어미에 -s를 붙인다.

| | | |
|---|---|---|
| -a | a casa (집) | as casas |
| -e | o pente (다리) | os pentes |
| -i | o táxi (택시) | os táxis |
| -o | marido (남편) | os maridos |
| -u | urubu (검은 콘도르) | os urubus |

2. 어미가 -ão으로 끝나는 명사는 -ãos, -ões, -ães로 바뀐다.

| | | |
|---|---|---|
| -ãos | o irmão (형제) | os irmãos |

mão (손)
órfão (고아)
órgão (기관)
cristão (기독교인)
cidadão (시민)

| | | |
|---|---|---|
| -ões | a estação (역) | as estações |

canção (노래)
coração (심장)
eleição (선거)
nação (국가)
opinião (의견)
questão (질문)

| | | |
|---|---|---|
| -ães | alemão (독일인) | alemães |

cão (개)
capitão (대위)
pão (빵)

▶ 자음으로 끝나는 단어일 경우

| | | | |
|---|---|---|---|
| -l | o animal (동물)<br>o papel (종이)<br>espanhol (스페인사람) | os animais<br>os papéis<br>espanhóis | 예외) mal – males (재해, 악)<br>예외) mel – méis (꿀)<br>farol (등대)<br>lençol (시트) |
| | azul (푸른색(의)) | azuis | 예외) cônsul – consules (영사) |
| -il | fácil (쉬운)<br>gentil (점잖은) | fáceis<br>gentis | difícil (어려운)<br>fóssil (화석)<br>infantil (유아의)<br>barril (통)<br>fuzil (대포)<br>funil (깔대기) |
| -m | o homem (남자) | os homens | viagem (여행)<br>fim (끝)<br>armazém (창고)<br>som (소리) |
| -r | a cor (색) | as cores | flor (꽃)<br>mulher (여자, 아내)<br>colher (숟가락)<br>pintor (화가) |
| -s | o lápis (연필) | os lápis | ônibus (버스),<br>oasis (오아시스)<br>virus (바이러스)<br>cais (부두)<br>tênis (테니스 운동화)<br>pires (컵 받침 접시) |
| | o mês (달) | os meses | país (국가)<br>mês (달)<br>inglês (영국사람(의)) |
| -z | o rapaz (청년) | os rapazes | cruz (십자가)<br>voz (목소리)<br>xadrez (장기)<br>noz (호두) |

## 3. 항상 단수로 쓰이는 명사들

| | | |
|---|---|---|
| 추상명사 | a esperança (희망)<br>a caridade (자비, 사랑) | a fé (믿음) |
| 금속이름 | o ouro (금)<br>o cobre (동) | prata (은)<br>o ferro (철) |

## 4. 항상 복수로 쓰이는 명사들

| | | |
|---|---|---|
| | parabéns (축하)<br>óculos (안경)<br>arredores (주위, 주변) | férias (휴가, 방학)<br>anais (연대기)<br>fezes (배설물) |
| 트럼프의 네 가지 모양 | ouros (다이아몬드)<br>espadas (스페이드) | copas (하트)<br>paus (클로버) |

## 5. 복합어일 경우: 주 명사만 복수로 만든다.

| | | |
|---|---|---|
| | ice-presidente (부통령)<br>vice-reitor (부총장) | vice-presidentes (부통령들)<br>vice-reitores (부총장들) |

### A 명사를 복수로 만들기

a casa -
o táxi e o trem -
o ônibus inglês -
o mês mais curto -
a faca -
o garfo -
a colher -
o rapaz feliz -
lição fácil -
a mulher gentil -
o dia útil -
o atlas francês -

o papel azul -
o pão -
cão -
a organização -
a mão -
o irmão e a irmã -
estação -
o avião-
o pão alemão -
a expressão -
o jardim e a garagem -

## B 문장을 복수로 만들기

1. Este barril é grande. (이 통은 큽니다.)
   ▶ ..........................................................................................................

2. Meu amigo é inglês. (내 친구는 영국인입니다.)
   ▶ ..........................................................................................................

3. A sopa está fria. (그 수프가 차갑습니다.)
   ▶ ..........................................................................................................

4. O dia está quente. (오늘 날이 덥습니다.)
   ▶ ..........................................................................................................

5. Minha mão está fria. (내 손이 지금 차갑습니다.)
   ▶ ..........................................................................................................

6. Este apartamento é bom, mas a garagem é pequena.
   (이 아파트는 좋습니다만, 차고가 작군요.)
   ▶ ..........................................................................................................

7. Aquele hotel é confortável. (그 호텔은 편안해요.)
   ▶ ..........................................................................................................

8. Nosso professor é espanhol. (우리 선생님은 스페인 사람입니다.)
   ▶ ..........................................................................................................

9. O canal de televisão tem propaganda comercial. (그 텔레비전 채널은 상업광고를 합니다.)
   ▶ ..........................................................................................................

10. Nosso diretor é japonês. (우리 이사님은 일본인입니다.)
    ▶ ..........................................................................................................

## ···▸ 브라질 식당 메뉴

**Cardápio** (메뉴)

Aperitivo (식욕을 촉진시키기위해 식전에 먹는 요리나 음료)
Entrada (샐러드 류)
Prato principal (메인 음식)
Bebida (술이나 청량음료)
Sobremesa (후식)

**Aperitivo:**
caipirinha: (까이삐리냐, 브라질의 대표적인 술)

**Entrada:**
salada de tomate (토마토 샐러드)

**Prato principal:**
arroz (밥), feijão (훼이정), batata frita (감자튀김), feijoada (훼이조아다), couve (꼬우비: 우리의 배추 볶음), farofa (파로파)
molho apimentado para feijoada (훼이조아다와 함께 먹는 핫소스), ovo frito (계란 후라이)

**Bebida:**
refrigerante (청량음료), o guaraná (과라나), a coca (콜라), a água (물)
bebida alcóolica (술), a cerveja (맥주), batida com frutas, vodca (보드카 =과일을 갈아넣어 만든 술)

**Sobremesa:**
Queijo com goiabada (고이아바다를 곁들인 치즈)
Frutas (laranja–오렌지, melão–멜론, melancia–수박)
o cafezinho (커피)

**No Churrasco** (슈하스코):
carne de vaca, carne bovina (쇠고기): filé-mignon, picanha, costela, filé, bife
carne de porco, carne suína (돼지고기):
frango (닭고기), coração (닭심장),
carneiro (양고기)

**Fruto do mar** (바다 해산물):
peixe (생선), bacalhau (대구), salmão (연어)
camarão (새우), caranguejo (게), lagosta (바다가재), ostra (굴)

## Ⓐ 같은 군에 속하지 않는 단어 찾기

| | | | | |
|---|---|---|---|---|
| 1. almoçar | jantar | oferecer | tomar | comer |
| 2. baile | navio | avião | carro | trem |
| 3. o aperitivo | a cerveja | a água | o médico | a caipirinha |
| 4. porta | quente | janela | sala | canto |
| 5. o bife | a comida | os legumes | a gorjeta | os pães |
| 6. talvez | banco | restaurante | escritório | aeroporto |
| 7. a pé | à noite | de táxi | de ônibus | de trem |
| 8. antes de | sempre | de manhã | grande | tarde |
| 9. interior | cabeludo | feio | bonito | alto |
| 10. com frio | com amigos | com sono | com sede | com pressa |

Unidade

# 4 직설법 과거 (1군과 2군 동사)

### Comprar um apartamento (아파트 매매)

**André:** Estou procurando um apartamento grande no centro.
Quero comprar um. Ontem vendi minha casa.
**Jorge:** Não é fácil encontrar apartamento grande no centro.
**André:** É verdade. Todos os apartamentos grandes que estão à venda ficam longe do centro.
**Jorge:** Mesmo assim, você prefere morar no centro?
**André:** Prefiro. É mais prático.

**André**: 저는 시내에 있는 큰 아파트를 찾고 있어요.
아파트 한 채를 사려고 합니다. 어제 제 집을 팔았거든요
**Jorge**: 시내에서 마음에 드는 큰 아파트를 만나는 것은 쉽지 않아요.
**André**: 네 그렇습니다. 매물로 나와있는 큰 아파트들은 시내에서 멀리 떨어져 있어요.
**Jorge**: 그런데도, 당신은 시내에서 사는 것을 선호합니까?
**André**: 네, 선호합니다. 훨씬 더 편리하거든요.

### Um negócio da China (이윤이 많이 남는 거래)

**André:** Achei um apartamento muito interessante.
Ele tem três quartos, uma boa sala, cozinha, dois banheiros, área de serviço e duas garagens. O preço também é ótimo.
**Jorge:** Não é fácil encontrar apartamento grande no centro.
Você tem sorte mesmo!

**André**: 아주 관심있는 아파트 한 채를 발견했어요.
방이 세 개, 넓은 응접실, 부엌, 화장실 두 개, 다용도실, 그리고 두 대의 차를 주차시킬 수 있는 주차장이 있는 아파트입니다. 값도 아주 좋습니다.
**Jorge**: 시내에서 큰 아파트를 만나는 것은 쉽지 않은데, 당신은 정말 운이 좋군요!

# ···▸ 직설법 과거 (Modo indicativo-Pretérito perfeito)

### 1군 동사-AR의 동사 변화

| MORAR | | | |
|---|---|---|---|
| Eu | mor[ei] | Nós | mor[amos] |
| Você<br>Ele<br>Ela | mor[ou] | Vocês<br>Eles<br>Elas | mor[aram] |

### 2군 동사-ER의 동사 변화

| VENDER | | | |
|---|---|---|---|
| Eu | vend[i] | Nós | vend[emos] |
| Você<br>Ele<br>Ela | vend[eu] | Vocês<br>Eles<br>Elas | vend[eram] |

## Ⓐ 1군 동사의 직설법과거 연습

Ontem eu comprei um jornal. ▶ 나는 어제 신문을 하나 샀습니다.

1. (comprar)
   Você ____________ o jornal ontem?
   ▶ 당신은 어제 그 신문을 샀습니까?

2. (comprar)
   Ontem nós ____________ um carro.
   ▶ 어제 우리는 자동차 한 대를 구매했습니다.

3. (comprar)
   Ontem eu ____________ um livro para você.
   ▶ 어제 우리는 당신을 위해 책 한 권을 샀습니다.

4. (mostrar)
   A senhora já ____________ a cidade para eles?
   ▶ 당신은 벌써 그들에게 이 도시를 보여주셨습니까(=안내하셨습니까 / 시티투어를 해주셨습니까?)

5. (gostar)
   O senhor ____________ do filme? É bom, não é?
   ▶ 그 영화 마음에 드셨습니까? 영화 정말 잘 만들지 않았습니까?

6. (comprar)
   No mês passado, eles ____________ uma casa bonita.
   ▶ 지난 달 그들은 예쁜 집 한 채를 구입했습니다.

7. (achar-gostar)
Vocês __________ o show interessante? Vocês __________?
▶ 그 쇼 재미있으셨습니까? 마음에 드셨는지요?

8. (acabar-ajudar)
Eu não __________ o trabalho porque ela não __________.
▶ 그녀가 도와주지 않아서, 그 일을 끝내지 못했습니다.

9. (tomar)
No domingo passado, ele __________ aperitivo com os amigos.
▶ 지난주 일요일 그는 친구들과 함께 식사 전 애피타이저를 마셨습니다.

10. (andar)
Ontem eu _________ sete quilômetros, mas elas _________ doze.
▶ 나는 어제 7 킬로미터를 걸었는데, 그녀들은 자그마치 12 킬로미터나 걸었습니다.

## B 2군 동사의 직설법과거 연습

Ontem eu vendi minha casa. ▶ 어제 나는 집을 팔았습니다.

1. (responder)
Você já __________ a carta?
▶ 당신은 벌써 그 편지에 답장 했습니까?

2. (escrever)
Eles já __________ para você?
▶ 그들은 벌써 당신에게 편지를 썼습니까?

3. (aprender)
Onde vocês __________ inglês?
▶ 당신들은 어디서 영어를 배웠습니까?

4. (vender)
Eu __________ meu carro ontem.
▶ 나는 어제 제 자동차를 팔았습니다.

5. (vender)
Nós __________ nossos móveis.
▶ 우리는 우리(가 쓰던) 가구들을 팔았습니다.

6. (vender)
A senhora já ___________ o apartamento?
▶ 당신은 벌써 그 아파트를 매매했습니까?

7. (vender)
O jornaleiro já ___________ todos os jornais.
▶ 그 신문 파는 사람은 벌써 모든 신문을 다 팔았습니다.

8. (comer- beber)
Eu ___________ pizza e ___________ vinho.
▶ 나는 피자를 먹고 와인을 마셨습니다.

9. (escrever-responder)
Ela ___________ para mim, mas eu não ___________.
▶ 그녀가 나에게 편지를 썼지만(=보냈지만), 나는 답장하지 않았습니다.

10. (entender-responder)
Você _______ a pergunta, mas não _______. Por quê?
▶ 당신은 그 질문을 이해했지만, 대답을 하지 않았습니다. 왜 그랬습니까?

## C 1군 동사와 2군 동사의 직설법 과거 연습

| | |
|---|---|
| Ontem eu comprei um jornal. | ▶ 나는 어제 신문을 하나 샀습니다. |

1. (receber)
Ontem eu _______ meu salário. E você? Você também _______?
▶ 어제 저는 월급을 받았습니다. 당신은요? 당신도 물론 받았지요?

2. (escrever)
Ontem nós _______ para eles. E vocês? Vocês também _______?
▶ 어제 우리는 그들에게 편지를 썼습니다. 당신들은요? 당신들도 썼습니까?

3. (responder)
Eu _________ a carta. Por que você não _________?
▶ 나는 그 편지에 대한 답장을 보냈는데, 당신은 왜 답장하지 않았습니까?

4. (beber)

Na festa, ela __________ champanhe. E ele? O que ele ________?

▶ 그 파티에서 그녀는 샴페인을 마셨습니다. 그런데 그는요? 그는 무엇을 마셨습니까?

5. (comer)

Eles ________ tudo. E elas? Por que elas não ______?

▶ 그 남자들은 다 먹었습니다. 그런데 그 여자들은요? 그 여자들은 왜 안 먹었습니까?

6. (beber)

Na festa de ontem, eu ____, mas você não _____. Você nunca bebe.

▶ 어제 파티에서 저는 술을 마셨지만, 당신은 마시지 않았습니다. 당신은 절대 술을 마시지 않는군요.

7. (encontrar-conversar)

Ontem Luís _________ Carlos e _________ com ele.

▶ 어제 Luís는 Carlos를 만났습니다. 그리고 그와 이야기했습니다.

8. (perguntar-responder)

Eu ________. Por que você não_________?

▶ 나는 질문했습니다. 그런데 당신은 왜 대답하지 않았습니까?

9. (almoçar)

Ontem nós _____________ no restaurante do clube. E vocês? Onde vocês ____________?

▶ 어제 우리는 클럽식당에서 점심을 먹었습니다. 그런데 당신들은요? 당신들은 어디에서 점심을 드셨습니까?

10. (conversar-beber)

Na festa, eu ______ muito e ______ pouco.

▶ 그 파티에서 저는 말은 많이 하고 술은 조금 마셨습니다.

## •••▸ 우리 a gente와 nós

A gente vai fazer um negócio da China!
= Nós vamos fazer um negócio da China!
▶ 우리는 이익이 많이 남는 거래를 할 것이다.

* '우리'라는 뜻을 갖는 두 단어의 차이: 〈a gente + 3인칭 단수 동사〉를, 〈nós + 1인칭 복수 동사〉를 사용한다. a gente는 구어체에서 사용한다.
* "negócio da China!"라는 표현은 "이익이 많이 남는 거래를 하다"라는 뜻으로 쓰인다.

### Ⓐ a gente는 nós로 nós는 a gente로 바꾸어 말하기

1. A gente aqui em casa gosta muito de você. E você? Você também gosta da gente?
   ▶ 여기 우리 가족은 당신을 매우 좋아합니다. 그런데 당신은요? 당신 역시 우리를 좋아합니까?

   → ..........................................................................................................................

2. Nosso chefe é muito difícil. A gente não gosta de trabalhar com ele.
   ▶ 우리 부서장은 매우 까다로운 분이라, 우리는 그와 함께 일하는 것을 좋아하지 않습니다.

   → ..........................................................................................................................

3. No ano que vem, a gente vai comprar um apartamento. A gente prefere morar perto do centro.
   ▶ 내년에 우리는 아파트 한 채를 구입하려 합니다. 우리는 시내 가까이에 사는 것을 선호합니다.

   → ..........................................................................................................................

4. A gente precisa aprender português para viver bem no Brasil.
   ▶ 우리는 브라질에서 잘 살기 위해서 포르투갈어를 배울 필요가 있습니다.

   → ..........................................................................................................................

## LER 동사의 직설법 현재와 과거

| LER - 직설법 현재 | | | |
|---|---|---|---|
| Eu | leio | Nós | lemos |
| Você<br>Ele<br>Ela | lê | Vocês<br>Eles<br>Elas | lêem |

| LER - 직설법 과거 | | | |
|---|---|---|---|
| Eu | li | Nós | lemos |
| Você<br>Ele<br>Ela | leu | Vocês<br>Eles<br>Elas | leram |

### Ⓐ 직설법 현재 연습

Eu nunca leio o jornal. E você? Você lê?
▶ 나는 그 신문은 절대 읽지 않습니다. 그런데 당신은요? 당신은 읽으십니까?

1. Eu sempre ________ à noite. E você? Você também ________?
   ▶ 나는 언제나 밤에 독서를 합니다. 그런데 당신은요? 당신 역시 독서를 하십니까?
2. Eles ________ a Veja. Eu também _________.
   ▶ 그들은 Veja 잡지를 읽습니다. 나도 역시 읽습니다.
3. Só ele __________ a seção de esportes. Ela não __________.
   ▶ 오직 그 만이 스포츠면을 읽습니다. 그녀는 읽지 않습니다.
4. Nós nunca ________ o jornal de manhã. Elas também não ______. Ninguém tem tempo.
   ▶ 우리는 절대 그 조간신문을 읽지 않습니다. 그녀들도 역시 읽지 않습니다. 아무도 시간이 없거든요.
5. No domingo, a gente _____ o jornal inteiro. Eu não sei se elas também ____.
   ▶ 일요일에 우리는 신문을 샅샅이 다 읽습니다. 그런데 그 여자들도 신문을 읽는지는 모르겠습니다.

### Ⓑ 직설법 과거 연습

Eu li a reportagem. Todo mundo leu.
▶ 나는 그 기사를 읽었습니다. 모든 사람들이 다 읽었어요.

1. Eu não _____ o artigo. Você ______?
   ▶ 나는 그 기사를 읽지 않았습니다. 당신은 읽었습니까?
2. Ela _______ o artigo, mas não entendeu.
   ▶ 그녀는 그 기사를 읽었지만, 이해하지 못했습니다.

3. A gente __________ no jornal que vai chover amanhã.
▶ 우리는 내일 비가 올 거라는 것을 신문에서 읽었습니다.

4. Eles ___________ muito nas férias. Porque choveu o tempo todo.
▶ 그들은 방학 동안 독서를 많이 했습니다. 왜냐하면 방학 내내 비가 왔었거든요.

5. Vocês ___________ o contrato? Não, nós não ___________.
▶ 당신들은 그 계약서를 읽었습니까? 아니오, 읽지 않았습니다.

## QUERER 동사의 직설법 현재

| QUERER | | | |
|---|---|---|---|
| Eu | quero | Nós | queremos |
| Você<br>Ele<br>Ela | quer | Vocês<br>Eles<br>Elas | querem |

### Ⓐ QUERER 동사로 빈칸 채워 넣기

우리 가족은 다른 곳에서 살고 싶어합니다. 저는 실용성 때문에 시내에서 가까운 아파트에서 살길 원하고, 제 집사람 Helena는 공해 때문에 시내에서 멀리 떨어진 주택에서 살길 원합니다. 그리고 아이들은 수영장이 있는 집에서 살기를 원하는데, 그것은 불가능할 겁니다. 우리는 우리가 뭘 원하는지 모릅니다. (왜냐하면 우리는 우리가 뭘 원하는지 모르기 때문입니다.)

Nós __________________ morar num lugar diferente. Eu __________________ comprar um apartamento perto do centro porque é mais prático, mas minha mulher Helena __________________ morar numa casa que fica longe do centro por causa da poluição. As crianças __________________ uma casa com piscina, o que vai ser impossível. A gente não sabe o que a gente __________________.

## PREFERIR 동사의 직설법 현재

| | | | |
|---|---|---|---|
| Eu | prefiro | Nós | preferimos |
| Você<br>Ele<br>Ela | prefere | Vocês<br>Eles<br>Elas | preferem |

### Ⓐ PREFERIR 동사 연습

O que você prefere? ▶당신은 무엇을 선호하십니까?

1. O que você prefere? Chá ou café?
 ▶당신은 무엇을 선호합니까? 차입니까 혹은 커피입니까?
2. Eu __________ café.
 ▶나는 커피를 선호합니다.
3. E ela? O que ela __________?
 ▶그녀는요? 그녀는 무엇을 선호합니까?
4. Ela __________________.
 ▶그녀는 차를 선호합니다.
5. E eles? Você sabe o que eles___________________?
 ▶그들은요? 당신은 그들이 무엇을 선호하는지를 아십니까?
6. Eles ________________________.
 ▶그들 역시 차를 선호합니다.
7. O que vocês preferem? Cinema ou teatro?
 ▶당신들은 무엇을 선호합니까? 영화입니까 혹은 연극입니까?
8. Nós ______________________________________.
 ▶우리는 영화를 선호합니다.
9. E elas? O que elas preferem?
 ▶그녀들은요? 그녀들은 무엇을 선호합니까?
10. Elas ______________________________________. E você?
 ▶그녀들은 연극을 선호합니다. 그럼 당신은요?
11. Eu? Eu ___________________________________.
 ▶저요? 저는 영화를 선호합니다.

## B 내용상 알맞은 동사 써넣기

Ele quer ficar em casa, mas eu prefiro sair.
▶그는 집에 있길 원하지만, 저는 밖에 외출하는 것을 더 좋아합니다.

1. (querer-preferir)
   Ela ______________ comprar um carro grande, mas ele ______________ um carro pequeno.
   ▶그녀는 큰 차를 사길 원하지만, 그는 작은 차를 선호합니다.
2. (querer-preferir)
   Meus amigos ______________ viajar, mas eu ______________ ficar em casa.
   ▶내 친구들은 여행가길 원하지만, 나는 집에 있는 것이 더 좋습니다.
3. (preferir-querer)
   Ele ________________ ir a pé, mas eu ________________ ir de ônibus.
   ▶그는 걸어가는 것을 선호하지만, 나는 버스타고 가길 원합니다.
4. (querer-preferir)
   No verão, eles ___________ ir à praia, mas nós ___________ ir às montanhas.
   ▶여름에, 그들은 해변으로 가길 원합니다만 우리는 산으로 가는 것을 선호합니다.
5. (preferir-querer)
   Quando está chovendo, eu ______________ ficar em casa, mas ele sempre ______________ ir ao cinema.
   ▶비가 올 때, 나는 집에 있는 것을 선호하지만, 그는 언제나 영화관에 가길 원합니다.

## ••• 장소나 위치를 나타내는 전치사句들 (Preposições de lugar)

| | | |
|---|---|---|
| perto de ~와 가까이 | longe de ~로 부터 멀리 | ao lado de ~의 옆에 |
| na frente de ~앞에 | atrás de ~뒤에 | em volta de ~주변에 |
| dentro de ~안에 | fora de ~밖에 | entre ~사이에 |
| em cima de ~위에 | embaixo de ~아래에 | |

## Ⓐ 장소나 위치를 나타내는 전치사句 연습

Quais são os móveis da sala de estar?
- São um sofá, uma mesinha, uma televisão e uma estante.
▶ 거실에 있는 가구는 무엇입니까?
– 소파 1개, 협탁 1개, 텔레비전 1대 그리고 책장 하나가 있습니다.

1. Quais são os móveis da sala de estar? ______________________.
▶ 거실에 무슨 가구들이 있습니까?

1. Onde está o sofá? ______________________.
▶ 소파는 어디에 있습니까?

2. Onde está a mesinha? ______________________.
▶ 협탁(=작은 탁자)은 어디에 있습니까?

3. Onde está a televisão? ______________________.
▶ 텔레비전은 어디에 있습니까?

4. Onde está a estante? ______________________.
▶ 책장은 어디에 있습니까?

5. Quais são os móveis da sala de jantar? ______________________.
▶ 식당에 있는 가구들은 무엇입니까?

6. Onde estão as cadeiras? ______________________.
▶ 의자들은 어디에 있습니까?

7. Onde está o tapete? ______________________.
▶ 카페트는 어디에 있습니까?

8. Onde está o vaso? ______________________.
▶ 꽃병은 어디에 있습니까?

9. Onde estão as flores? ______________________.
▶ 꽃들은 어디에 있습니까?

10. E o quadro? Onde está o quadro? ______________________.
▶ 그림은요? 그림은 어디에 있습니까?

## ···▸ <전치사 em + 부정관사>의 축약 num, numa

| | | |
|---|---|---|
| em + um | → | num |
| em + uma | → | numa |

**em um** bairro → num bairro

**em uma** cidade → numa cidade

### Ⓐ 〈전치사 em + 부정관사〉 축약 연습

**Num** bairro residencial, não muito longe do centro.
▶ 시내에서 그리 멀지 않은, 어느 한 주거지역에서.

Eu moro **numa** cidade bem tranquila.
▶ 나는 아주 조용한 어느 한 도시에서 산다.

1. Ele mora em uma casa antiga.
   ▶ 그는 고택에서 살고 있다. ______________________.
2. Eu encontrei a informação em um livro escolar.
   ▶ 나는 학교 책에서 그 정보를 알았습니다. ______________________.
3. A polícia achou os documentos em umas caixas velhas.
   ▶ 경찰이 낡은 상자들에서 그 문서들을 발견했습니다. ______________________.
4. Ele guardou o dinheiro em uns bancos estrangeiros.
   ▶ 그는 외국 은행에 그 돈을 보관했습니다. ______________________.
5. Comprei o sofá em uma loja perto daqui
   ▶ 저는 여기서 가까운 상점에서 소파를 샀습니다. ______________________.

## ···▸ <전치사 em + 정관사>의 축약 no, na, nos, nas

| | | | | |
|---|---|---|---|---|
| em + o | → | no | no bar | (그 바에서) |
| em + os | → | nos | nos bares | (그 바들에서) |
| em + a | → | na | na praça | (그 광장에서) |
| em + as | → | nas | nas praças | (그 광장들에서) |

## ···▸ 소유형용사 (Possessivos)

**meu(s) minha(s) seu(s) sua(s)**
**nosso(s) nossa(s) seu(s) sua(s)**

| | | | |
|---|---|---|---|
| Eu | meu, minha, meus, minhas | Nós | nosso, nossa, nossos, nossas |
| Você<br>Ele<br>Ela | seu, sua, seus, suas<br>(seu, sua, seus, suas) dele<br>(seu, sua, seus, suas) dela | Vocês<br>Eles<br>Elas | seu, sua, seus, suas<br>(seu, sua, seus, suas) deles<br>(seu, sua, seus, suas) selas |

소유형용사는 바로 뒤에 오는 명사의 성과 수에 따라 달라진다.
그런데 포르투갈어에서는 소유형용사와 소유대명사의 형태가 같다.

### Ⓐ 1인칭 소유형용사 **meu(s), minha(s), nosso(s), nossa(s)** 연습

1. Quero conversar com _______ professor de português.
   ▶ 나는 나의 포르투갈어 교수님과 대화하길 원합니다.
2. Queremos conversar com __________ professor de inglês.
   ▶ 우리는 우리의 영어 교수님과 대화하기 원합니다.
3. Vamos sair com ______ filhos.
   ▶ 우리 애들과 함께 외출합시다.
4. Gostamos de sair com ________ amigos.
   ▶ 우리는 친구들과 함께 외출하는 것을 좋아합니다.
5. Ontem, falamos com _________ filha por telefone.
   ▶ 어제, 우리는 전화로 우리 딸과 이야기 했습니다.
6. Moro neste bairro com _________ família. Gosto do ______ bairro.
   ▶ 나는 이 동네에서 가족과 함께 살고 있습니다. 나는 내가 사는 이 구역을 좋아합니다.
7. Estou falando com ________ mulher.
   ▶ 나는 나의 집사람과 얘기하는 중 입니다.
8. Vou guardar __________ documentos no cofre.
   ▶ 나는 나의 문서들을 그 금고에 보관 할 것입니다.
9. Venha comigo! Quero mostrar _________ apartamento para você.
   ▶ 나와 함께 갑시다! 당신에게 나의 아파트를 보여드리고 싶습니다.
10. _______ amigas querem falar comigo.
    ▶ 나의 친구들은 나와 얘기하고 싶어합니다.

## B 3인칭 소유형용사 seu(s), sua(s) 연습

Maria, onde está seu irmão?
▶ Maria, 당신의 남자형제는 어디에 있습니까?

1. Helena, onde fica __________ casa?
   ▶ Helena, 당신의 집은 어디에 있습니까?
2. Você vai sair com __________ marido?
   ▶ 당신은 당신 남편과 함께 외출 할 겁니까?
3. Onde você comprou __________ livro?
   ▶ 당신은 어디에서 당신의 책을 샀습니까?
4. Onde você comprou __________ livros?
   ▶ 당신은 어디에서 당신의 책들을 샀습니까?
5. André, quero conhecer __________ irmã mais nova.
   ▶ André, 당신의 여동생을 알고 싶습니다.
6. André, quero conhecer __________ irmãs.
   ▶ André, 당신의 자매들과 사귀고 싶습니다.
7. Maria e André, onde estão __________ carros?
   ▶ Maria와 André, 당신들의 차는 어디에 있습니까?
8. Vocês mostraram __________ documentos?
   ▶ 당신들은 당신들의 서류들을 보여주셨습니까?

# ••• ▶ dele(s), dela(s) 연습

## A 소유형용사 풀어쓰기 연습 1

(ela)
Onde estão os óculos <u>dela?</u>
▶ 그녀의 안경은 어디에 있습니까?

1. (ela)
   O apartamento __________ é confortável.
   ▶ 그녀의 아파트는 편안합니다.

2. (ele)

Não gosto da cidade __________.

▶ 나는 그가 사는 도시를 좋아하지 않습니다.

3. (ele)

Você conhece os irmãos __________?

▶ 당신은 그의 형제들을 아십니까?

4. (elas)

O pai __________ é alemão.

▶ 그녀들의 아버지는 독일사람입니다.

5. (ele/ela)

A família __________ é grande. A família __________ também é.

▶ 그의 가족은 대가족입니다. 그녀의 가족 역시 대가족입니다.

6. (eles/ela)

A mãe __________ não está aqui. Ela está na Europa com a amiga __________.

▶ 그들의 어머니는 지금 여기에 계시지 않습니다. 그녀는 친구와 함께 유럽에 계십니다.

7. (eles/elas)

O escritório __________ é no centro. O escritório __________ é no subúrbio.

▶ 그들의 사무실은 시내에 있고, 그녀들의 사무실은 도시 외곽에 있습니다.

8. (ela/ele)

Os irmãos __________ trabalham aqui. Os irmãos __________ também.

▶ 그녀의 형제들은 여기서 일합니다. 그의 형제들 역시 여기에서 일합니다.

9. (ela/ele)

Você quer o livro __________ ou o livro __________?

▶ 당신은 그녀의 책을 원합니까? 아니면 그의 책을 원합니까?

## 소유 형용사 풀어쓰기 연습 2

O armário tem mais de 100 anos. As **portas** são muito grandes.

▶ 그 가구는 100년이 넘어서, 문들이 크다.

→ O armário tem mais de 100 anos. As portas **dele** são muito grandes.

1. Vou comprar a casa. O preço da casa é bom.

▶ 나는 그 집을 살 겁니다. 가격이 좋아요.

→ ........................................................................................................

2. Vou preparar um jantar especial. Quero mostrar o cardápio do jantar.
▶나는 특별한 저녁을 준비 할 겁니다. 저녁메뉴를 보여 드리고 싶습니다.

→ ..........................................................................................................

3. Não quero estas cadeiras. A qualidade das cadeiras não é boa.
▶저는 이 의자들을 원하지 않습니다. 품질이 좋지 않아요.

→ ..........................................................................................................

4. Meus irmãos moram na Europa. A vida dos meus irmãos é muito diferente da minha.
▶나의 형제들은 유럽에서 삽니다. 그들의 삶은 저의 삶과는 많이 다릅니다.

→ ..........................................................................................................

5. Estes quartos são muito claros. As janelas dos quartos são grandes.
▶이 방들은 창문들이 커서 매우 밝습니다.

→ ..........................................................................................................

## B 빈칸에 알맞은 소유형용사 써넣기

| | |
|---|---|
| João, onde está seu irmão? | ▶João, 네 동생은 어디에 있니? |
| - Meu irmão está em casa | ▶제 동생은 집에 있어요. |

1. (você)
Luísa, onde trabalha ______ irmã mais velha? ______ irmã trabalha no banco.
▶Luísa, 당신의 언니는 어디에서 일합니까? 은행에서 일합니다.

2. (ele)
Onde está a filha ________? A filha ________ está aqui.
▶그의 딸이 어디에 있습니까? 여기에 있습니다.

3. (nós)
Gostamos de _________ amigos.
▶우리는 우리 친구들을 좋아합니다.

4. (eles)
Mariana e Luís vão para a Europa. Os filhos _____ vão ficar no Brasil.
▶Mariana와 Luís는 유럽에 갈 건데, 그들의 아이들은 브라질에 있을 겁니다.

5. (ele/ela)
Não quero as chaves ___________. Quero as chaves _______.
▶그의 열쇠들을 원하는 것이 아니라, 그녀의 열쇠들을 원합니다.

6. (você)
André, você vendeu ______ casa? Não, não vendi _____ casa. Vendi _____ apartamento.
▶ André, 당신은 집을 팔았습니까? 아니, 집이 아니라 아파트를 팔았습니다.

7. (você)
Cristina, você quer __________ bolsa e _________ óculos agora?
▶ Cristina, 당신은 지금 당신의 핸드백과 안경을 원하십니까?

8. (ele)
Ele está conversando com o pai _________.
▶ 그는 그의 아버지와 대화 중입니다.

9. (ele)
Ele está conversando com a mãe _______.
▶ 그는 그의 어머니와 대화 중입니다.

10. (ela)
Você conhece a casa ________?
▶ 당신은 그녀의 집을 아십니까?

11. (ele, nós)
Ele vendeu a bicicleta _______ e comprou ______ carro.
▶ 그는 자신의 자전거를 팔고, 우리의 차를 샀습니다.

12. (ela/ele)
Teresa quer visitar as amigas ______, mas Tomás prefere visitar os amigos ______.
▶ Teresa는 그녀의 친구들을 방문하길 원하지만, Tomás는 그의 친구들을 방문하길 원합니다.

13. (eles)
Ana e Paulo venderam a fábrica __________.
▶ Ana와 Paulo는 그들의 공장을 팔았습니다.

14. (ela)
Os produtos desta fábrica são ótimos. As máquinas ________ são muito modernas.
▶ 이 공장의 상품들은 최고입니다. 기계들이 매우 현대적이거든요.

15. (ele)
O bairro é muito bom. As ruas ___________ são muito limpas.
▶ 이 동네는 매우 좋습니다. 길들이 매우 깨끗하거든요.

## PRECISAR 동사

### 조동사일 경우

| precisar + V (동사원형) | ~할 필요가 있다. |
| --- | --- |
| Preciso falar com eles. | ▶나는 반드시 그들과 얘기해야 합니다. |
| Ela precisa viajar. | ▶그녀는 여행을 갈 필요가 있습니다. |
| Ele precisa cortar o cabelo. | ▶그는 머리를 자를 필요가 있습니다. |

### 본동사일 경우

| precisar de + N (명사) | ~이 필요하다. |
| --- | --- |
| Preciso de dinheiro. | ▶나는 돈이 필요합니다. |
| O senhor precisa de gasolina. | ▶손님은 가솔린이 필요합니다. |

### A 문장 완성하기

1. Vou ao banco porque ..........................................................................
   ▶저는 돈이 필요하기 때문에, 은행에 갑니다.
2. Ela vai ao supermercado porque ..........................................................
   ▶그녀는 빵과 우유 그리고 치즈를 사기 위해 슈퍼마켓에 갑니다.
3. Vamos à padaria porque ......................................................................
   ▶우리는 빵이 필요하기 때문에, 빵집에 갑니다.
4. Vou ao posto de gasolina porque ..........................................................
   ▶차에 기름을 넣을 필요가 있기 때문에, 나는 주유소로 갑니다.
5. Ele vai ao barbeiro porque ..................................................................
   ▶그는 머리를 자를 필요가 있어서 이발소로 갑니다.
6. Ela vai à estação rodoviária porque ......................................................
   ▶그녀는 부모님을 방문할 필요가 있기 때문에 버스터미널로 갑니다.
7. Vou telefonar para ele porque ..............................................................
   ▶나는 그와 얘기할 필요가 있기 때문에 그에게 전화할 겁니다.
8. Vamos escrever para ela porque ..........................................................
   ▶우리는 그녀의 소식을 알 필요가 있기 때문에 그녀에게 편지를 쓸 겁니다.
9. Vou vender minha casa porque ............................................................
   ▶저는 돈이 필요하기 때문에, 집을 팔 겁니다.
10. Eles vão de avião porque ..................................................................
   ▶그들은 서둘러 도착할 필요가 있어서 비행기로 갑니다

Unidade

# 5 직설법 과거 (3군 동사)

## Na Livraria Cultura (Cultura 책방에서)

**Paula:** Vamos passar na Livraria Cultura.
Quero comprar um livro do Paulo Coelho.
Por favor, 'O Alquimista' do Paulo Coelho.
**Vendedor:** Aqui já acabou. Talvez você pode encontrar um na Saraiva.
**Paula:** Obrigada.

**Paula**: Cultura 책방에 들렀다 갑시다.
저는 Paulo Coelho의 책 사려고 합니다.
Paulo Coelho의 'O Alquimista (양치기 소년)' 책을 주세요.
**Vendedor**: 저희는 다 팔고 없습니다.
아마도 Saraiva 책방에서 한권 구할 수 있을 겁니다.
**Paula**: 감사합니다.

## Eu estive em Salvador. (나는 Salvador에 가본 적이 있어요.)

**Leonardo:** Eu estive em Salvador no ano passado.
**Bruno:** Eu não sabia. Com quem você esteve lá?
**Leonardo:** Eu estive lá com meu primo Mário e com seus amigos.
Nós gostamos muito de lá. Eles também gostaram.

**Leonardo**: 나는 작년에 Salvador에 간 적이 있어.
**Bruno**: 난 몰랐는데. 누구와 거기에 갔었는데?
**Leonardo**: 나는 그곳에 나의 사촌 Mário와 그의 친구들과 갔었어.
우리는 그곳이 참 마음에 들었어. 그들도 마찬가지고.

*sabia는 saber동사의 반과거.
반과거를 사용함으로써 Leonardo가 Salador에 갔을 때, 그 때 당시부터 지금까지 모르고 있었다는 뜻으로 쓰임.

## ••••▸ 3군 동사의 직설법 현재와 과거

| ABRIR – 현재 | | | |
|---|---|---|---|
| Eu | abro | Nós | abrimos |
| Você<br>Ele<br>Ela | abre | Vocês<br>Eles<br>Elas | abrem |

| ABRIR – 과거 | | | |
|---|---|---|---|
| Eu | abri | Nós | abrimos |
| Você<br>Ele<br>Ela | abriu | Vocês<br>Eles<br>Elas | abriram |

### A 직설법 현재연습

Eu abro a porta. ▸나는 그 문을 연다.

1. (abrir)
   Esta loja ___________ sempre às 9 horas.
   ▸이 가게는 언제나 9시에 문을 엽니다.
2. (abrir)
   O diretor ___________ o cofre do banco.
   ▸그 부장님이 그 은행의 금고를 엽니다.
3. (abrir)
   Os bancos ___________ às 10 horas.
   ▸은행들은 10시에 문을 엽니다.
4. (partir)
   Meu trem ___________ desta estação.
   ▸나의 기차는 이 역에서 출발합니다.
5. (discutir)
   Nós sempre ___________ com ele.
   ▸우리는 언제나 그와 토론합니다.
6. (assistir)
   Eu ___________ à televisão toda noite.
   ▸나는 매일 밤 TV를 시청합니다.
7. (decidir)
   Os diretores ___________ tudo na reunião.
   ▸그 부서장들이 그 회의에서 모든 것을 결정합니다.
8. (partir)
   Os ônibus para o Rio não ___________ desta estação.
   ▸Rio행 버스들은 이 역에서 출발하지 않습니다.

9. (assistir)
Ele sempre __________ a filmes pela televisão.
▶ 그는 항상 TV로 영화를 시청합니다.

10. (dividir)
Ele __________ o aluguel da casa com seu irmão.
▶ 그는 집 임대료를 그의 형/동생과 나누어 냅니다.

## B 직설법 과거 연습

Eu abri a banca há meia hora.
▶ 내가 그 가판대 상점을 연지 30분이 되었습니다(=30분 전에 나는 그 가판대 상점을 열었습니다).

1. (abrir)
Eu não _________ esta janela ontem.
▶ 나는 어제 이 창문을 열지 않았습니다.

2. (partir)
O avião _________ há l5 minutos.
▶ 그 비행기는 15분 전에 떠났습니다.

3. (assistir)
Você _________ à televisão ontem?
▶ 당신은 어제 TV를 시청했습니까?

4. (decidir)
Vocês já ____________ o que vão fazer?
▶ 당신들은 무엇을 할 것인지 결정했습니까?

5. (abrir)
Nós ________ o cofre na semana passada.
▶ 우리는 지난주에 이 금고를 열었습니다.

6. (partir)
Eles _________ para a Europa no ano passado.
▶ 그들은 작년에 유럽으로 떠났습니다.

7. (assistir)
Há 15 dias eu _________ (a) um filme sobre a Bahia.
▶ 15일전에 나는 Bahia에 대한 영화 한편을 보았습니다.

8. (abrir)
Nossa firma _________ uma nova loja no mês passado.
▶ 우리회사는 지난달에 새 점포 하나를 개장했습니다.

## Ⓒ 3군 동사의 복습 (알맞은 시제 써넣기)

1. (discutir)
   Ontem nós ___________ sobre a Bahia.
   ▶ 어제 우리는 Bahia에 대해 토론했습니다.

2. (discutir)
   Estamos sempre ___________ sobre dinheiro.
   ▶ 우리는 언제나 돈 때문에 다툽니다.

3. (dividir)
   Vou ___________ o dinheiro com meus sócios.
   ▶ 나는 나의 동업자들과 그 돈을 나눌 것입니다.

4. (desistir)
   Nossos amigos não vão ___________ de seus planos.
   ▶ 우리의 친구들은 자신들의 계획을 포기하지 않을 것입니다.

5. (preferir)
   Você ___________ chá ou café?
   ▶ 당신은 차가 좋습니까, 혹은 커피가 좋습니까?

6. (preferir)
   Ele sempre ___________ viajar de avião.
   ▶ 그는 언제나 비행기로 여행하는 것을 선호합니다.

7. (telefonar)
   No mês passado, ele ___________ de Londres.
   ▶ 지난달 그는 런던에서 전화했습니다.

8. (esquecer)
   Eu sempre ___________ o número do telefone dele.
   ▶ 나는 언제나 그의 전화번호를 잊어 버립니다.

9. (mudar)
   Amanhã vamos ___________ de casa.
   ▶ 내일 우리는 이사할 것입니다.

10. (receber)
    Este artista nunca ___________ os jornalistas.
    ▶ 이 예술가는 절대 신문기자들을 받지 않습니다(=기자회견을 하지 않습니다).

## D 현재진행형〈Estar + 현재분사〉

1. (partir)
   Que pena! Nosso trem ________________________ !
   ▶ 어쩜 좋아요! 우리의 기차가 출발하고 있습니다!

2. (assistir)
   Silêncio! Eu ________________________ ao filme.
   ▶ 조용히 해주세요! 나는 지금 그 영화를 감상 중입니다.

3. (aprender)
   Agora eu ________________________ português.
   ▶ 지금 나는 포르투갈어를 배우고 있습니다.

4. (desistir)
   Olhe! Ele ________________________ ! Que pena!
   ▶ 봐요! 그가 지금 포기하고 있습니다. 정말 안타깝습니다.

5. (insistir)
   Nós ________________________ em ficar aqui.
   ▶ 우리는 이곳에 머물겠다고 주장하고 있습니다.

6. (discutir)
   João e Antônio ________________________ os novos planos.
   ▶ João과e Antônio는 새 프로젝트들에 대해 토론했습니다.

7. (mostrar)
   Venha! Ele ________________________ a casa para os amigos.
   ▶ 이곳으로 와보세요! 그가 친구들에게 그 집을 보여주려고 하고 있습니다.

8. (fazer)
   Meu irmão mais velho ________________________ um curso de inglês em Londres.
   ▶ 제 형은 런던에서 영어코스를 하고 있습니다.

9. (trocar)
   Venha ajudar! Eles ________________________ o pneu do carro.
   ▶ 와서 도와주세요! 그들이 자동차 타이어를 바꾸려고 하고 있습니다.

10. (abrir)
    Olhe! Eles ________________________ a porta do cofre!
    ▶ 보세요! 그들이 금고문을 열려고 하는 중입니다.

## ••• <전치사 por + 정관사>의 축약

| | | | | | |
|---|---|---|---|---|---|
| **por + o** | → | pelo | **por + a** | → | pela |
| **por + os** | → | pelos | **por + as** | → | pelas |

* 전치사 por는 영어의 by, through에 해당하여, "~에 의해서" 혹은 "~를 통해서"의 뜻이된다.

### Ⓐ 전치사 por 연습

O ônibus passa por aqui? ▶그 버스가 이곳을 통과하나요?

1. O ônibus para o Rio passa __________ Aparecida?
   ▶Rio행 버스는 Aparecida를 지납니까?
2. Este ônibus passa __________ centro?
   ▶이 버스는 시내를 지나갑니까?
3. Vamos para o centro __________ ponte nova! É mais rápido.
   ▶새로 생긴 다리를 지나 시내로 갑시다! 그것이 더 빠릅니다.
4. Ele não saiu __________ porta da frente. Ele saiu __________ uma janela.
   ▶그는 앞문으로 나가지 않았습니다. 창문을 통해 나갔습니다.
5. Este ônibus vai para a minha cidade __________ litoral, mas o trem vai __________ montanhas. __________ litorais é mais bonito.
   ▶이 버스는 해변가를 지나 내가 사는 도시로 갑니다. 그러나 그 기차는 산을 통과해서 갑니다. 해변을 지나 가는 것이 경치가 더 아름답습니다.
6. Recebi seu presente __________ correio.
   ▶우편으로 당신의 선물을 받았습니다.
7. A notícia chegou __________ jornais.
   ▶그 소식은 신문을 통해 전해졌습니다.
8. Você vai passar __________ lá? Posso ir com você?
   ▶당신은 그곳을 지나 가십니까? 제가 당신과 함께 가도 되겠습니까?

## ···▸ 수(Números)

0 - zero
1 - um (uma)
2 - dois (duas)
3 - três
4 - quatro
5 - cinco
6 - seis
7 - sete
8 - oito
9 - nove
10 - dez
11 - onze
12 - doze
13 - treze
14 - quatorze, catorze
15 - quinze
16 - dezesseis
17 - dezessete
18 - dezoito
19 - dezenove
20 - vinte
800 - oitocentos (oitocentas)
900- novecentos (novecentas)
1.000 - mil

21 - vinte e um (uma)
22 - vinte e dois (duas)
23 - vinte e três
24 - vinte e quatro
...
30 - trinta
31 - trinta e um (uma)
...
40 - quarenta
50 - cinquenta
60 - sessenta
70 - setenta
80 - oitenta
90 - noventa
100 - cem
101 - cento e um (uma)
200 - duzentos (duzentas)
300 - trezentos (trezentas)
400 - quatrocentos (qutrocentas)
500 - quinhentos (quinhentas)
600 - seiscentos (seiscentas)
700 - setecentos (setecentas)

* 포르투갈에서는 천 단위가 넘어가는 수는 우리와 다르게 " . "으로 표시하고 소수점을 표시할 때는 " , "로 한다.
* 명사의 성과 수에 따라 그것을 앞에서 수식하는 숫자가 um/uma 혹은 dois/duas로 바뀐다.
그런데 2,000일 경우 뒤에 나오는 명사에 따라 dois mil homens 혹은 duas mil mulheres가 될 수 있고,
2,000,000이 넘는 경우에는 뒤에 나오는 명사의 성과 상관없이 무조건 남성으로 사용한다.
예를 들면, 2,000,000명의 사람들의 경우, dois milhões de pessoas로 사용한다.

▶다음을 읽고 써 보세요.

| | | | |
|---|---|---|---|
| 1 carro | = um carro | 2 carros | = dois carros, |
| 1 bicicleta | = uma bicicleta | 2 bicicletas | = duas bicicletas |

| | | | |
|---|---|---|---|
| 22 amigas | ___________ | 2 | ___________ |
| 41 livros | ___________ | 1.030 | ___________ |
| 82 casas | ___________ | 113 | ___________ |
| 101 meninas | ___________ | 1.979 | ___________ |
| 200 pessoas | ___________ | 555 | ___________ |
| 232 vezes | ___________ | 2.210 | ___________ |
| 400 alunas | ___________ | 614 | ___________ |
| 471 carros | ___________ | 15.346 | ___________ |
| 522 páginas | ___________ | 792 | ___________ |
| 800 portas | ___________ | 67 | ___________ |
| 811 janelas | ___________ | 1.000.000 | ___________ |
| 1.001 dias | ___________ | 919 | ___________ |
| 1.001 noites | ___________ | 85 | ___________ |
| 2.000 palavras | ___________ | 100 | ___________ |
| 2.000 problemas | ___________ | 8 | ___________ |
| 1.351.000 pessoas | ___________ | 12 | ___________ |
| | | 15 | ___________ |
| | | 16 | ___________ |
| | | 17 | ___________ |
| | | 18 | ___________ |
| | | 27 | ___________ |
| | | 56 | ___________ |
| | | 811 | ___________ |
| | | 76 | ___________ |
| | | 2.000.010 | ___________ |

## ▶달 (Os meses do ano)

| | | | |
|---|---|---|---|
| 1. janeiro | 1월 | 7. julho | 7월 |
| 2. fevereiro | 2월 | 8. agosto | 8월 |
| 3. março | 3월 | 9. setembro | 9월 |
| 4. abril | 4월 | 10. outubro | 10월 |
| 5. maio | 5월 | 11. novembro | 11월 |
| 6. junho | 6월 | 12. dezembro | 12월 |

## ▶요일 (Os dias da semana)

| | | |
|---|---|---|
| • (no) domingo | | 일요일 |
| • (na) segunda-feira | (2ª feira) | 월요일 |
| • (na) terça-feira | (3ª feira) | 화요일 |
| • (na) quarta-feira | (4ª feira) | 수요일 |
| • (na) quinta-feira | (5ª feira) | 목요일 |
| • (na) sexta-feira | (6ª feira) | 금요일 |
| • (no) sábado | | 토요일 |

## ▶계절 (As estações do ano)

| | | | |
|---|---|---|---|
| • primavera | 봄 | • verão | 여름 |
| • outono | 가을 | • inverno | 겨울 |

## ▶브라질의 계절과 달(한국의 절기와는 정반대)

| | | | |
|---|---|---|---|
| 봄(PRIMAVERA) | SETEMBRO | OUTUBRO | NOVEMBRO |
| 여름(VERÃO) | DEZEMBRO | JANEIRO | FEVEREIRO |
| 가을(OUTONO) | MARÇO | ABRIL | MAIO |
| 겨울(INVERNO) | JUNHO | JULHO | AGOSTO |

- anteontem
  그제
- ontem
  어제
- hoje
  오늘
- hoje
  오늘
- amanhã
  내일
- depois de amanhã
  모레

## A 오늘은 몇 월 며칠 입니까? 보기를 참고하여 대답하기

1. Que dia é hoje?
   ▶ Hoje é dia _______ de _______ de _______.
   Agora é _______, dia _______ de _______ e _______.(요일/날자/달/계절)
2. Em que dia você nasceu? 당신은 언제 태어나셨습니까?
   ▶ Eu nasci no dia _______ de _______ de _______.
3. Quando é o Natal? 언제가 크리스마스지요?
4. Quando vamos ter um feriado? 언제가 휴일이지요?
5. Qual é o maior feriado do seu país? 당신 나라의 가장 큰 휴일은 무엇입니까?
6. Quando vão começar suas férias? 당신의 휴가는 언제 시작할 것입니까?

보기)

| | |
|---|---|
| 6ª f., 3 de novembro | 28 de novembro |
| 4ª f., 2 de julho. | 15 de janeiro |
| 3ª f., 19 de junho | 20 de dezembro |
| 2ª f., 23 de novembro | 15 de agosto |
| 5ª f., 30 de outubro | Sábado, 3° de março |
| 6ª f., 14 de maio | Sábado, 1° de abril |
| 3ª f., 27 de agosto. | Domingo, 25 de fevereiro |

## B 질문에 대답하기

1. O que você vai fazer amanhã de manhã?
   ▶ 내일 아침 뭐 하실 겁니까?
2. Onde você esteve ontem de tarde? Por quê?
   ▶ 어제 오후에 어디 계셨습니까? 왜지요?
3. Quando você encontrou o arquiteto que está fazendo a nova decoração do escritório?
   ▶ 당신은 사무실 인테리어를 새롭게 하고 있는 그 건축가는 언제 만나셨습니까?
4. O que você vai fazer amanhã de tarde?
   ▶ 당신은 내일 오후 뭘 하실 건가요?
5. O que você vai fazer hoje à tarde? E à noite?
   ▶ 오늘 오후에 뭘 하실 겁니까? 그리고 밤에는요?

## SER, ESTAR, TER, IR의 직설법 과거

**SER – 과거**

| | | | |
|---|---|---|---|
| Eu | fui | Nós | fomos |
| Você<br>Ele<br>Ela | foi | Vocês<br>Eles<br>Elas | foram |

**ESTAR – 과거**

| | | | |
|---|---|---|---|
| Eu | estive | Nós | estivemos |
| Você<br>Ele<br>Ela | esteve | Vocês<br>Eles<br>Elas | estiveram |

**TER – 과거**

| | | | |
|---|---|---|---|
| Eu | tive | Nós | tivemos |
| Você<br>Ele<br>Ela | teve | Vocês<br>Eles<br>Elas | tiveram |

*IR와 SER동사의 과거변화는 동일함.

**IR – 과거**

| | | | |
|---|---|---|---|
| Eu | fui | Nós | fomos |
| Você<br>Ele<br>Ela | foi | Vocês<br>Eles<br>Elas | foram |

### A SER 동사의 과거연습

1. O filme de ontem ___________ interessante.
   ▶ 어제 그 영화는 재미있었다.

2. Eu ___________ presidente do clube no ano passado.
   ▶ 나는 작년에 그 클럽 대표였다.

3. Nós ___________ bons amigos.
   ▶ 우리는 좋은 친구들이었다.

4. Elas ___________ amigas de escola. (반과거를 사용하는 것이 더 좋음)
   ▶ 그 여자들은 (과거)학교 친구들이었다.

5. Você ___________ amigo dele?
   ▶ (과거에) 당신은 그의 친구였나요?

### B ESTAR 동사의 과거연습

1. Eu ___________ no Canadá em 1998.
   ▶ 나는 1998년 캐나다에 있었다.

2. Os franceses ___________ no Rio em 1555.
   ▶ 프랑스 사람들이 1555년 Rio에 있었다(=왔다).

3. Os holandeses ___________ em Pernambuco em 1630.
   ▶ 네덜란드 사람들이 1630년에 Pernambuco에 있었다(=왔다).

4. A rainha da Inglaterra ___________ no Brasil em 1968.
   ▶ 영국여왕이 1968년에 브라질에 있었다(=브라질을 방문했다).

5. Vocês já ___________ na China? - Já. Nós ___________ lá em 2010.
   ▶ 당신들은 이미 중국에 있었나요(=중국에 가본 적이 있나요)? –네. 우리는 그곳에 2010년에 갔습니다.

*estar동사의 과거는 Have you ever been in China?처럼 영어의 현재완료(경험)을 나타낸다.

## C TER 동사의 과거연습

1. Nós ___________ muito trabalho na semana passada.
▶ 지난주에 우리는 일이 많았다.

2. Carlos ___________ problemas no escritório.
▶ Carlos는 사무실에서 문제가 있었다.

3. Eu não ___________ aula ontem.
▶ 나는 어제 수업이 없었다.

4. Vocês ___________ tempo para acabar o trabalho?
▶ 당신들은 그 일을 끝낼 시간이 있었습니까?

5. Eles ___________ uma reunião hoje de manhã.
▶ 그들은 오늘 아침 회의를 했다.

## D IR 동사의 과거연습

1. Nós ___________ para a Europa com eles.
▶ 우리는 그들과 함께 유럽에 갔다.

2. Meus irmãos não ___________ para a escola ontem.
▶ 내 형제들은 어제 학교에 가지 않았다.

3. Paula, você já ___________ à Bahia?
▶ Paula, 당신은 Bahia에 갔었나요(Bahia에 가본 적이 있나요)?

4. Não, eu nunca ___________. E você?
▶ 아니요, 한번도 가보지 않았어요. 당신은요?

5. Ele ___________ ao cinema com amigos.
▶ 그는 친구들과 함께 영화를 보러 갔다.

## E 내용에 알맞은 동사의 과거 쓰기

Janeiro ___________ um mês bom para mim. Nós ___________ um feriado longo. Eu ___________ para o Rio com amigos. Nós ___________ no Pão de Açúcar e em outros lugares bonitos. Quero voltar para lá nas férias de julho.

▶ 1월은 내게 좋은 달이었다. 휴가가 기니까. 나는 친구들과 함께 Rio에 갔다. 우리는 Pão de Açúcar와 다른 아름다운 곳에 있었다. 7월 휴가 때 나는 그곳에 다시 돌아가고 싶다.

## •••▸ 시간과 관련된 표현들

### Que horas são? (몇 시 입니까?)

| | | | |
|---|---|---|---|
| **8:00** | São oito horas em ponto. | – 정각 8시 입니다. | |
| **8:05** | São oito e cinco. | **12:00** | É meio-dia. |
| **8:15** | São oito e quinze. | **24:00** | É meia-noite. |
| **8:30** | São oito e meia. | **01:00** | É uma hora. |
| **8:40** | São vinte para as nove. | **01:10** | É uma e dez. |
| **8:45** | São quinze para as nove. | | |

* em ponto 정각(에)

### Na estação de trem (기차역에서)

A que horas parte o trem para o subúrbio? - Às quinze para as oito.
Que horas são agora, por favor? - Agora são 5 para as oito.
Que pena! O trem já partiu.

몇 시에 교외로 가는 기차가 떠납니까? – 8시 15분 전에요
지금 몇 시 입니까? – 지금 8시 5분 전 입니다.
어머! 벌써 떠났군요.

### Fazendo compras (쇼핑하면서)

**Paula:** Vamos depressa!
Quero comprar um vestido para a festa de hoje á noite
e as lojas vão fechar daqui a meia hora.
**Estela:** Esta loja é nova. Veja! O vestido amarelo é muito elegante.
**Paula:** Vou pedir à vendedora para me mostrar aquela blusa branca.
Ela combina com a minha saia preta.

**Paula**: 서둘러야해. 나는 오늘 밤 파티에 입을 원피스를 하나 사려하는데,
지금부터 30분 후에 문을 닫을거야.
**Estela**: 이 가게는 새 가게네. 이것 좀 봐! 이 노란 원피스는 아주 우아한데?
**Paula**: 난 점원에게 저 흰색 블라우스를 내게 보여달라고 해야지.
그것은 나의 검은색 치마하고 어울려.(어울릴거야)

## Ⓐ Às seis da manhã 오전 6시에 / Às seis da tarde 오후 6시에

A que horas você chegou?
▶ 당신은 몇 시에 도착했습니까?

- Às três da manhã.
– 새벽 세시에요.

1. (5:00)
   A que horas foi o acidente?
   ▶ 그 사고는 몇 시에 일어났습니까?
2. (14:00)
   A que horas ele saiu?
   ▶ 그는 몇 시에 나갔습니까?
3. (2:00)
   A que horas a festa acabou?
   ▶ 그 축제는 몇 시에 끝났습니까?
4. (10:00)
   A que horas parte o avião?
   ▶ 그 비행기는 몇 시에 떠납니까?
5. (22:30)
   A que horas ele vai telefonar?
   ▶ 그가 몇 시에 전화 할 것입니까?
6. (17:30)
   A que horas vocês chegaram?
   ▶ 당신들은 몇 시에 도착했습니까?

## Ⓑ A gue horas ~? 로 질문하기 1

A que horas ele chegou?
▶ 그는 몇 시에 도착했습니까?

- Ele chegou às 7 horas.
– 일곱 시에 도착했어요.

1. ______________________? - Ele partiu às 7:20.
   – 그는 7시 20분에 출발했다.
2. ______________________? - Ele prefere partir às 5:25.
   – 그는 5시 25분에 떠나기를 선호한다.
3. ______________________? - A reunião começou às 2:40.
   – 그 회의는 2시 40분에 시작했다.

4. ____________________? - Nós chegamos à meia-noite.
– 우리는 자정에 도착했다.

5. ____________________? - Eu prefiro partir às 5 da manhã.
– 나는 새벽 5시에 출발하는 것이 더 좋아.

6. ____________________? - A reunião acabou às 10 da noite.
– 그 회의는 밤 10시에 끝났다.

7. ____________________? - A festa vai começar às 9:00 em ponto.
– 그 축제는 9:00 정각에 시작할 것이다.

8. ____________________? - Vamos chegar a(=em) Viena às 6:45 da manhã.
– 우리는 오전 6:45에 비엔나에 도착할 것이다.

9. ____________________? - Meus amigos chegaram às 6 horas da tarde.
– 내 친구들이 오후 6시에 도착했다.

10. ____________________? - Você vai chegar a Londres ao meio-dia em ponto.
– 당신은 런던에 정확히 정오에 도착할 것이다..

## C A que horas ~ ? 질문에 대답하기

| | | | |
|---|---|---|---|
| à 1 hora | ▶1시에 | ao meio-dia | ▶정오에 |
| às duas horas | ▶2시에 | à meia-noite | ▶자정에 |
| Às seis da manhã | ▶오전 6시에 | Às seis da tarde | ▶오후 6시에 |

1. (19:00)
A que horas você janta? – ____________________.
▶당신은 몇 시에 저녁식사를 합니까?

2. (19:45)
A que horas você vai ao cinema? – ____________________.
▶당신은 몇 시에 영화를 보러 갑니까?

3. (14:15)
A que horas ele vai à escola? – ____________________.
▶그는 몇 시에 학교에 갑니까?.

4. (19:30)
A que horas eles vão encontrar os amigos? – ____________________.
▶당신들은 몇 시에 친구들을 만날 것입니까?

5. (14:50)
A que horas ele abre o consultório? – ____________________.
▶ 그는 몇 시에 병원을 엽니까?

6. (17:35)
A que horas o avião vai partir? – ____________________.
▶ 그 비행기는 몇 시에 떠납니까?

7. (23 :30)
A que horas vai chegar o trem? – ____________________.
▶ 몇 시에 그 기차가 도착합니까?

8. (1:45)
A que horas ele foi para casa? – ____________________.
▶ 그는 몇 시에 집에 갔습니까?

9. (16: 15)
A que horas você encontrou José? – ____________________.
▶ 당신은 몇 시에 José를 만났습니까?

10. (13:00)
A que horas vocês almoçam? – ____________________.
▶ 당신들은 몇 시에 점심을 먹습니까?

## D de ~ a ~: ~시 부터 ~시 까지

| Que horas é a aula? | - É das 8 às 10 da manhã. |
|---|---|
| 그 수업이 몇 시지? | 오전 8시부터 10시까지야. |

* 영어의 from ~ to ~ 에 해당한다.

das 8 às 10 ▶ 8시부터 10시까지.

1. (trabalhar / 8:00-12:00)
Ele trabalha ____________________.
▶ 그는 8시부터 12시까지 일한다.

2. (estudar / 13:00-17:00)
Eles ____________________.
▶ 그들은 13시부터 17시까지 공부한다.

3. (ficar na loja / 9:00-18:00)
Elas ________________________________________________.
▶ 그녀들은 9시부터 18시까지 상점에 있다.

4. (assistir à televisão / 20:00-23:00)
Ontem eu ________________________________________________.
▶ 어제 나는 20시부터 23시까지 TV를 시청했다.

5. (almoçar / 12:00-13:00)
Em casa, a gente ________________________________________________.
▶ 집에서 우리는 12시부터 13시까지 점심식사를 한다.

6. (jantar / 19:30-20:30)
A gente ________________________________________________.
▶ 우리는 19시 30분부터 20시 30분까지 저녁식사를 한다.

7. (ser / 7:00- 10:00)
No hotel, o café-da-manhã ________________________________________________.
▶ 호텔에서 아침식사는 7시부터 10시까지이다.

8. (estar livre / 12:00-14:00)
Eu ________________________________________________.
▶ 나는 12시부터 14시까지 자유롭다.

9. (esperar / 16:00-17:30)
Ontem eu ________________________________________________.
▶ 어제 나는 16시부터 17시 30분까지 기다렸다.

## ••••▶ Há ~와 daqui a ~의 차이

| | |
|---|---|
| Ele chegou ao Brasil **há** 3 semanas. | 그가 브라질에 도착한지 3주 되었다. |
| Ele está em São Paulo **há** 10 dias. | 그가 São Paulo에 있은 지 열흘 되었다. |
| Ele vai partir para o Rio **daqui a** 3 dias. | 그는 지금부터 3일 후에 Rio로 떠날 것이다. |

*Há~는 영어의 It has been –, It had been –으로 과거로부터 현재까지의 시간을 나타내고,
daqui a ~는 현재부터 일어날 미래의 시간을 나타낸다.

1. (50 minutos)
Ele está esperando lá fora há ________________________________.
▶ 그는 밖에서 50분이나 기다리고 있다.

2. (10 minutos)
Ele vai abrir a loja ________________________________.
▶ 그는 그 가게를 지금으로부터 10분 후에 열 것이다.

3. (uma hora)
Ele abriu a loja ________________________________.
▶ 그가 상점을 연지 1시간 되었다.

4. (três dias)
Eu estive no Rio ________________________________.
▶ 내가 Rio에 있은 지 3일 되었다.

5. (quinze anos)
Ele trabalha no banco ________________________________.
▶ 그가 그 은행에서 일한 지 15년 되었다.

6. (muitos anos)
Ele entrou na firma ________________________________.
▶ 그는 수년 전에 그 회사에 들어갔다.

7. (uma semana)
Vocês estão aqu ________________________________.
▶ 당신들은 일주일째 이곳에 있다(=당신들이 이곳에 있은 지 일주일이 되었다).

8. (20 minutos)
O avião vai chegar aqui ________________________________.
▶ 그 비행기는 20분 후에 여기에 도착할 것이다.

9. (6 meses)
Eles vão falar português muito bem ________________________________.
▶ 그들은 여섯 달 후에 포르투갈어를 아주 잘 할 것이다.

10. (40 minutos)
Eu pedi a sobremesa ________________________________.
▶ 나는 40분 전에 후식을 주문했다.

11. (um ano)
Ele estuda português ________________________________.
▶ 그는 일년째 포르투갈어를 공부한다.

12. (meia hora)
Nós vamos jantar ________________________________.
▶ 우리는 반시간(30분) 후에 저녁식사를 할 것이다.

# 명사의 성

## ▶남성 명사와 여성 명사 (Masculino e Feminino)

포르투갈어의 명사는 기본적으로 남성명사와 여성명사로 나뉘어 있다.

| 남성 | 여성 |
|---|---|
| o apartamento (아파트) | a casa (집) |
| o banco (은행) | a escola (학교) |
| o dinheiro (돈) | a bicicleta (자전거) |
| o carro (차) | a cama (침대) |
| o livro (책) | a porta (문) |
| | a janela (창문) |

일반적으로 단어의 의미가 -o로 끝나면 남성명사, -a로 끝나면 여성명사이다.

| | |
|---|---|
| o amigo (남자친구) | a amiga (여자친구) |
| o moço feliz (행복한 총각/청년) | a moça feliz (행복한 아가씨) |
| o artista famoso (유명한 남자 예술가) | a artista famosa (유명한 여자 예술가) |
| o professor inglês (영국인 남선생님 / 남자 영어 선생님) | a professora inglesa (영국인 여선생님 / 여자 영어선생님) |
| o amigo espanhol (스페인 남자 친구) | a amiga espanhola (스페인 여자 친구) |
| o homem comum (보통 남자) | a mulher comum (보통 여자) |

포르투갈어에서는 명사의 성과 수에 따라 뒤에 나오는 형용사가 다음과 같이 변한다.

| | |
|---|---|
| o aluno inteligente (똑똑한 남학생) | a aluna inteligente (똑똑한 여학생) |
| o botão simples (단순한 단추) | a solução simples (간단한 해결) |
| o banco alemão (독일 은행) | a indústria alemã (독일 산업) |
| o bairro industrial (산업단지) | a carta comercial (상업통신문) |
| um apartamento bom (어느 좋은 아파트) | uma casa boa (어느 좋은 집) |
| o trabalho difícil (어려운 일) | a lição de casa difícil (어려운 숙제) |
| um plano mau (잘못 기획된 계획) | uma idéia má (나쁜 아이디어) |

예외)

-a 로 끝나지만 남성명사인 경우

| | | | |
|---|---|---|---|
| o dia<br>(날, 하루) | o mapa<br>(지도) | o clima<br>(기후) | o planeta<br>(행성) |

-o 로 끝나지만 여성명사인 경우

| | |
|---|---|
| a mão<br>(손) | a foto (fotogafia의 준말)<br>(사진) |

## ▶남성형 어미와 여성형 어미

1) 여성형 어미: -gem, -dade

a viagem (여행)
a reportagem (기사)
a idade (나이)
a paisagem (경치)
a cidade (도시)
a universidade (대학교)

2) 남성형 어미: -ema, -oma, -á

o cinema (영화)
o poema (시)
o problema (문제)
o diploma (졸업장)
o sofá (소파)
o guaraná (과라나)
o sistema (시스템)
o tema (주제)
o idioma (언어)
o sintoma (징후, 증상)
o crachá (명찰표)

## ▶색 (Cores)

| | | | |
|---|---|---|---|
| branco<br>branca | 흰색(의) | amarelo<br>amarela | 노란색(의) |
| cinza<br>cinza | 회색(의) | laranja<br>laranja | 오렌지색(의) |
| preto<br>preta | 검정색(의) | cor-de-rosa<br>cor-de-rosa | 분홍색(의) |
| marrom<br>marrom | 밤색, 갈색(의) | vermelho<br>vermelha | 빨간색(의) |
| azul<br>azul | 하늘색, 푸른색(의) | verde<br>verde | 초록색(의) |

## ▶남성명사를 여성명사로 바꾸는 법

1) -o로 끝나는 단어 → -a로 바꿈

| | | | |
|---|---|---|---|
| o menino | – | a menina | (소년–소녀) |
| o noivo | – | a noiva | (약혼남–약혼녀) |
| o medico | – | a médica | (의사) |
| o professor | – | a professora | (교수) |
| o solteiro | – | a solteira | (총각–처녀) |
| o coreano | – | a coreana | (한국인) |
| o brasileiro | – | a brasileira | (브라질인) |
| o senhor | – | a senhora | (선생님, 당신) |

2) -ão로 끝나는 단어 → -ã, -oa, -ona로 바꿈

| | | | |
|---|---|---|---|
| o irmão | – | a irmã | (형제–자매) |
| o solteirão | – | a solteirona | (노총각–노처녀) |
| o patrão | – | a patroa | (주인) |

3) 어근은 같으나 변형된 여성 명사형

| | | | |
|---|---|---|---|
| o rei | – | a rainha | (왕–여왕) |
| o ator | – | a atriz | (배우) |
| o embaixador | – | a embaixatriz | (대사– 여자대사/대사부인) |

4) 어근이 완전히 다른 여성 명사형

| | | | |
|---|---|---|---|
| o homem | – | a mulher | (남자–여자) |
| o genro | – | a nora | (사위–며느리) |

5) 동일한 형태

| | | | |
|---|---|---|---|
| dentista | – | dentista | (치과의사) |
| colega | – | colega | (동료) |
| jornalista | – | jornalista | (기자) |
| gerente | – | gerente | (지배인) |

*이 경우 명사의 성의 구분은 정관사나 부정관사로 한다.

## Ⓐ 주어나 명사의 성을 바꾸어 문장 만들기

(filha)
Meu filho mais velho já é um moço bonito.
▶ 나의 큰 아들은 벌써 잘 생긴 청년이다/잘 생긴 청년으로 성장했다.

→ Minha filha mais velha já é uma moça bonita.

1. (irmã)
   Meu irmão mais velho é um professor antigo.
   ▶ 나의 형은 옛날 선생이다.

   → ______________________________

2. (cidade)
   Meu país é muito grande.
   ▶ 우리 나라는 매우 크다.

   → ______________________________

3. (casa)
   O apartamento do meu vizinho é simples e confortável.
   ▶ 내 이웃의 아파트는 모양이 단순하고 편안하다.

   → ______________________________

4. (revista/fotografias)
   Este jornal tem artigos muito interessantes.
   ▶ 이 신문은 매우 흥미로운 기사들을 갖고 있다.

   → ______________________________

5. (dentista)
   Meu dentista é competente.
   ▶ 내 치과의사는 경쟁력이 있다.

   → ______________________________

6. (folhas)
   Os papéis verdes estão na mesa.
   ▶ 책상 위에 이 초록색 종이들이 있다.

   → ______________________________

7. (mãe)
   Meu pai é um homem calmo.
   ▶ 나의 아버지는 과묵한 사람이다.

   → ______________________________

8. (novela)
Este filme foi bom.
▶ 이 영화는 좋았다.

→ ________________________________________

9. (cantora)
Este cantor é um homem bom e amável.
▶ 이 가수는 사랑스러운 좋은 사람이다.

→ ________________________________________

10. (blusa-bolsa)
Ela comprou um vestido cor-de-rosa e um casaco cinza.
▶ 그녀는 분홍색 원피스와 회색 자켓을 샀다.

→ ________________________________________

11. (casa)
Eles preferem um apartamento pequeno, num bairro comum.
▶ 그들은 보통 사람들이 사는 지역에 있는 작은 아파트를 선호한다.

→ ________________________________________

12. (senhora)
Este senhor é elegante e conservador.
▶ 이 선생님께서는 품격 있고 보수적이시다.

→ ________________________________________

13. (amiga)
Meu amigo é muito otimista.
▶ 내 친구는 매우 낙관주의자이다.

→ ________________________________________

14. (música)
O filme é triste.
▶ 그 영화는 슬프다.

→ ________________________________________

15. (esposa)
O marido da minha filha é um homem difícil
▶ 내 딸의 남편(=사위)은 어려운 사람이다.

→ ________________________________________

16. (revista)
O livro azul está no escritório do doutor.
▶ 그 파란색 책은 그 의사(박사) 사무실에 있다.

→ ________________________________________

17. (senhora)

O senhor já falou com o diretor comercial?

▶ 당신께서는 벌써 그 영업부장과 말씀을 나누셨습니까?

→ ______________________________________________

18. (a entrevista)

O livro deste escritor francês é longo, mas interessante.

▶ 이 프랑스 작가의 책은 매우 두껍지만, 재미있다.

→ ______________________________________________

19. (estrada)

Este rio é longo, estreito e escuro.

▶ 이 강은 길고, 좁고, 그리고 어둡다.

→ ______________________________________________

20. (língua)

O idioma alemão não é fácil.

▶ 독일어는 쉽지 않다.

→ ______________________________________________

## B 주어의 성과 수에 형용사 일치시키기

(legal/generoso)
Minha professora de português é muito legal. E até generosa.
▶ 나의 포르투갈어 여선생님은 매우 괜찮은 사람이다. 그리고 너그럽기까지 하다.

1. (caro)

Copos de cristal são ______________.

▶ 크리스탈 컵(들)은 비싸다.

2. (pequeno/confortável)

Minha casa é ______________, mas ______________.

▶ 나의 집은 작지만 편안하다.

3. (famoso)

As praias do Rio são ________________.

▶ Rio의 해변(들)은 유명하다.

4. (antigo/moderno)

Este hotel é ______________. Prefiro hotéis ______________.

▶ 이 호텔은 오래된 구식이다. 나는 현대적인 신식 호텔(들)을 선호한다.

5. (alemão/moderno)

Muitas cidades ______________ são ______________.

▶ 독일의 많은 도시(들)은 현대적이다.

6. (mau)

Esta idéia não é ______________!

▶ 이 아이디어는 나쁘지 않다!

7. (espanhol/francês/americano)

Gosto de música __________, vestidos __________ e carros______________.

▶ 나는 스페인 음악, 프랑스 옷 그리고 미국 차를 좋아한다.

8. (simples/simples)

Maria é uma mulher __________ e mora num apartamento __________.

▶ Maria는 소박한 여자이다. 그래서 평범한 아파트에서 산다.

9. (branco/azul/amarelo/cinza)

Comprei duas blusas ____________, um vestido ____________, duas saias ______________e um chapéu ______________.

▶ 나는 하얀색 블라우스 두 장, 하늘색 원피스 한 벌, 노란색 스커트 두 장 그리고 회색모자 하나를 샀다.

10. (verde/bom)

Estas bananas estão____________, mas as laranjas estão ____________.

▶ 이 바나나들은 녹색이지만(=아직 숙성되지 않았지만), 이 오렌지들은 매우 좋다(=잘 익었다).

11. (azul/marrom)

Hoje quero comprar duas saias ____________ e uma blusa ____________.

▶ 오늘 나는 하늘색 스커트 두 장과 갈색 블라우스 한 장을 사고 싶다.

12. (residencial/tranquilo)

Valeu a pena comprar o apartamento num bairro ______________. A vida aqui é muito ______________.

▶ 주거단지에 있는 이 아파트를 사길 잘 했다. 왜냐하면 이곳의 삶이 무척 평화롭기 때문이다.

*valer a pena + V(동사원형)은 '~할 가치가 있다'의 뜻이다.

13. (industrial/japonês)

Esta empresa ______________ tem uma diretora ______________.

▶ 이 회사는 일본인 여자 이사를 두고 있다.

14. (comum/feliz)

Você acha que a mulher ____________ é ______________?

▶ 당신은 평범한 여자가 행복하다고 생각하나요?

15. (bom/bom/grande)

Este apartamento é ______________, mas esta casa não é ______________, porque é muito _________________ para nós.

▶ 이 아파트는 마음에 들지만 이 집은 마음에 들지 않아요. 왜냐하면 우리한테 너무 커요.

16. (longo/interessante/bom)

Ele escreveu uma carta _________________ e ____________________, com notícias muito __________________.

▶ 그는 길고 재미있는 편지 한 장을 썼다. 아주 좋은 소식과 함께.

17. (antigo/moderno/industrial/bonito)

Salvador é uma cidade ____________, Brasília é uma cidade ____________, São Paulo é uma cidade _____________ e o Rio é uma cidade ___________.

▶ Salvador는 오래된 도시이고, Brasília는 현대적 도시이고, São Paulo는 산업도시이고, Rio는 아름다운 도시이다.

18. (frio/quente)

Não gosto de sopas ______________ e sobremesas __________________.

▶ 나는 차가운 스프와 뜨거운 후식을 좋아하지 않는다.

19. (difícil/interessante)

Meu trabalho é _________________, mas _______________.

▶ 내가 하는 일은 힘들지만 흥미롭다.

20. (velho/novo)

Minhas bolsas estão ___________. Preciso comprar uma bolsa ___________.

▶ 내(가 쓰는) 핸드백들은 낡았다. 그래서 새 핸드백을 하나 살 필요가 있다.

Chapter

# 6 직설법 현재와 과거 (VER QUERER PODER 동사)

**Como ele é?** (그는 어떤사람입니까?)

**A:** Como você acha que eles são?
**B:** Acho que eles são ótimos.

A: 당신은 그들이 어떤 사람들이라고 생각하세요?
B: 아주 좋은 사람들이라고 생각합니다.

**Meu tipo ideal** (나의 이상형)

**A:** Gostaria de conhecer um homem de 25 anos, alto, de cabelos pretos e lisos e de olhos azuis.
**B:** Tipo esportista(=atleta) ou intelectual?
**A:** Esportista, claro.
**B:** Ah! Eu, ao contrário, sempre quis conhecer um rapaz do tipo intelectual, magro e de voz suave. Sonho com ele todas as noites.

A: 나는 키가 크고, 머리는 검은 생머리에 파란 눈을 가진 25세의 남자와 사귀고 싶습니다.
B: 스포츠맨 아니면 지적인 사람이요?
A: 물론 스포츠맨이지요.
B: 아, 내 경우는 정반대에요. 나는 언제나 마른 몸매에 목소리가 부드러운, 지적인 청년을 원했어요. (지금도) 매일 밤 그런 사람을 꿈에서 만납니다.

## ▸사람을 묘사할 때 자주쓰는 표현들(형용사들)

| | | | |
|---|---|---|---|
| antiquado | 옛날의, 구태의연한, 구식의 | bobo | 바보 |
| chato | 지루한 (Que chato! 제기랄!) | comunicativo | 말하기를 좋아하는 |
| esperto | 똑똑한 | ingênuo | 순진한 |
| inteligente | 똑똑한, 지적인 | interessante | 재미있는, 흥미로운 |
| moderno | 현대적인 | preguiçoso | 게으른 |
| reservado | 말이 적은, 신중한, 예약된 | risonho | 미소를 띄운 |
| sério | 진지한, 신중한 | tímido | 수줍은 |
| redondo | 둥근 | quadrado | 사각의 |
| pontudo | 끝이 뾰족한, 다각형의 | oval | 타원형의 |

* 사람을 묘사할 때 가장 중요한 것은 형용사를 많이 아는 것이다. 그런데 이 때 SER와 ESTAR 동사가 사용된다. 즉 SER 동사는 **"Ele é uma pessoa muito legal**(참 괜찮은 사람), **"Ele é gentil**(친절하다)"나 **"Ela é grossa**(거칠다=예의가 없다)"처럼, 사람의 변하지 않는 특징(**características físicas**)이나 성격(**personalidades**)을 나타낸다. 그리고 ESTAR 동사는 **"Ela está muito bonita esta noite**(오늘 밤 그녀가 무척 예쁘다)." 처럼 화자가 말하는 시점의 상태를 나타낸다. SER나 ESTAR를 사용함으로써 그 의미가 **"Ele é bem humorado**(그는 원래 유머감각이 있는 사람이다)" **"Hoje ele está bem humorado**(오늘 그의 기분이 참 좋다)."처럼 달라질 수 있다.
그리고 또한 **"Os cabelos dele são pretos."**가 **"Ele tem cabelos pretos."**로, 그리고 **"Os olhos dele são castanhos."**가 **"Ele tem olhos azuis."**처럼 SER동사를 TER동사로 대체하여 사용될 수 있다.

## ▶반대말

| | |
|---|---|
| aberto – fechado | 개방된 – 폐쇄된 |
| ativo – passivo | 활발한, 적극적인 – 수동적인 |
| bem-humorado – mau humorado | 유머감각이 있는 – 유머감각이 없는 |
| embaraçado – desembaraçado | 어찌할 바를 모르는 – (아무 장애 없이) 민첩한, 빠른 |
| fácil – difícil | 정직한 – 부정직한 |
| intelectual – esportivo | 지적인 – 스포츠를 좋아하는 |
| otimista – pessimista | 낙천주의자(의) – 비관론자, 염세주의자(의) |
| simpático – antipático | 남의 마음을 잘 아는, 호감이 가는 |

| | |
|---|---|
| alto – baixo | 높고 – 낮은 |
| magro – gordo | 마른 – 뚱뚱한 |
| fino – grosso | 얇은 – 두꺼운 |
| grande – pequeno | 큰 – 작은 |
| direito – esquerdo | 오른쪽의 – 왼쪽의 |
| curto – longo/comprido | 짧은 – 긴 |
| velho – jovem | 늙은 – 젊은 |
| estreito – largo | 좁은 – 넓은 |

a cabeça
cabelo
o rosto
o braço
O tronco /
O abdómem
a perna
o pé

## ···▸ 사람의 몸

### a cabeça (머리)

o cabelo (머리카락)

- liso (생머리)
- crespo (곱슬머리)
- castanho (밤색머리)
- preto (검은머리)
- loiro (금발머리)
- branco (흰머리)

### o rosto (얼굴)

a testa (이마)
os olhos (눈)
a sobrancelha (눈썹)
o nariz (코)
o bigode (콧수염)
a barba (수염)
a bochecha (볼)
a boca (입)
os lábios (입술)
a orelha (귀)
o queixo (턱)

### O tronco(=abdómem) (몸통)

as costas (등)
a cintura (허리)
o peito (가슴)
a barriga (배)
o umbigo (배꼽)

### membros (사지)

### o braço (팔)

o ombro (어깨)
o cotovelo (팔꿈치)

### a mão (손)

os dedos da mão (손가락)
as unhas (손톱)

### a perna (다리)

o joelho (무릎)

### o pé (발)

os dedos do pé (발가락)
o calcanhar (발뒤꿈치)

## VER, QUERER, PODER 동사의 직설법 현재와 과거

| VER – 현재 | | | |
|---|---|---|---|
| Eu | vejo | Nós | vemos |
| Você<br>Ele<br>Ela | vê | Vocês<br>Eles<br>Elas | veem |

| QUERER – 과거 | | | |
|---|---|---|---|
| Eu | quis | Nós | quisemos |
| Você<br>Ele<br>Ela | quis | Vocês<br>Eles<br>Elas | quiseram |

| VER – 과거 | | | |
|---|---|---|---|
| Eu | vi | Nós | vimos |
| Você<br>Ele<br>Ela | viu | Vocês<br>Eles<br>Elas | viram |

| PODER – 과거 | | | |
|---|---|---|---|
| Eu | pude | Nós | pudemos |
| Você<br>Ele<br>Ela | pôde | Vocês<br>Eles<br>Elas | puderam |

### A VER 동사의 현재 연습

Eu sempre vejo meu amigo no escritório.
▶ 나는 언제나 내 친구를 사무실에서 본다.

1. Ele sempre __________ Mariana na praia.
   ▶ 그는 언제나 Mariana를 바닷가에서 본다.
2. Eles nunca __________ Luís.
   ▶ 그들은 Luís를 한 번도 보지 못했다.
3. Aos domingos nós __________ nossos amigos.
   ▶ 일요일 마다 우리는 친구들을 본다.
4. Vocês __________ o diretor aos sábados?
   ▶ 너희들은 부장님을 토요일에 보니?
5. Luísa __________ Ana todos os dias na escola.
   ▶ Luísa는 Ana를 매일 학교에서 본다.
6. Eu nunca __________ Teresa cantando.
   ▶ 나는 Teresa가 노래 부르는 것을 한번도 보지 못했다.
7. Você sempre __________ Lúcia no banco.
   ▶ 너는 언제나 Lúcia를 은행에서 본다.
8. Eu sempre __________ Eduardo, mas ele nunca me __________.
   ▶ 나는 언제나 Eduardo를 보지만, 그는 나를 한번도 보지 않는다.

## B VER 동사의 과거 연습

Eu nunca vi neve.
▶나는 한번도 눈을 본 적이 없다.

* 영어의 현재완료인 I've never seen know in my life.의 뜻으로 경험을 나타낸다.

1. Vocês já __________ neve? Não, nunca __________.
   ▶너희들은 눈을 본 적 있니? 아니, 한번도 본 적이 없어.
2. Você __________ o acidente na avenida? __________, sim. Foi horrível.
   ▶너 그 큰길에서 난 사고 봤지? 응, 봤어. 아주 끔찍했어.
3. Eu nunca __________ João cantando.
   ▶나는 João이 노래 부르는 것을 본적 없어.
4. Ontem, eles me __________ na loja, mas eu não os __________.
   ▶어제 그들은 나를 가게에서 봤지만, 나는 그들을 보지 못했다.
5. Anteontem, ela __________ o diretor da firma jantando no clube.
   ▶그저께 그녀는 회사 부장이 그 클럽에서 저녁 먹고 있는 것을 보았다.
6. Você __________ o ladrão correndo? __________, sim.
   ▶너는 도둑이 뛰어가는 것을 봤니? 응, 봤어.

## C VER 동사의 현재와 과거 연습

Eu vejo Amélia todos os sábados. ▶나는 매주 토요일 Amélia를 본다.
Ontem eu vi Amélia. ▶어제 나는 Amélia를 봤다.

1. Ontem nós __________ sua irmã na cidade.
   ▶어제 우리들은 이 도시에서 너의 언니를 봤다.
2. Aos sábados eles ________ um filme no cinema e aos domingos ________ televisão.
   ▶그들은 토요일에는 영화관에서 영화를 보고, 일요일에는 텔레비전을 본다(assistir 동사).
3. Na semana que vem eles __________ os amigos.
   ▶다음 주에 그들은 그 친구들을 본다(=만날 것이다).
4. Não gosto de __________ acidentes.
   ▶나는 사고를 보는 것(=목격하는 것)을 싫어한다.
5. Você quer ________ este filme inglês? Não, prefiro ________ o filme francês.
   ▶너는 이 영국 영화를 보고 싶니? 아니, 난 그 프랑스 영화를 보고 싶어.

6. Anteontem, eles __________ o ladrão correndo.
▶ 그저께 그들은 그 도둑이 줄행랑 치는 것을 보았다.

7. Ela __________ a família amanhã.
▶ 그녀는 내일 가족을 본다(=만날 것이다).

8. O que é que você __________ agora? __________ uma mulher. Ela está abrindo a bolsa.
▶ 지금 너는 무엇을 보니? 어떤 여자를 봐(=어떤 여자가 보여). 그녀는 지금 자신의 백을 열고 있어.

9. Eu sempre __________ guardas andando pela cidade.
▶ 나는 언제나 경찰들이 이 도시의 구석구석을 걸어 다니는 것(=순찰하는 것)을 본다.

10. Você já __________ um elefante? Já __________, sim. No circo.
▶ 너는 코끼리 본적 있니? 응, 본적 있어. 서커스에서.

## Ⓓ QUERER 동사의 과거 연습

Ele sempre quis conhecer o Japão.
▶ 그는 언제나 일본을 알고 싶어했다 (=그는 언제나 일본에 여행가고 싶어했다).

1. Meus amigos ____________ me ajudar.
▶ 내 친구들은 나를 돕고 싶어했다.

2. O ladrão ____________ assaltar esta mulher.
▶ 그 도둑은 이 여성에게 강도 짓을 하길 원했다(=강도 짓을 하려 했다).

3. Nós ____________ ver este filme ontem.
▶ 우리는 어제 이 영화를 보고 싶어했다(=보려 했다).

4. Por que você ____________ entrar neste restaurante?
▶ 왜 이 식당에 들어가고 싶어했지?

5. Sábado passado eles ____________ falar comigo.
▶ 지난 주 토요일 그들은 나와 얘기하고 싶어했다.

6. Eu ____________ ir lá porque é mais tranquilo.
▶ 나는 그곳에 가길 원했다. 왜냐하면 더 조용하니까.

7. Nós ____________ ficar em casa para ver o jogo.
▶ 우리는 집에 있고 싶어했다. 그 경기를 보기 위해서.

8. Eu sempre ____________ conhecer a Europa.
▶ 나는 언제나 유럽으로 여행가고 싶어했다.

9. Meu vizinho ____________ dar uma festa para a filha dele.
▶ 내 이웃은 자신의 딸에게 파티를 열어 주고 싶어했다.

10. Francisco, por que seu irmão não ____________ ficar com você?
▶ Francisco, 왜 너의 남동생은 너와 있고 싶어하지 않았니?

## Ⓔ PODER 동사의 과거 연습

> Todos puderam ver o jogo pela televisão.
> ▶ 모두가 텔레비전으로 그 경기를 관람할 수 있었다.

1. Os jogadores não ____________ viajar.
   ▶ 그 선수들은 여행을 할 수 없었다.
2. Por que ela não ____________ assistir ao filme?
   ▶ 그녀는 왜 그 영화를 볼 수 없었을까?
3. Nós ____________ ver o filme até o fim.
   ▶ 우리는 영화를 끝까지 볼 수 있었다.
4. Ela____________ ver muito bem o rosto do ladrão.
   ▶ 그녀는 도둑의 얼굴을 잘 볼 수 있었다.
5. A empregada não ____________ ir ao supermercado bem cedo.
   ▶ 가정집 도우미는 아침 일찍 슈퍼에 갈 수 없었다.
6. Ontem, o diretor não ____________ atender os clientes.
   ▶ 어제, 과장님은 손님들을 맞이할 수 없었다.
7. Na terça-feira passada ele não ____________ chegar cedo.
   ▶ 지난 주 화요일, 그는 일찍 도착할 수 없었다.
8. Eu não ____________ reconhecer o ladrão pelas fotografias.
   ▶ 나는 사진들로는 그 도둑을 알아볼 수 없었다.
9. Francisco, por que você não ____________ falar com o diretor ontem?
   ▶ Francisco, 왜 너는 어제 과장님과 말하지 못했니?
10. Ontem, eu ____________ ver o filme de Carlitos. Foi ótimo!
    ▶ 어제, 나는 (드디어) Carlitos의 영화를 볼 수 있었다. 정말 좋았다!

## F QUERER와 PODER 동사 중, 내용에 알맞은 동사의 과거 써넣기

Ontem, eu quis ir ao cinema, mas não pude. Meu dinheiro acabou.
▶ 어제, 나는 영화관에 가고 싶었지만, 갈 수가 없었다. 돈이 떨어져서(=없어서).

1. Na semana passada, nós ______________ falar com ele,
   mas não ______________ porque ele saiu mais cedo.
   ▶ 지난주, 우리는 그와 대화하려 했지만 할 수 없었다. 왜냐하면 그가 일찍 퇴근해서.

2. Os turistas ______________ conhecer esta igreja antiga,
   mas não ______________ entrar. A igreja fechou às 5 horas.
   ▶ 그 관광객들은 이 옛날 성당을 구경하고 싶어했지만 들어갈 수가 없었다. 그 성당이 5시에 문을 닫아서.

3. Ontem, os alunos ______________ sair mais cedo, mas não ____________.
   O diretor não permitiu.
   ▶ 어제, 학생들은 좀 더 일찍 나가고 싶었지만(=집으로 가고 싶어했지만), 그러지 못했다.
   왜냐하면 교장선생님이 허락하지 않았기 때문에.

4. Ontem, nós não ______________ sair de casa.
   Ficamos para ver o jogo pela televisão.
   ▶ 어제 우리는 집을 나갈 수 없었다. 왜냐하면 텔레비전으로 그 경기를 보기 위해서.

5. Ontem, eles ____________ ver o jogo, mas não ____________,
   porque não encontraram mais ingressos.
   ▶ 어제 그들은 그 경기를 보고 싶었지만, 보지 못했다. 왜냐하면 입장권을 더 구하지 못했기 때문에.

## ••• 목적격 인칭대명사 (1)

목적격 인칭 대명사에는 직접목적어와 간접목적어가 있다.
그런데 간접목적어의 경우는 전치사의 목적격으로 풀어 쓸 수 있다.
직접목적어는 6과에서, 간접목적어는 7과에서,
그리고 간접목적어를 풀어 쓰는 전치사의 목적격은 8과에서 공부하도록 하겠다.

| | 직접목적어 (~를) | 간접목적어 (~에게) | 전치사의 목적격 | |
|---|---|---|---|---|
| | | | com을 제외한 전치사 + | com + |
| 1인칭단수<br>3인칭단수 | me<br>o/a | me<br>lhe | 전치사 + mim<br>+ ele/ela | comigo<br>com ele/ela |
| 1인칭단수<br>3인칭단수 | nos<br>os/as | nos<br>lhes | 전치사 + nós<br>+ eles, elas | conosco<br>com eles/elas |

### ▶직접목적어

| Eu | me | Nós | nos |
|---|---|---|---|
| Você<br>Ele<br>Ela | o, a<br>(-lo, la)<br>(-no, -na) | Vocês<br>Eles<br>Elas | os, as<br>(-los, -las)<br>(-nos, nas) |

1) 평서문에서 직접목적어의 위치 <직접목적어 + 동사>

Mário me viu ontem no cinema. ▶Mário는 어제 나를 극장에서 보았다.

2) 부정문에서의 직접목적어의 위치 <não/nunca + 직접목적어 + 동사>

Ele não nos viu na rua. ▶Mário는 어제 나를 극장에서 보았다.

* 직접목적어는 (평서문에서나 부정문에서) 언제나 동사 바로 앞에 온다.

## Ⓐ 1인칭 직접목적어 me, nos

| | | | |
|---|---|---|---|
| Eu | me<br>나를 | Nós | nos<br>우리를 |

1. (nós)
   Ele nunca ____________ viu aqui.
   ▶ 그는 여기에서 우리를 한번도 보지 않았다.

2. (eu)
   Vocês nunca podem ____________ ajudar.
   ▶ 너희들은 절대로 나를 도울 수 없어.

3. (eu)
   Meus vizinhos sempre ____________ visitam.
   ▶ 내 이웃들이 항상 나를 방문한다(=찾아온다).

4. (eu)
   Estou muito cansada. Você pode ____________ ajudar?
   ▶ 나는 매우 피곤하다. 네가 나를 도와줄 수 있겠니?

5. (eu)
   Preciso sair agora. Pedro está ____________ esperando.
   ▶ 나는 지금 나가야 해. Pedro가 나를 기다리고 있어.

6. (eu)
   Francisco, você ____________ esperou muito tempo?
   ▶ Francisco, 너는 나를 오랫동안 기다렸니?

7. (nós)
   Nossos amigos ____________ convidaram para uma festa.
   ▶ 우리 친구들이 우리를 어느 파티에 초대했다.

8. (eu)
   Meus amigos ____________ convidaram para uma festa.
   ▶ 내 친구들이 나를 어느 파티에 초대했다.

9. (nós)
   Nós convidamos sempre nossos vizinhos para jantar. Eles não ____________ convidam nunca.
   ▶ 우리는 언제나 우리 이웃을 저녁식사에 초대한다. (하지만) 그들은 절대로 우리를 초대하지 않는다.

10. (nós)

Por que vocês não ____________ avisaram?

▶ 왜 당신들은 우리에게 미리 알려주지 않았습니까(=경고하지 않았습니까)?

## B 3인칭 직접목적어 o, a, os, as

| | | | |
|---|---|---|---|
| Você<br>Ele<br>Ela | o, a<br>너를, 당신을<br>그를,<br>그녀를 | Vocês<br>Eles<br>Elas | os, as<br>너희들을, 당신들<br>그들을,<br>그녀들을 |

### 3인칭 직접목적어 연습 1

Eu vi o ladrão. → Eu o vi.

▶ 나는 그 도둑을 보았다. ▶ 나는 그를 보았다.

Eu vi os rapazes. → Eu os vi.

▶ 나는 그 소년들을 보았다. ▶ 나는 그들을 보았다.

1. Mário não fechou **as janelas.** → ............................................................ .
   ▶ Mário는 그 창문을 닫지 않았다.
2. Ela prepara **o jantar** em 10 minutos. → ............................................................ .
   ▶ 그녀는 저녁을 10분 내에(=10분 이면) 준비한다.
3. Lúcia ajudou **Carmem** no trabalho? → ............................................................ .
   ▶ Lúcia가 Carmem의 일을 도와주었어?
4. Eu vejo **Cláudia e Anita** mais tarde. → ............................................................ .
   ▶ 나는 Cláudia와 Anita를 나중에 만나. / 만날거야.
5. Ana viu **o filme.** → ............................................................ .
   ▶ Ana 는 그 영화를 봤다.
6. Vocês viram **os rapazes**? → ............................................................ .
   ▶ 너희들은 그 소년들을 봤니?

7. Nós vimos **os animais** no circo. → ............................................................
▶ 우리들은 서커스에서 동물들을 봤다.

8. Ele comprou **a casa** ontem. → ............................................................
▶ 그는 어제 그 집을 샀다.

9. Ele vende **livros** nesta loja. → ............................................................
▶ 그는 이 가게에서 책을 판다.

## 3인칭 직접목적어 연습 2

Teresa, eu sempre a vejo na biblioteca.
▶ Teresa, 나는 언제나 너를 도서관에서 봐.

1. (Lúcia)
Mário ____________ viu na estação de metrô.
▶ Mário는 그녀를 지하철에서 봤다.

2. (Lúcia and José)
Ele ____________ conheceu em Campos do Jordão.
▶ 그는 Lúcia and José를 Campos do Jordão에서 만났다.

3. (cartas)
Ele ____________ recebeu antes do almoço.
▶ 그는 점심시간 전에 그 편지들을 받았다.

4. (você)
Felipe, não ____________ vejo mais no restaurante.
▶ Felipe, 나는 더 이상 너를 그 식당에 보지 못한다.

5. (você)
Marina, nós ____________ atendemos depois.
▶ Marina, 우리가 너를 나중에 봐 줄께.

6. (vocês)
Adriana e Rafael, nós ____________ esperamos amanhã para o jantar.
▶ Adriana e Rafael, 우리는 너희들을 내일 저녁식사에서 기다릴께.

## 알맞은 직접목적어 써넣기

Ontem, meu marido e eu fomos ao teatro. Na sala de espera vimos nossos colegas de escritório mas eles não _______ viram. Comprei o programa e li os nomes dos atores. Meu marido também _______ leu.

▶ 어제, 나는 나의 남편과 함께 극장에 갔다. 대기실에서(기다리는 동안) 우리는 우리 사무실 동료들을 보았다. 하지만 그들은 우리를 보지 못했다. 나는 (우리가 볼 영화의) 프로그램을 사서 출연배우들의 이름을 읽었다. 나의 남편 역시 그것들을 읽었다.

## C 3인칭 직접목적어 -lo, -la, -los, -las

| | | | |
|---|---|---|---|
| Você<br>Ele<br>Ela | o, a,<br>-lo, -la | Vocês<br>Eles<br>Elas | os, as,<br>-los, -las |

* 다음의 예문에서처럼 〈조동사 + 동사원형 + 직접목적어〉가 나올 경우 〈-r + o/a〉의 발음을 쉽게 하기 위해서 동사의 -r을 생략하고, 대신 + l 을 첨가하여 -lo, -la, -los, -las가 발음한다.

| | | | |
|---|---|---|---|
| Eu pude ver o ladrão. | → | Eu pude **vê-lo.** | (나는 그 도둑을 볼 수 있었다.) |
| Eu pude ver a fotografia. | → | Eu pude **vê-la.** | (나는 그 사진을 볼 수 있었다.) |
| Eu pude ver os ladrões. | → | Eu pude **vê-los.** | (나는 그 도둑들을 볼 수 있었다.) |
| Eu pude ver as fotografias. | → | Eu pude **vê-las.** | (나는 그 사진들을 볼 수 있었다.) |

Quero fazer o trabalho. → **Quero fazê-lo.**
▶ 나는 그 일을 하고 싶다.

1. Quero ver **o diretor**. → Quero ..........................
   ▶ 나는 그 감독을 보고 싶다.
2. Quero conhecer **a nova diretora**. → Quero ..........................
   ▶ 나는 새 여자 과장님을 알고 싶다.

3. Amanhã vamos visitar **nossos amigos.** → ............................................ .

▶ 우리는 내일 우리들의 친구들을 방문할 것이다.

4. Que bom! Vamos comprar **esta bela casa.** → ............................................ .

▶ 좋다(=이 집이 참 마음에 든다)! 이 예쁜 집을 삽시다.

5. O diretor não quis atender **o cliente.** → ............................................ .

▶ 그 과장은 그 고객과 상담하기를 원하지 않았다.

6. Vou preparar **o aperitivo.** → ............................................ .

▶ 나는 전채요리를 준비할 것이다.

7. Amanhã vamos atravessar **o rio Amazonas.** → ............................................ .

▶ 우리는 내일 아마존 강을 건널 것이다.

8. Quero aprender **esta música.** → ............................................ .

▶ 나는 이 음악을 배우고 싶다.

9. Vou encontrar **meus amigos** no restaurante. → ............................................ .

▶ 나는 내 친구들을 식당에서 만날 것이다.

10. Não posso abrir **a porta.** → ............................................ .

▶ 나는 문을 열 수가 없다.

11. (vender)

Esta **casa** é muito grande para nós. Queremos ............................................ .

▶ 이 집은 우리에게 너무 크다. 우리는 그 집을 팔기를 원한다.

12. (comer)

Que belas **laranjas!** Vamos ............................................ .

▶ 오렌지들이 맛있게 생겼네! 다 같이 그것들을 먹자.

13. (comprar)

Gostei **deste relógio**. Vou ............................................ .

▶ 나는 이 시계가 마음에 들었다. 나는 그것을 사겠다.

14. (esperar)

**Meus amigos** chegam hoje. Vamos ............................................ .

▶ 오늘 내 친구들이 도착한다. 그들을 기다리자.

15. (conhecer)

Brasília é **uma cidade moderna**. Quero ............................................ .

▶ Brasília는 근대적 도시이다. 그 도시를 구경하고 싶다.

## D 3인칭 직접목적어 -no, -na, -nos, -nas

| | | | |
|---|---|---|---|
| Você<br>Ele<br>Ela | o, a<br>-no, -na | Vocês<br>Eles<br>Elas | os, as<br>-nos, -nas |

* 다음의 예문에서처럼
〈조동사 + 동사원형 + 직접목적어〉가 나올 경우
〈 -m + o/a〉의 발음을 편하게 하기 위해서 직접목적어에 + n을 첨가하여
-no, -na, –nos, -nas가 된다

| | | | |
|---|---|---|---|
| Eles viram o ladrão. | → | Eles **viram-no.** | (그들은 그 도둑을 보았다.) |
| Eles viram a fotografia. | → | Eles **viram-na.** | (그들은 그 사진을 보았다.) |
| Eles viram os ladrões. | → | Eles **viram-nos.** | (그들은 그 도둑들을 보았다.) |
| Eles viram as fotografias. | → | Eles **riram-nas.** | (그들은 그 사진들을 보았다.) |

As secretárias escrevem as cartas. → As secretárias **escrevem-nas.**

1. Vocês ajudam as crianças.
   ▶ 너희들이 그 어린이들을 돕는다.

→ ..................................................

2. Os vizinhos viram os ladrões.
   ▶ 이웃들은 도둑들을 봤다.

→ ..................................................

3. As crianças comeram os doces.
   ▶ 그 어린이들이 단 음식(=케익, 생과자)을 먹었다.

→ ..................................................

4. Os vizinhos chamaram a polícia.
   ▶ 이웃들은 경찰을 불렀다.

→ ..................................................

5. Os alunos abrem o livro.
   ▶ 학생들은 책을 편다.

→ ..................................................

6. Meus filhos compraram os livros.
▶ 내 아들딸들은 책들을 샀다.

→ ........................................................................................................................

7. Os convidados tomaram o vinho todo.
▶ 손님들이 와인을 다 마셔버렸다.

→ ........................................................................................................................

8. Meus irmãos compraram as entradas.
▶ 내 형제들이 그 입장권들을 샀다.

→ ........................................................................................................................

9. Os diretores aprovaram o plano.
▶ 그 부장님들은 그 프로젝트를 승인하였다.

→ ........................................................................................................................

10. Os rapazes acompanharam as moças até em casa.
▶ 그 청년들은 그 아가씨들을 집까지 동반했다(=바래다 주었다).

→ ........................................................................................................................

# ESTAR com~의 관용표현

**Você está doente?** (당신 아프세요?)

- Nossa, seu rosto está vermelho! Você está doente?
- Não sei! Não estou me sentindo bem. Estou com dor de cabeça, dor de garganta e dor nas costas. Não posso falar, nem andar.
- Acho que você está com febre.
- Vou à farmácia comprar um remédio para gripe.
- Acho melhor você ir ao médico.

– 어머, 당신의 얼굴이 빨갛네요. 당신 아프세요?
– 잘 모르겠어요. 몸이 좋질 않아요. 머리도 아프고, 목도 아프고 또한 등도 아프네요. 말을 할 수가 없어요, 걷는 것은 말할 것도 없고.
– 제 생각에 당신은 열이 있는 것 같아요.
– (그럼) 약국에 가서 독감 약을 사야겠어요.
– 제 생각엔 의사한테 가는 게 더 좋겠어요.

| | |
|---|---|
| Estar com dor de cabeça. | 두통이 있다. |
| Estar com dor de ouvido. | 귀가 아프다. |
| Estar com dor de dente. | 치통이 있다. |
| Estar com dor de garganta. | 목이 아프다. |
| Estar com dor de estômago. | 위가 아프다. |
| Estar com dor de barriga. | 배가 아프다. |
| Estar com dor nas pernas. | 다리가 아프다. |
| Estar com dor nas costas. | 허리가 아프다. |
| Estar com tosse. | 기침을 한다. |
| Estar com gripe. | 독감에 걸렸다. |
| Estar com febre. | 열이 있다. |
| Estar com enjôo. | 멀미가 난다. |
| Estar resfriado/resfriada. | 감기에 걸렸다. |

## A "~가 아파요"의 표현연습

Hoje vou ao dentista porque estou com dor de dente.
▶ 오늘 나는 이가 아파서 치과에 간다.

1. Sua testa está muito quente. Você ........................................................................
▶ 너의 이마가 너무 뜨겁다(=열이 있다). 너는 ...

2. Desculpe, mas hoje não posso falar. Estou ..................................................
▶ 미안하지만 오늘 나는 말을 할 수 없다. 나는 ...

3. Tomei chuva ontem e hoje ................................................................ Atchim!
▶ 어제 나는 비를 맞아서 오늘 ... 애취!

4. Nossa! A reunião foi longa e cansativa. Estou ..............................................
▶ 아이고 세상에! 그 회의는 길고 또한 짜증나게 했다. 나는 ...

5. ......................................................................... porque comi demais.
▶ 나는 너무 많이 먹어서 ...

6. Não posso ouvir bem o cantor porque João, ao meu lado, ..............................
▶ 나는 그 가수가 노래하는 것을 잘 들을 수가 없다, 왜냐하면 내 옆에있던 João이 ...

7. Não quero comer nada. Não posso nem pensar em comida. Eu .....................
▶ 나는 아무것도 먹고 싶지 않다. 먹는 것을 생각조차 할 수 없다. 나는 ...

8. Você falou demais e agora ..........................................................................
▶ 너는 말은 너무 많이 해서, 지금 ...

9. Esta cama não é boa. Estou sempre ..............................................................
▶ 이 침대는 좋은 것이 아니다. 왜냐하면 나는 항상 ...

10. Você está resfriada e com febre também. Acho que você ................................
▶ 너는 감기에 걸렸다. 그리고 열도 있다. 나는 네가 ...

## B 다음 상황을 포어로 말해보기

1. Você trabalha muito, está cansado e quer ter alguns dias de folga. Explique a seu chefe como você se sente.
당신은 지금 일을 많이 해서 피곤합니다. 그래서 며칠 휴가를 갖고 싶어 합니다. 그렇다면 당신의 직장상사에게 어떻게 당신의 상태를 설명해야 할까요? 설명해 보세요.

2. Você está no consultório do seu médico. Explique a ele como você se sente. (Você trabalha muitas horas por dia, mas não faz exercício físico. Você fuma demais, mas não come direito. E à noite passa muito tempo com seus amigos no bar).
당신은 지금 장신 주치의의 진료실에 있습니다. 그에게 당신의 상태를 설명해 보세요.
(당신은 일은 많이 하지만, 운동은 하지 않습니다. 담배는 지나칠 정도로 많이 피지만, 제대로 먹지 않습니다. 그리고 밤에는 친구들과 술집에서 많은 시간을 보냅니다.)

# 명령법 (Modo imperativo)

## ▶ 명령법 만드는 법

-A senhora viu o ladrão. Agora veja estes retratos. Qual destes homens é o ladrão? **Mostre!**
-Não sei, não.
-Não **tenha** medo. Nós vamos protegê-la.

* 위의 동사 veja, mostre, tenha는 명령법으로, "자 이제 이 사진들을 봐주세요", "보여주세요", "겁 먹지 마세요"라는 뜻으로 해석된다. 이 때 문장의 앞이나 뒤에 "por favor!"를 붙이면 아주 공손하게 부탁하는 뜻이 된다.

1군 동사와 2군 동사( -ar)의 직설법 현재 1인칭 어미 -o 대신 -e 로 바꾸고;
3군동사( -ir 또는 -er로 끝나는 동사로 끝나는 동사)는 직설법 현재 1인칭 어미 -o 대신 -a로 바꾼다.

| 규칙동사의 경우 | | 직설법 | 명령법 | |
|---|---|---|---|---|
| | | 1인칭 단수 | 3인칭 단수 | 3인칭 복수 |
| 1군 동사 -ar | tomar | Eu tom-o | tom[e] | tom[em] |
| 2군 동사 -er | comer | Eu com-o | com[a] | com[am] |
| 3군 동사 -ir | abrir | Eu abr-o | abr[a] | abr[am] |

### 1군 동사

**MOSTRAR (–ar → e)**
**Eu mostro → mostre**

| 긍정문 | 부정문 |
|---|---|
| mostre (você) | não mostre (você) |
| mostremos (nós) | não mostremos (nós) |
| mostrem (vocês) | não mostrem (vocês) |

### 2군 동사

**VENDER (–er → a)**
**Eu vendo → venda**

| 긍정문 | 부정문 |
|---|---|
| venda (você) | não venda (você) |
| vendamos (nós) | não vendamos (nós) |
| vendam (vocês) | não vendam (vocês) |

### 3군 동사

**ABRIR (–ir → a)**
**Eu abro → abra**

| 긍정문 | 부정문 |
|---|---|
| abra (você) | não abra (você) |
| abramos (nós) | não abramos (nós) |
| abram (vocês) | não abram (vocês) |

## ▸주요 규칙동사들의 명령법

| TER<br>Eu tenho → tenha | | | |
|---|---|---|---|
| 긍정문 | | 부정문 | |
| tenha | (você) | não tenha | (você) |
| tenhamos | (nós) | não tenhamos | (nós) |
| tenham | (vocês) | não tenham | (vocês) |

| VER<br>Eu vejo → veja | | | |
|---|---|---|---|
| 긍정문 | | 부정문 | |
| veja | (você) | não veja | (você) |
| vejamos | (nós) | não vejamos | (nós) |
| vejam | (vocês) | não vejam | (vocês) |

## ▸주요 불규칙동사들의 명령법

| SER → seja! | | | |
|---|---|---|---|
| 긍정문 | | 부정문 | |
| seja | (você) | não seja | (você) |
| sejamos | (nós) | não sejamos | (nós) |
| sejam | (vocês) | não sejam | (vocês) |

| ESTAR → esteja! | | | |
|---|---|---|---|
| 긍정문 | | 부정문 | |
| esteja | (você) | não esteja | (você) |
| estejamos | (nós) | não estejamos | (nós) |
| estejam | (vocês) | não estejam | (vocês) |

| IR → vá! | | | |
|---|---|---|---|
| 긍정문 | | 부정문 | |
| vá | (você) | não vá | (você) |
| vamos | (nós) | não vamos | (nós) |
| vão | (vocês) | não vão | (vocês) |

## ▶명령법에 자주 쓰이는 동사들

| | 명령법 3인칭 단수 | 명령법 3인칭 복수 | |
|---|---|---|---|
| Fazer | **Faça** | **Façam** o exercício. | 그 숙제를 하세요. |
| Ver | **Veja** | **Vejam** o filme. | 그 영화를 보세요. |
| Trazer | **Traga** | **Tragam** os livros | 그 책들을 가져오세요. |
| Dizer | **Diga** | **Digam** a verdade. | 진실을 말하세요. |
| Pedir | **Peça** | **Peçam** licença. | 양해를 구하세요. |
| Ouvir | **Ouça** | **Ouçam** o CD. | 그 CD를 들어보세요. |
| Repetir | **Repita** | **Repitam** por favor. | 반복해서 말해주세요. |
| Ir | **Vá** | **Vão** com cuidado. | 조심해서 가세요. |
| Vir | **Venha** | **Venham** cedo. | 일찍 오세요. |
| Ter | **Tenha** | **Tenham** cuidado. | 조심하세요. |
| Estar | **Esteja** | **Estejam** atentos. | 깨어 있으세요. |
| Ser | **Seja** | **Sejam** honestos. | 정직하세요. |
| Saber | **Saiba** | **Saibam** isto. | 이것을 아시길 바랍니다. |
| Querer | **Queira** | **Queiram** sair, por favor. | 나가주세요. |
| Dar | **Dê** | **Dêem** o dinheiro. | 그 돈을 주세요. |

* 명령법은 나중에 배울 접속법 현재의 동사변화와 같다.
따라서 글을 읽을 때 좀 더 내용을 잘 이해하고 싶거나 말할 때 좀 더 고급회화를 구사하고 싶다면 반드시 이 동사변화를 숙지하고 있어야 한다.

## Ⓐ 명령법으로 문제 해결하기

Você está com dor de barriga? Então “coma menos”.
▶ 당신은 지금 배가 아픈가요? “(그럼)적게 드세요”

1. Você está com dor de dente? ..............................
   이가 아픈가요?
2. Você está com dor nas costas? ..............................
   허리가 아픈가요?
3. Dor de garganta? Você está com dor de garganta?
   목이 아파요? 목이 아픈가요? ..............................
4. Dor de cabeça? Você está com dor de cabeça?
   두통? 머리가 아픈가요? ..............................
5. Você está com dor nos pés? ..............................
   발이 아픈가요?
6. Você está com gripe? ..............................
   독감에 걸리셨나요?
7. Você está com tosse? ..............................
   기침하나요?
8. Você está com enjôo? Coitado! ..............................
   멀미가 나나요? 참 안됐군요!
9. Você está resfriado? ..............................
   감기 걸렸나요?

## Ⓑ 체조 수업시간에

Meninos e meninas, mantenham sua forma física!
▶ 학생들! 건강한 몸 상태를 유지해야 해요!

1. (abrir-fechar)
   __________ e __________ as mãos com movimentos firmes!
   ▶ 힘찬 동작으로 두 손을 열고 닫으세요(=벌린 다음 다시 모으세요)!
2. (abaixar)
   ___________ os braços!
   ▶ 두 팔을 내리세요!
3. (levantar)
   ___________ os braços acima da cabeça!
   ▶ 머리위로 두 팔을 올리세요!

4. (fazer)

___________ novamente o movimento com as mãos!

▶ 두 손으로 다시 동작을 취하세요!

5. (abrir-fechar)

________ e__________ os braços! Mais depressa! Vamos! Mais um pouco!

▶ 두 팔을 벌리고 다시 모으세요. 좀 더 빨리! 조금만 더 합시다!

6. (dobrar)

Agora ___________ o joelho direito!

▶ 이제 오른쪽 무릎을 굽히세요!

7. (levantar)

___________ os braços até a altura dos ombros!

▶ 두 팔을 어깨높이까지 올리세요!

8. (esticar)

Agora ___________ a perna!

▶ 이제는 다리를 펴세요!

9. (dobrar-esticar)

Agora, rápido, __________ e __________ a perna. Vamos!

▶ 이제, 빠르게, 다리를 굽히고 펴봅시다.

10. (fazer)

Agora ___________ o mesmo movimento com a perna esquerda!

▶ 이제 왼쪽 다리로 같은 동작을 해 봅시다!

11. (dobrar)

Primeiro ___________ o joelho! Vamos, coragem!

▶ 우선 무릎을 굽혀 보세요! 자, 용기를 갖고!

12. (correr)

Agora ___________!

▶ 이제 달리세요!

13. (controlar)

___________ a respiração!

▶ 호흡을 조정하세요!

14. (ser)

Não __________ preguiçosos! Vamos! Ótimo! Agora, chega. Excelente!

▶ 게으름을 피지 말세요! 자! 좋아요! 이제 그만. 훌륭해요!

15. (ir - estar)

Agora, __________ para casa! - ________ aqui amanhã à mesma hora!

▶ 이제, 집으로 갑시다! – 내일 같은 시간 여기에서 꼭 다시 만납시다!

## Ⓒ 명령법으로 문장 완성하기

(você)
Há muitos ladrões na rua. **Tenha** cuidado!
▶ 학생들! 건강한 몸 상태를 유지해야 해요!

1. (você)
   Você trabalha demais e está muito magro. ___________ mais e ___________ menos!
   ▶ 당신은 일을 너무 많이 해서 야위었다. 따라서 많이 먹고 일을 덜 하세요!
2. (vocês)
   Não há bons programas na televisão. Não __________ muita televisão!
   ▶ 텔레비전 좋은 프로그램이 좋은 것이 없습니다. 따라서 텔레비전을 많이 보지 마세요!
3. (nós)
   Nosso carro está muito velho. __________ um carro novo!
   ▶ 우리 자동차는 너무 오래되었습니다. 따라서 새 차 한대를 삽니다!
4. (você)
   Não quero comprar nada. Não __________, por favor.
   ▶ 나는 아무것도 사고 싶지 않습니다. 제발 내게 강요 하지 마세요.
5. (vocês)
   A reunião é às oito. ___________ pontuais!
   ▶ 그 회의는 8시에 시작합니다. 시간을 꼭 지켜주세요!
6. (vocês)
   Já é tarde. ___________ dormir!
   ▶ 너무 늦었어요. 가서 자세요!

## •••▸ <전치사 a +여성형 관사 a(s)>의 축약 → à/às : 문법적 기능

| | |
|---|---|
| Vou ao médico.<br>나는 그 의사에게 간다. | a + o = ao |
| Ela escreve aos amigos.<br>그녀는 그 친구들에게 편지를 쓴다. | a + os = aos |
| Vou à farmácia.<br>나는 그 약국에 간다. | a + a = à |
| Ela escreve às amigas.<br>그녀는 그 여자친구들에게 편지를 쓴다. | a + as = às |

Acento cràse는 Acento água do와는 반대 방향의 악센트인데, 다른 악센트와 달리 문법적인 기능을 한다.
〈전치사 a + 여성형관사 단수/복수 a as〉가 만나서 à às로 축약될 때 사용된다.
따라서 명사의 성과 수를 아는 것이 중요하다.

Vamos ao médico e à farmácia.
▶우리는 그 의사한테(병원에) 가고(=간 다음) 그리고 그 약국으로 갑시다.

1. Primeiro vamos _____ banco e, depois, _____ prefeitura e _____ biblioteca.
   ▶우선 우리는 은행에 갑시다. 그리고 그 다음 시청에 그리고 도서관으로 갑시다.
2. Mostrei meus planos _____ diretor e _____ secretária.
   ▶나는 나의 프로젝트들을 부장님과 그의 여비서에게 보여 주었다.
3. Ontem à noite ofereci um coquetel _____ colegas do meu marido e _____ esposas deles.
   ▶어제 밤 나는 내 남편의 동료들과 그들의 부인들에게 칵테일 한잔을 제공했다.
4. Vamos ao aeroporto receber nossos amigos. Eles estão voltando de uma longa viagem. Eles foram ____ México, ____ Estados Unidos, ____ Bermudas, ____ Espanha, _____ França, ____ Alemanha, ____ Grécia e ____ Japão.
   ▶공항으로 우리들의 친구들을 맞이하러 갑시다. 그들은 지금 긴 여행에서 돌아오고 있는 중입니다. 그들은 멕시코, 미국, 버뮤다, 스페인, 프랑스, 독일, 그리스와 일본으로 여행을 갔습니다.
5. No ano que vem, vamos _______ Europa. Queremos ir ____ Suíça, ____ Zurique. Depois Vamos ______ Itália, ______ Roma. Queremos ir também _______ Áustria, ________ Viena e, se possível, _______ Bruxelas, na Bélgica.
   ▶내년에 우리 유럽에 갑시다. 스위스의 취리히로 가고 싶습니다. 그 다음에는 이태리의 로마로 갑시다. 그리고 우리는 또한 오스트리아, 비엔나, 그리고 가능하다면 벨기에의 브뤼셀도 가고 싶습니다.

## 이중부정 Não ~ nem ~ nem ~

**Não** tenho namorada, **nem** dinheiro, **nem** tempo.
▶ 나는 여자친구가 없다. 그런데 돈도 없고, 시간도 없다.

* 위의 예문에서 보이는 것처럼, 주절의 목적어를 처음 부정한 다음, 다음에 나오는 목적어들을 더욱 강조하여 부정할 때 사용한다.

### Ⓐ 이중부정으로 문장 바꾸기

1. Você nunca compra chocolate e frutas para eles.
▶ 당신은 그들에게(아이들에게) 절대로 초콜릿과 과일을 사주지 않는다.
→ ........................................

2. Eles gostam de carne e de peixe.
▶ 그들은 고기와 생선을 좋아한다.
→ ........................................

3. Ontem saímos com Pedro e com Teresa.
▶ 어제 우리는 Pedro와 Teresa와 외출했다.
→ ........................................

4. O ladrão é alto e moreno.
▶ 그 도둑은 키가 크고 얼굴색이 까무잡잡하다.
→ ........................................

5. Eles querem leite e chocolate.
▶ 그들은 우유와 초콜릿을 원한다.
→ ........................................

6. Esta casa é velha e feia.
▶ 이 집은 낡아서 흉하다.
→ ........................................

7. Esta casa é grande e antiga.
▶ 이 집은 크고 오래된 집이다.
→ ........................................

8. Eles sempre viajam de avião ou de carro.
▶ 그들은 항상 비행기나 자동차로 여행을 한다.
→ ........................................

9. Meus filhos sempre comem doces e frutas
▶내 자식들은 항상 단 과자와 과일을 먹는다.

→ ........................................................................................................................................

10. Ontem assisti o jogo e o filme.
▶어제 나는 그 경기와 그 영화를 봤다.

→ ........................................................................................................................................

## 구어체와 문어체

**Linguagem popular** (구어체)

- Chico, tem muita gravata bonita nesta loja. Você não comprá pra usá lá no escritório? Não tá caro, não.
- **Vou comprá, Zé, mas é pra mostrá pros amigo no baile do sábado.**
- Você vai no baile?
- **Claro, Zé! Você também não vai?**

**Linguagem correta** (문어체)

- Francisco, há muitas gravatas bonitas nesta loja. Você não quer comprar uma para usá-la lá no escritório? Não está caro, não.
- **Vou comprá-la, José, mas é para mostrá-la para os amigos no baile do sábado.**
- Você vai ao baile?
- **Claro, José! Você também não vai?**

– Francisco, 이 가게에 근사한 넥타이가 많구나. 너 사무실에서 사용할 넥타이 하나 안 살래? 비싸지 않아.
– José, 나 살 거야.
하지만 토요일 무도회에서 친구들에게 보여주기 위한 거야.
– 너 그 무도회에 갈 거니?
– 물론이지, José! 너도 함께 가지 않을래?

## Ⓐ 구어체를 문어체로 바꾸기

(구어체)

> Ontem eu fui no consultório do Dr. Fagundes. No consultório dele tem sempre um monte de gente. Ele disse que eu tou bem. Só minhas costa não tão em ordem. Depois de falá com o doutor, eu fui na farmácia, comprei o remédio, voltei pra casa e tomei bem depressa. Uh! Que negócio horrível!

어제 나는 Fagundes 의사의 진찰실(=병원)에 갔었어. 그의 진찰실에는 언제나 사람들이 많아. 의사는 나의 상태가 좋다고 말했어. 단지 등이 제대로 정돈되어 있지 않다(=척추에 문제가 있다)고 했어. 나는 의사하고 말한 후에, 약국에 가서 약을 사고, 집으로 돌아왔어. 그리고 (약을) 서둘러 먹었어. 그런데 약의 맛은 끔찍했어!

## B 명사의 성에 따라, 보기에서 알맞은 부정관사와 형용사를 써 넣기

uma viagem longa 〈부정관사 + 명사 + 형용사〉

1. ( ) telefonema ( )
2. ( ) chefe ( )
3. ( ) diretora ( )
4. ( ) sofá ( )
5. ( ) dentista ( )

보기 관사 : um, uma
형용사 : confortável, jovem, nervosa, caro, longo

## C 명사의 성에 맞추어, 지시형용사와 형용사를 써 넣기

este artista espanhol 〈지시형용사 + 명사 + 형용사〉

1. ( ) dia ( )
2. ( ) oportunidade ( )
3. ( ) idéia ( )
4. ( ) mapa ( )
5. ( ) limão ( )
6. ( ) opinião ( )

보기 지시형용사 : este, esta
형용사 : antigo, contrário, brilhante, azedo, único, feito

Chapter

# 7 직설법 현재와 과거 (FAZER, PÔR, DIZER, DAR, TRAZER 동사)

**Fazendo compras** (물건을 구입할 때)

**Sílvia:** Quanta gente no Shopping, mãe!
Parece que todo mundo resolveu fazer compras hoje!
**D. Vera:** Venha, Sílvia. Vamos até a seção de utilidades domésticas.
Quero ver uma nova máquina de lavar roupa.
A minha quebrou e não tem mais conserto.
**Vendedor:** A senhora já viu os novos modelos da máquina "LG"?
Ela faz tudo: lava e seca a roupa muito bem. Vou lhe dar um folheto.
**D. Vera:** Mas todas as máquinas modernas fazem isso.
**Vendedor:** A senhora diz isto porque não conhece a nossa.
Ela é muito mais econômica.
A senhora põe um monte de roupa na máquina.
E agora veja: só um pouco de sabão em pó.
**D. Vera:** É verdade. É bem econômica. E tem garantia?
**Vendedor:** Claro. Damos garantia de um ano.
**D. Vera:** Vou pensar um pouquinho. Obrigada.

**Sílvia:** 엄마, 이 백화점에 사람 좀 봐요!
마치 모든 사람이 오늘 쇼핑하러 온 것 같아요!
**D. Vera:** Sílvia! 가전제품 파는 곳으로 가자.
세탁기 새 모델을 보고 싶어요.
내가 쓰던 것이 망가졌는데, 수리가 더 이상 안된다고 하네요.
**Vendedor:** 사모님 "LG"에서 새로 나온 모델들을 이미 보신 적이 있나요?
그 새 모델은 세탁과 건조 다 합니다. 제가 펌플렛을 하나 드릴께요.
**D. Vera:** 그런데 새로 나온 모든 종류의 모델은 그런 기능을 합니다.
**Vendedor:** 사모님께서 그런 말씀을 하시는 것은 우리 제품을 잘 모르셔서 그럽니다.
우리 제품은 아주 경제적입니다. 아주 많은 양의 옷을 기계에 넣으세요.
그리고 지금 보세요.
가루비누를 조금만 넣으면 됩니다.
**D. Vera:** 네 그렇군요. 아주 경제적입니다. 품질보증도 해 줍니까?
**Vendedor:** 물론입니다. 품질보증을 1년 해드립니다.
**D. Vera:** 조금 더 생각해 볼께요. 감사합니다.

* 브라질에서 백화점을 Shopping이라고 부른다(영어에서 차용한 것).
* Utilidades domésticas는 '가전제품들'이라는 뜻이다.

## Alguma coisa mais simples? (좀 더 간단한 것은 없나요?)

- Gostaria de ver um iPhone.
- Temos as melhores marcas. Nacionais e importados. Aqui estão os últimos modelos. Veja, que beleza!
- São muito caros. Gostaria de comprar alguma coisa mais simples. O senhor não tem outros?

– 아이폰 하나를 보고 싶습니다.
– 우리는 최고의 브랜드 상품을 갖고 있습니다. 국산도 있고 수입품도 있습니다. 여기 이것들이 최신 모델들입니다. 보세요, 얼마나 예쁜지!
– 모두 매우 비싸군요. 다른 모델은 없어요? 저는 좀 더 간단한 것을 사고 싶어요.

## A prazo ou à vista? (할부입니까 혹은 현급입니까?)

- Este é o carro do ano! Observe suas linhas modernas e seu motor potente e silencioso.
- É bonito. E parece bom. Quanto custa?
- Bem, é um carro de luxo. Uma jóia! Mas temos planos especiais de pagamento. Com uma pequena entrada e o saldo em 60 prestações, este carro é seu. Um ótimo negócio.
- Mas eu só quero saber o preço. Quanto custa à vista?
- Um momento, preciso consultar a nossa tabela.

– 이 차는 올해 모델입니다. 모양은 현대적이고, 모터는 힘이 좋지만 조용하지요.
– 멋있군요. 근사해 보여요. 얼마입니까?
– 네, 고급형이라 아주 끝내줍니다. 그런데 우리는 이번에 특별조건으로 손님들을 모시고 있습니다. 즉 계약금을 조금에 60개월 할부로 차를 구매할 수 있습니다. 아주 최고의 조건이지요.
– 그런데 제가 알고 싶은 것은 가격입니다. 현금으로 얼마입니까?
– 잠시만요. 우리 가격표 좀 보고 올께요.

| | |
|---|---|
| *comprar a prazo | (수표를 1달이나 2달 뒤로 적은) 수표로 사다 |
| a vista | 현금으로 사다 |
| *pagar à vista com desconto | 할인을 받고 현금으로 사다 |
| *pagar à prazo com juros | 이자를 내며 할부로 사다 |
| *plano de pagamento | 지불 계획(조건) |
| *entrada | 계약금 |
| *saldo | 잔액 |
| *em prestações | 할부로 (사다) |

## •••▸ FAZER, PÔR, DIZER, DAR의 직설법 현재와 과거

**FAZER** – 현재

| | | | |
|---|---|---|---|
| Eu | faço | Nós | fazemos |
| Você<br>Ele<br>Ela | faz | Vocês<br>Eles<br>Elas | fazem |

**FAZER** – 과거

| | | | |
|---|---|---|---|
| Eu | fiz | Nós | fizemos |
| Você<br>Ele<br>Ela | fez | Vocês<br>Eles<br>Elas | fizeram |

**PÔR** – 현재

| | | | |
|---|---|---|---|
| Eu | ponho | Nós | pomos |
| Você<br>Ele<br>Ela | põe | Vocês<br>Eles<br>Elas | põem |

**PÔR** – 과거

| | | | |
|---|---|---|---|
| Eu | pus | Nós | pusemos |
| Você<br>Ele<br>Ela | pôs | Vocês<br>Eles<br>Elas | puseram |

**DIZER** – 현재

| | | | |
|---|---|---|---|
| Eu | digo | Nós | dizemos |
| Você<br>Ele<br>Ela | diz | Vocês<br>Eles<br>Elas | dizem |

**DIZER** – 과거

| | | | |
|---|---|---|---|
| Eu | disse | Nós | dissemos |
| Você<br>Ele<br>Ela | disse | Vocês<br>Eles<br>Elas | disseram |

**DAR** – 현재

| | | | |
|---|---|---|---|
| Eu | dou | Nós | damos |
| Você<br>Ele<br>Ela | dá | Vocês<br>Eles<br>Elas | dão |

**DAR** – 과거

| | | | |
|---|---|---|---|
| Eu | dei | Nós | demos |
| Você<br>Ele<br>Ela | deu | Vocês<br>Eles<br>Elas | deram |

## •••▸ TRAZER의 직설법 현재와 과거

**TRAZER** – 현재

| | | | |
|---|---|---|---|
| Eu | trago | Nós | trazemos |
| Você<br>Ele<br>Ela | traz | Vocês<br>Eles<br>Elas | trazem |

**TRAZER** – 과거

| | | | |
|---|---|---|---|
| Eu | trouxe | Nós | trouxemos |
| Você<br>Ele<br>Ela | trouxe | Vocês<br>Eles<br>Elas | trouxeram |

## FAZER

| | | |
|---|---|---|
| ~ o trabalho 일하다 | ~ o almoço 점심을 만들다 | ~ o café 커피를 만들다 |
| ~ anos 생일을 맞다 | ~ um cheque 수표를 쓰다 | ~ a mala 가방을 꾸리다 |
| ~ compras 쇼핑하다 | ~ um curso 코스를 수강하다 | ~ um favor 부탁을 들어주다 |
| ~ uma viagem 여행을 하다 | | |

## PÔR

| | | |
|---|---|---|
| ~ os sapatos 신발을 신다 | ~ o paletó 양복을 입다 | ~ a gravata 넥타이를 메다 |
| ~ a mesa 식탁을 차리다 | ~ a carta no correio 우체국에서 편지를 보내다 | |
| ~ o dinheiro no banco 은행에 돈을 예금하다 | | |
| ~ a chave no bolso 열쇠를 주머니에 넣다 | | |

## DIZER

| | | |
|---|---|---|
| ~ bom-dia 아침인사를 하다 | ~ até logo 작별인사를 하다 | ~ uma mentira 거짓말을 하다 |
| ~ a verdade 진실을 말하다 | ~ "não" "아니" 라고 말하다 | ~ "sim" "그래" 라고 말하다 |

## DAR

| | | |
|---|---|---|
| ~ um presente 선물을 주다 | ~ bom-dia 아침인사를 하다 | ~ uma aula 수업을 주다 |
| ~ uma opinião 의견을 내다 | ~ parabéns 축하 해주다 | |

## A FAZER 동사의 현재 연습

Eu faço café para meus amigos. ▶ 나는 내 친구들을 위해 커피를 만든다.

1. Eles não ________ favores, mas eu ________.
   ▶ 그들은 부탁을 들어주지 않지만, 나는 들어준다.
2. Eu não ________ isto. E você? Você ________?
   ▶ 나는 이런 일은 하지 않아. 너는? 너는 하니?
3. Nós não ________ viagens longas. E eles? Eles ________?
   ▶ 우리는 장거리 여행은 하지 않아. 그들은? 그들은 하니?
4. Eles ________ compras aos sábados. E vocês? Quando vocês ________?
   ▶ 그들은 토요일마다 쇼핑을 해. 너희들은? 너희들은 언제 쇼핑을 하니?
5. Ela ________ o trabalho em casa, mas todo mundo ________ na fábrica.
   ▶ 그녀는 집에서 일을 하지만, 모든 사람들은 공장에서 일을 한다.
6. A gente ________ cursos interessantes. E ele? Eu acho que ele não ________.
   ▶ 우리는 흥미로운 수업을 들어. 그는? 내 생각엔 그는 그 수업을 듣지 않는 것 같아.

## B FAZER 동사의 과거 연습

Eu fiz tudo em meia hora. ▶나는 30분 안에 모든 것을 끝냈다.

1. Eu não ________ isso. Quem ________?
   ▶나는 그것을 하지 않았어. 누가 했니?
2. Eu ________ tudo direito, mas ele não ________.
   ▶나는 모든 것을 제대로 했지만, 그는 그렇게 하지 않았다.
3. Ela ________ um almoço muito gostoso.
   ▶그녀는 아주 맛있는 점심을 만들었다.
4. Nós não ________ compras. Alguém ________?
   ▶우리는 쇼핑을 하지 않았다. 누가 한 사람 있어?
5. Você não ________ seu trabalho. Ninguém ________.
   ▶너는 네 일을 하지 않았어. 아무도 하지 않았어.
6. Vocês já ________ as malas? Eu ainda não
   ▶너희들은 이미 짐을 쌌니? 나는 아직 싸지 않았어.
7. Meus amigos ________ uma longa viagem, mas a gente não ________.
   ▶내 친구들은 장거리 여행을 했지만, 우리들은 하지 않았다.
8. Todo mundo ________ tudo certo, menos ele. Ele ________ tudo errado.
   ▶모든 사람들이 일을 제대로 했다, 그만 빼고. 그는 모두 틀리게 했다.

## C DAR 동사의 현재 연습

Ela dá presentes para os amigos. ▶그녀는 친구들에게 선물들을 준다.

1. Aqui a gente ________ informações, mas lá ninguém ________.
   ▶여기에선 우리가 정보를 주지만, 거기에선 아무도 주지 않는다.
2. Nós ________ explicações para o diretor. Eles também ________.
   ▶우리는 과장님께 설명을 한다. 그들 역시 한다.
3. Vocês ________ informações por telefone, mas ela não ________.
   ▶당신들은 전화로 정보를 주지만, 그녀는 주지 않는다.
4. Eu não ________ gorjeta. E você? Você ________.
   ▶나는 팁을 주지 않는다. 너는? 너는 주니?

5. Quem ________ aula de português? Você ________.
▶ 누가 포르투갈어 수업을 주나요? 당신이 주나요?

6. Todo mundo ________ descontos, mas eu não ________.
▶ 모두가 할인을 해 주지만, 나는 해 주지 않는다.

## D DAR 동사의 과거 연습

Ele me deu um beijo. ▶ 그는 나에게 키스를 해 주었다.

1. Ontem nós ________ uma festa. Foi ótima.
▶ 어제 우리는 파티를 했다. 그것은 최고였다.

2. Eu gostei muito do livro que vocês me ________.
▶ 나는 너희들이 준 책이 아주 마음에 들었다.

3. O que você ________ para ela? Eu não ________ nada.
▶ 너는 그녀에게 무엇을 주었니? 나는 아무것도 주지 않았다.

4. A gente ________ bom-dia para ela, mas ela não respondeu.
▶ 우리들은 그녀에게 아침인사를 건넸지만, 그녀는 대답하지 않았다.

5. Todo mundo ________ gorjeta, por isso eu também ________.
▶ 모두가 팁을 주어서, 나도 주었다.

6. Quem lhe ________ permissão para entrar? Ninguém ________.
▶ 누가 그에게 들어오라고 허락 해 줬니? 아무도 하지 않았어.

7. Eles já ________ o novo endereço, mas não ________ o número do telefone.
▶ 그들은 이미 새로운 주소를 주었지만, 전화번호는 알려주지 않았다.

## E PÔR 동사의 현재 연습

Ele põe a carta no correio. ▶ 그는 그 편지를 우편함에 넣는다.

1. Você ________ açúcar no café, mas eu não ________.
▶ 당신은 커피에 설탕을 넣지만, 저는 넣지 않습니다.

2. Ele ________ seus documentos no cofre. E vocês? Onde vocês ________?
▶그는 그의 서류들을 금고에 넣습니다. 당신들은요? 당신들은 어디에 넣습니까?

3. Nós ________ paletó e gravata para trabalhar. Todo mundo ________.
▶우리들은 일하기 위해 자켓과 넥타이를 입습니다. 모든 사람들이 입습니다. (usar동사 사용 가능)

4. Quem ________ a mesa na sua casa?
Ninguém ________. Ninguém almoça em casa.
▶당신의 집에선 누가 식탁을 차립니까? 아무도 차리지 않습니다. 집에서 점심을 먹는 사람이 없거든요.

5. A gente ________ dinheiro no banco todos os meses.
E ele? Ele também ________?
▶우리는 매 달 은행에 돈을 예금한다. 그는? 그 역시 예금하니?

6. Eles ________ as cartas no correio, mas ela não ________.
Ela só manda e-mail.
▶그들은 편지를 우편으로 보낸다. 하지만 그녀는 우편으로 보내지 않고 이메일로만 보낸다.

## F PÔR 동사의 과거 연습

Eu pus a mesa para o jantar. ▶나는 저녁 식탁을 차렸다.

1. Eu não sei quem ________ a mesa. Alguém ________.
▶나는 누가 식탁을 차렸는지 모른다. 누군가가 차려놓았다.

2. Quem ________ isso aqui? Foi você? Você ________ isso aqui?
▶누가 그것을 여기에 놓았습니까? 당신이었습니까? 당신이 그것을 여기에 놓았습니까?

3. Eu não ________ nada na gaveta. Vocês ________?
▶나는 서랍장에 아무것도 넣지 않았습니다. 당신들이 놓은 것입니까?

4. Ontem nós _________ um anúncio no jornal.
▶어제 우리는 신문에 광고 하나를 내었습니다.

5. Eles ________ todo o dinheiro no banco. A gente também ________.
▶그들은 모든 돈을 은행에 예금하였다. 우리 역시 예금하였다.

6. Todo mundo ________ jeans para ir ao churrasco. Ninguém ________ bermudas.
▶모두가 churrasco에 가기 위해 청바지를 입었다. 아무도 짧은 바지를 입지 않았다. (usar동사 사용 가능)

7. Ele ________ o carro no estacionamento, mas eles ________ na garagem.
▶그는 차를 주차장에 두었지만, 그들은 차고에 두었다.

## Ⓖ DIZER 동사의 현재 연습

Ele sempre diz a verdade. ▶그는 언제나 진실을 말한다.

1. Nós não ________ nada. E você. Você ________?
   ▶우리는 아무 말도 하지 않습니다. 당신은요? 당신은 말합니까?
2. Eles sempre ________ a verdade. E vocês? Vocês também ________?
   ▶그들은 언제나 진실을 말합니다. 당신들은요? 당신들 역시 (진실을) 말합니까?
3. A gente só ________ a verdade, mas elas só ________ mentiras.
   ▶우리들은 오로지 진실만을 말하지만, 그녀들은 거짓말만 합니다.
4. Ela sempre ________ que trabalha demais.
   ▶그녀는 언제나 (자신이) 일을 너무 많이 한다고 말합니다.
5. Eu sempre ________ sim, mas ele não. Ele sempre ________ não.
   ▶나는 항상 '예'라고 말하지만, 그는 그렇지 않습니다. 그는 항상 '아니오'라고 말합니다.
6. Todo mundo ________ até-logo quando sai. Ningtuém ________ até-logo quando chega.
   ▶모든 사람들은 퇴근할 때 'até-logo' 라고 말합니다. 아무도 출근할 때 'até-logo'라고 말하지 않습니다.

## Ⓗ DIZER 동사의 과거 연습

Ele disse a verdade. ▶그는 진실을 말했다.

1. O que vocês ________? Nós não ________ nada.
   ▶당신들은 무엇을 말했습니까? 우리들은 아무것도 말하지 않았습니다.
2. O que ela ________? Você sabe o que ela ________?
   ▶그녀는 뭐라고 말했습니까? 당신은 그녀가 뭐라고 말한 지 아십니까?
3. A gente ________ "obrigado" e eles ________ "de nada".
   ▶우리들은 "고맙습니다"라고 말했고, 그들은 "괜찮습니다"라고 말했습니다.
4. Todo mundo ________ a mesma coisa. Ninguém ________ nada diferente.
   ▶모든 사람들이 똑같은 말을 했습니다. 아무도 다르게 말하지 않았습니다.
5. Quem ________ isso? Alguém ________?
   ▶누가 그걸 말했지요? 누군가가 말했지요?

6. Eu quero saber o que ele ________.
▶ 나는 그가 뭐라고 말했는지 알고 싶습니다.

7. O que você ________ ? Eu?! Eu não ________ nada.
▶ 당신은 뭐라고 말했습니까? 저요? 저는 아무것도 말하지 않았습니다.

## I TRAZER 동사의 현재 연습

Ele **traz** boas notícias. ▶ 그는 좋은 소식을 가져온다.

1. Todos os dias ele ________ a filha aqui.
▶ 그는 매일 자신의 딸을 이곳에 데려온다.

2. Nem sempre os jornais ________ a verdade.
▶ 신문(들)이 언제나 진실을 가져오는 것(=보도하는 것)은 아니다.

3. O padeiro ________ o pão e o leiteiro ________ o leite.
▶ 제빵사는 빵을, 우유 배달부는 우유를 가져온다.

4. E o jornaleiro? O jornaleiro ________ o jornal.
▶ 그럼 신문 배달부는? 신문 배달부는 신문을 가져온다.

5. Quem ________ as cartas? O carteiro, claro.
▶ 누가 이 편지들을 가져왔지? 당연히 우편배달부지.

6. Na televisão ________ muita propaganda.
▶ 텔레비전은 많은 광고를 한다.(passar 동사의 뜻으로 사용됨)

7. Eu sempre ________ o livro de português para a aula.
▶ 나는 언제나 그 수업을 위해 포르투갈어 책을 가져온다.

8. Fique sentado. Eu lhe ________ o café aqui.
▶ 앉아 계세요. 제가 여기 당신에게 커피를 가져 올께요.

9. Vocês sempre ________ seus amigos aqui?
▶ 당신들은 언제나 당신들의 친구들을 이곳에 데려옵니까?

10. Nós sempre ________ tudo. Eles nunca ________ nada.
▶ 우리들은 언제나 모든 것을 가져옵니다. 그들은 뭔가를 가져온 적이 한 번도 없습니다.

## J TRAZER 동사의 과거 연습

O telegrama **trouxe** boas notícias. ▶그 전보가 좋은 소식들을 가져왔다.

1. Fomos ao supermercado e _________ tudo o que você pediu.
   ▶우리는 슈퍼마켓에 가서 당신이 부탁한 것 모두를 가져왔습니다.
2. Quem _________ isto para cá?
   ▶누가 이것을 이곳으로 가져왔나요?
3. Ela _________ cafezinho para as visitas.
   ▶그녀는 방문객들에게 cafezinho를 가져왔습니다.
4. Ninguém _________ nada aqui para nós?
   ▶여기 우리에게 누군가가 뭔가를 가져오지 않았습니까?
5. Você já _________ as cadeiras aqui para a sala?
   ▶당신은 벌써 그 사무실에서 사용할 의자들을 여기로 가져왔습니까?
6. Por que vocês não _________ a Mariana para cá?
   ▶왜 당신들은 Mariana를 이곳에 데려오지 않았습니까?
7. Eles _________ os documentos aqui para o advogado.
   ▶그들은 변호사를 위해(=변호사에게 줄) 그 서류들을 이곳에 가져왔습니다.
8. Eu não posso pagar a conta porque não _________ o dinheiro.
   ▶나는 돈을 가져오지 않아서, 그 계산서를 지불 할 수 없습니다.
9. Estamos aqui preocupados. Vocês _________ mais notícias?
   ▶우리는 여기서 걱정하고 있어요. 당신들은 더 많은 소식들을 가져오셨습니까?
10. Esta máquina até agora só nos _________ problemas. Precisamos vendê-la.
    ▶지금까지 이 기계는 우리에게 문제만 일으켰습니다. 우리는 그것을 팔아야 해요.

## •••▸ 목적격 인칭대명사 (2): 간접목적어

Vou **lhe** dar um folheto.
▶ 제가 당신께(간접목적어) 책자 하나(직접목적어)를 드리겠습니다.
= Vou dar um folheto **para você.**

위의 예문처럼 간접목적어의 위치는 동사의 바로 앞이다.
간접목적어가 직접목적어와 함께 쓰일 때, 직접목적어는 동사 바로 다음에 온다.
이 때 간접목적어 lhe는 전치사의 목적격 para você로 풀어 쓸 수 있다.

### ▸간접목적어 me, lhe, nos, lhes

| Eu | me = para mim | Nós | nos = para nós |
|---|---|---|---|
| Você<br>Ele<br>Ela | lhe = para você<br>para ele<br>para ela | Vocês<br>Eles<br>Elas | lhes = para vocês<br>para eles<br>para elas |

1) 평서문에서의 간접목적어 위치 (간접목적어 + 동사)

Eu **lhe** dou o presente = Eu dou o presente para você.
▶ 나는 당신에게 그 선물을 줍니다.

* 〈직접목적어처럼 동사 바로 앞〉

2) 부정문에서의 간접목적어 위치 : (não/nunca + 간접목적어 + 동사)

Vocês nunca **nos** fizeram nenhum favor.
= Vocês nunca fizeram nenhum favor para nós.
▶ 당신들은 우리에게 (우리의) 부탁을 들어준 적이 한 번도 없어요.

3) 조동사가 있는 문장에서의 위치 (조동사 + 간접목적어 + 본동사(동사원형))

Vou **lhe** dar um folheto. =Vou dar um folheto para você.
▶내가 네게 작은 책자 하나 드릴께요.

* 〈본동사 바로 앞〉

## Ⓐ 간접목적어 연습 1

Dei um folheto para ele. = Dei-lhe um folheto.
▶나는 그에게 책자를 주었다.

*간접목적어는 일반적으로 동사의 앞에 오나, 위의 예문은 주어가 생략되고 동사가 가장 앞에 나오게 됨에 따라, 동사 뒤에 –lhe를 붙여 썼다.

1. Ele viu o diretor e deu- ___________ um folheto.
   ▶그는 과장님을 보았고 그에게 책자를 주었다.
2. Você não tomou o café que ___________ preparei.
   ▶당신은 내가 당신을 위해 준비한 커피를 마시지 않았네요
3. Ele entrou na loja e o vendedor ___________ mostrou as novas máquinas.
   ▶그가 그 가게에 들어오자, 점원이 그에게 새 기계들을 보여주었다.
4. Convidei os Vieira e ofereci- ___________ um jantar.
   ▶나는 Vieira 가족을 초대하여 그들에게 저녁을 대접했다.
5. Ele não gostou do presente que eu ___________ dei.
   ▶그는 (내가 그에게 준) 그 선물을 좋아하지 않았다.
6. Não tenho notícias do Mário. Vou ___________ telefonar.
   ▶나는 Mário의 소식을 몰라, 그에게 전화 할 것이다.
7. Vocês não responderam a carta que eu ___________ escrevi.
   ▶당신들은 (내가 당신들께 쓴) 편지에 답하지 않았습니다.
8. Eu ___________ fiz um favor mas você não me disse obrigado.
   ▶나는 너에게 호의를 베풀었지만, 너는 내게 고맙다고 말하지 않았다.

## B 간접목적어 연습 2

1. (nós)
   Ele ___________ mostrou sua casa nova.
   ▶ 그는 우리에게 새 집을 보여주었다.

2. (nós)
   Não fomos à festa porque vocês não ___________ disseram a data.
   ▶ 너희들이 날짜를 말하지 않았기 때문에 우리들은 그 파티에 가지 않았다.

3. (eu)
   Escrevi para ele, mas ele não ___________ respondeu.
   ▶ 내가 그에게 편지를 썼지만, 그는 내게 답하지 않았다.

4. (eu)
   Você pode ___________ explicar o problema?
   ▶ 너는 내게 그 문제를 설명 해 줄 수 있니?

5. (eu)
   O diretor não ___________ deu outra chance.
   ▶ 부장님은 나에게 다른 기회를 주지 않았다.

## ···▸ 소유대명사 풀어쓰기

### seu, sua, seus, suas → dele, dela, deles, delas

| | |
|---|---|
| Preciso comprar outra máquina.<br>**A minha** não tem mais conserto. | 나는 다른 기계를 살 필요가 있다.<br>내가 지금 쓰는 것은 더 이상 고칠 수가 없다. |
| Nossa casa é antiga.<br>**A dele** também. | 우리(들의) 집은 오래되었다.<br>그의 집 역시 오래되었다. |
| Nossas férias são em setembro.<br>**As dele** também. | 우리들의 휴가는 9월이다.<br>그의 휴가도 9월이다. |
| Meu livro é velho.<br>**O dele** também. | 나의 책은 낡았다.<br>그의 책 역시 낡았다. |
| Meus amigos são alegres.<br>**Os deles** também. | 내 친구들은 쾌활하다.<br>그들의 친구들 역시 쾌활하다. |

### Ⓐ 소유형용사를 소유대명사로 받기

Meu livro está na mesa. E o seu (livro), onde está?
▸ 내 책은 책상 위에 있습니다. 그런데 당신 것은, 어디 있습니까?

1. (eu/você)
   ________ casa é grande. E ..........................................................?
   ▸ 저의 집은 큽니다. 그런데 당신의 집은, 어떻습니까?

2. (eu/você)
   ________ irmãs moram na Holanda. E ..........................................?
   ▸ 저의 자매들은 네덜란드에서 삽니다. 그런데 당신의 자매들은, 어디에 삽니까?

3. (eu/você)
   _________ pai trabalha na Ford. E ................................................?
   ▸ 저의 아버지는 Ford에서 일하십니다. 그런데 당신의 아버지는, 어디에서 일하십니까?

4. (eu/você)
   _________ livros estão no armário. E ............................................?
   ▸ 제 책들은 장 안에 있습니다. 그런데 당신의 책은, 어디에 있습니까?

5. (eu/ele)
   _________ amigo vai almoçar aqui. E ................................................?
   ▸ 제 친구는 이곳에서 점심을 먹을 것 입니다. 그런데 당신의 친구들은, 어디서 먹을 것 입니까?

## •••▸ 부정사 todo o, todos os, tudo, todo

| todo o -,<br>toda a - | todos os -,<br>todas as - | tudo | todo -,<br>toda - |
|---|---|---|---|
| Ele trabalha **todo o dia**. | | 그는 **하루 종일** 일한다. (o dia todo) | |
| **Todas as cidades** grandes têm problemas. | | **모든 대도시들은** 문제를 갖고 있다. | |
| Vou comprar **tudo**. | | 나는 **모두** 살거야. | |
| Ele telefona **todo dia**. | | 그는 **매일** 전화한다. | |

1. Nós conhecemos ___________ alunos da escola.
   ▶ 우리들은 학교의 모든 학생들을 안다.

2. ___________ casas têm portas e janelas.
   ▶ 모든 집들은 문들과 창문들을 갖고 있다.

3. Ela mandou ___________ pelo correio.
   ▶ 그녀는 모든 것을 우편으로 보냈다.

4. Ele telefona ___________dia, menos sábado.
   ▶ 그는 매일 전화한다. 토요일 빼고(=제외하고).

5. Diga___________ o que você sabe.
   ▶ 당신이 아는 것 모두를 말해 보세요.

6. Encontrei ___________ em ordem.
   ▶ 모든 것이 정리되어 있었다.

7. ___________ família tem seus problemas.
   ▶ 모든 가정은 자신의 문제를 갖고 있다.

8. As crianças comeram ___________?
   ▶ 그 아이들이 모두 먹어버렸어?

9. A empregada limpa ___________ casa, ___________ dia.
   ▶ 그 가정부가 집 전체를 매일 청소한다.

10. Ele tomou ___________ sopa, mas não comeu mais nada.
    ▶ 그는 수프를 다 먹었다. 하지만 더 이상 아무것도 먹지 않았다.

11. Ele vai para a Europa ___________ano e passa dois meses lá.
    ▶ 그는 해마다 유럽에 가서 거기서 두 달을 보낸다.

12. Este ônibus passa por ___________ ruas da pequena cidade.
    ▶ 이 버스는 이 작은 도시의 모든 길들을 통과한다.

13. Ele trabalhou ___________ semana, mas no domingo foi para a praia.
▶ 그는 주 중 내내 일했다. 그러나 일요일에는 해변으로 갔다.

14. ___________ manhã é a mesma coisa: acordo atrasado e saio correndo para o trabalho.
▶ 매일 아침이 똑같다: 늦게 일어나서, 출근하기 위해 서둘러 집을 나선다.

15. Ele vem aqui ___________ dia, mas não fica comigo ___________ dia. Depois do almoço ele vai embora.
▶ 그는 매일 이곳에 오지만, 나와 함께 하루 종일 있지는 않는다. 점심을 먹은 후 그는 간다.

**Propaganda** (광고)

Você sempre fala pelos cotovelos, mas hoje está quieta. O que aconteceu?
- Nada.
Vamos, conte-me tudo. Você brigou com seu namorado?
- Briguei. E ele agora tem outra namorada. Isto sempre acontece comigo.
É, eu sei. Você sempre está com dor-de-cotovelo.
Você já experimentou "Maravilha", a nova pasta de dente?
- Não. Por quê?
"Maravilha" faz milagres: perfuma o hálito e traz alegria para seu sorriso.
Experimente "Maravilha".

Seis meses depois

Vejam! "Maravilha" trouxe-me a felicidade. Use, você também, "Maravilha".
Ela está à venda nas boas farmácias de seu bairro.

당신은 언제나 말이 많은 사람인데, 오늘은 조용하시네요? 무슨 일이 있었나요?
– 아무 일도 없었어요.
그러지 마시고, 제게 모두 말해보세요. 당신은 남자친구와 싸웠나요?
– 네, 싸웠어요. 그에게 다른 여자친구가 생겼어요. 이런 일이 언제나 내게 일어나요.
그렇군요. 제가 그 이유를 알겠어요. 당신은 언제나 시기심이 많지요?
당신은 이번에 새로운 치약 "Maravilha"를 벌써 사용해 보셨나요?
– 아니오. 그런데 왜 그러시죠?
"Maravilha"는 기적을 일으킵니다: 입안의 냄새를 없애주고 당신의 미소를 환하게 해줍니다.
"Maravilha"를 써 보세요.

6개월 후

이것 좀 보세요! "Maravilha"가 제게 행복을 가져다 주었답니다. 당신도 "Maravilha"를 써 보세요.
이 치약은 당신이 사는 지역의 큰 약국(들)에서 판매 중입니다.

## •••▸ TRAZER(가져오다)와 LEVAR(가져가다) 동사의 차이

Como você chegou aqui?
▶ 당신은 어떻게 이곳에 도착했습니까?

- O Carlos me **trouxe.**
▶ Carlos가 저를 데려왔습니다.

E como você vai voltar para lá?
▶ 그러면 당신은 그곳에 어떻게 돌아갈 것입니까?

- O Álvaro vai me **levar.**
▶ Álvaro가 저를 데려다 줄 것입니다.

1. O gravador não está aqui em casa. Acho que o Felipe o ______ para a escola. Ele tem de ______- lo de volta. Preciso muito dele.
   그 녹음기가 여기 집에 없네요.. 내 생각에 Felipe가 학교에 가지고 간 것 같은데. 그가 반드시 그것을 집으로 가져와야 할 텐데. 내가 꼭 그것이 필요하거든.

2. Dona Liana, sua televisão está quebrada. Vou _______ -la para a oficina. Lá é mais fácil consertar.
   - E quando o senhor vai _______ -la de volta?
   Dona Liana, 당신의 텔레비전이 고장 났어요. 제가 작업장으로 그것을 가지고 갈게요. 그곳에서 수리하는 게 훨씬 쉬워서요.
   – 그럼 언제 다시 그것을 가져오실 건가요?

3. Alô, meu bem. Estou aqui no escritório. Vou ______ um amigo para jantar conosco aí em casa.
   - Tudo bem, Afonso, mas _______ a bebida. Talvez uma garrafa de vinho.
   여보! 난 지금 여기 사무실에 있어요. 집에서 저녁 먹기 위해 친구 한 명 데려갈게요.
   – 네, 알았어요. Afonso, 그런데 마실 것 좀 사 오세요. 와인 한 병도 좋겠지요.

## ···▸ 관용표현들

| | |
|---|---|
| falar pelos cotovelos<br>말을 많이 하다. 수다를 떨다. | Ela não para de falar.<br>(그녀는 말하는 것을 멈추지 않는다) |
| estar com dor-de- cotovelo<br>팔꿈치가 아프다<br>= 배가 아프다.<br>= 질투하다 | O Raimundo está com dor-de-cotovelo.<br>O colega dele foi promovido e ele não.<br>Raimundo는 지금 배가 아프다.<br>왜냐하면 그의 동료는 승진했는데, 자신은 승진하지 못했기 때문이다. |
| não ter pé nem cabeça<br>두서가 없다. | A história que ele contou não tem pé nem cabeça.<br>Ninguém entendeu nada.<br>그가 한 이야기는 두서가 없다.<br>(그래서) 아무도 이해하지 못했다. |
| ser o braço direito<br>...의 오른팔이다. | Ela me ajuda muito. Ela é meu braço direito.<br>그녀는 나를 많이 도와준다. 그녀는 내 오른팔이다. |

### A 관련 표현 연결하기

1. Ela é meu braço direito.
2. Mas esse quadro não tem pé nem cabeça!
3. Estou com dor-de-cotovelo. Que raiva!
4. Meu Deus, ela fala pelos cotovelos!

(　　) 오 이런, 그녀는 말이 너무 많아.

(　　) 아이! 질투나! 화나 죽겠어.

(　　) 그런데 저 그림은 이해가 안되네?

(　　) 그녀는 내 오른팔이야.

# •••▸ 동사 총복습

## Ⓐ 알맞은 시제 써넣기

1. (fazer-pôr-dizer)
Todas as manhãs, eu _______________ café, _______________ a mesa e ___________ bom-dia para as crianças.
▶ 매일 아침, 나는 커피를 만들고 식탁을 차린다. 그리고 아이들에게 아침인사를 한다.

2. (ver)
Ele sempre me _______________ na rua, mas eu nunca o _______________. Não sei por quê.
▶ 그는 언제나 길에서 나를 보지만, 나는 그를 본 적이 없다. 나는 그 이유를 모르겠다.

3. (poder-dar)
Ontem, nós não _______________ dar a informação ao cliente, mas nossa colega _______________.
▶ 어제, 우리는 고객에게 그 정보를 줄 수 없었지만, 우리의 동료가 주었다.

4. (estar-querer-poder-ser)
Eles _______________ aqui ontem e _______________ falar comigo.
Eu não _______________ atendê-los. _______________ pena.
▶ 어제 그들은 여기 있었다. 그리고 나와 대화하고 싶어했다. 그러나 나는 그들과 면담할 수 없어, 유감이었다.

5. (ir-fazer-trazer-dar)
Ontem eles _______________ ao supermercado, _______________ compras, _______________ tudo para casa e _______________ tudo para mim.
Vou fazer um grande jantar.
▶ 어제 그들은 슈퍼마켓에 가서 물건을 사고, (산 물건 모두를) 집으로 가져와서, 나에게 모두 주었다.
(따라서) 나는 (오늘 저녁) 성대한 저녁을 준비하려 한다.

6. (trazer)
Aos domingos, eu sempre _______________ vinho para nosso almoço e ela _______________ a sobremesa. Uma delícia!
▶ 일요일마다 우리의 점심을 위해 나는 언제나 와인을, 그녀는 디저트를 가져온다. 그것(일요일 마다 같이 점심을 먹는 것)은 (무엇과도 바꿀 수 없는) 하나의 즐거움이다!

## Ⓑ 과거로 대답하기

| | |
|---|---|
| Você vai dar gorjeta?<br>▶ 팁을 주려고요? | - Não, eu já dei.<br>▶ 아니오, 이미 주었습니다. |

1. Você vai fazer compras?
   ▶ 당신 물건 사러 갈 겁니까?

   - Não, eu já __________. Eu sempre ____________ compras de manhã.
   ▶ 아니오, 저 벌써 갔다 왔습니다. 저는 언제나 아침에 물건을 삽니다.

2. Vocês vão ver o show?
   ▶ 당신들은 그 쇼를 보러 갈 것입니까?

   - Não, já __________. Nós sempre ___________ os shows no primeiro dia.
   ▶ 아니오, 벌써 봤어요. 저희들은 언제나 쇼 첫날 봅니다.

3. Vocês vão pôr a mesa?
   ▶ 당신들은 식탁을 (지금) 차릴 것입니까?

   - Não, já_____________. Nós sempre ___________ a mesa bem cedo.
   ▶ 아니오, 이미 차렸습니다. 저희들은 언제나 식탁을 일찍 차립니다.

4. Vocês já fizeram compras?
   ▶ 당신들은 벌써 쇼핑을 하셨습니까?

   - Não, nós _________. Nós sempre ___________ compras no final de semana.
   ▶ 아니오, 우리는 쇼핑을 하지 않았습니다. 언제나 주말에 물건을 삽니다.

5. Eles vão dizer obrigado?
   ▶ 그들이 고맙다고 말을 할까요?

   - Não, já __________. Eles são muito educados.
   ▶ 아니, 이미 말했어요. 그들은 매우 교양 있는 사람들이니까요.

# Unidade 8 직설법 반과거 (TER, SER, PÔR 동사)

**Falando de televisão** (**TV** 에 대해 이야기 하면서)

**Ele:** Já são 10 horas. A Amelia ainda está dormindo?
**Ela:** Sim, ainda está. Ontem ela ficou acordada até tarde vendo um filme policial.
O filme era muito bom.
**Ele:** Você também viu o filme?
**Ela:** Não. Antigamente eu gostava desses filmes e não saia de casa só para vê-los.
Hoje em dia não tenho mais paciência para isso.
Prefiro ler um bom livro.
**Ele:** Para mim, a televisão é interessante À noite, quando a gente está cansado,
nada melhor que uma poltrona e um bom programa de televisão.
Por falar nisso, onde está o jornal? Quero saber o que vai passar hoje.
**Ela:** Acho que está com o Mário.
Quando eu entrei na sala, ele o estava lendo.

**Ele**: 벌써 10시네. Amelia는 아직도 자고 있어요?
**Ela**: 네, 아직도 자고 있어요. 어제 경찰 영화를 보면서 늦게까지 깨어 있었어요.
영화가 아주 잘 만들어졌어요(=재미있었어요).
**Ele**: 당신도 그 영화를 봤어요?
**Ela**: 아니오, 옛날에는 그런 종류의 영화를 좋아했어요. 영화를 보기 위해서 외출도
하지 않았지요. 하지만 요즘에는 그런 인내심은 더 이상 없어요. 책을 보는 것이 더 좋아요.
**Ele**: 난 TV가 재미있어요. 밤에 아주 피곤할 때, 소파에 앉아서 좋은 TV 프로그램 하나를 시청하는 것보다
좋은 일은 없어요. 말이 나온 김에, 오늘 신문 어디있지요? 오늘 무슨 프로그램이 방송될지 알고 싶어요.
**Ela**: Mário가 가지고 있는 것 같은데, 제가 거실에 들어왔을 때 읽고 있었거든요.

**Falando do programa** "나가수" ("나가수" **TV** 프로그램에 대해 이야기 하면서)

**Ele:** Você viu o programa "나가수" de ontem na televisão?
**Ela:** Não. Antes eu gostava daquele tipo de programas.
Agora não tenho mais paciência para isso. Prefiro ler um bom livro.

**Ele**: 어제 TV에서 "나가수" 프로그램 봤어요?
**Ela**: 아니요. 처음에는 그 프로그램을 좋아했지요. 그런데 지금은 더 이상 인내심이 없어요.
차라리 좋은 책 한 권을 읽는 것을 선호해요.

**Não é mais como era antigamente** (더 이상 예전 같지 않군).

Quando eu cheguei em casa, minha família estava assistindo ao programa na televisão. Mas minha filha estava lendo um livro no quarto dela. Como eu estava muito cansado, fui dormir. Na verdade eu ia tomar banho antes de ir para cama, mas depois de trocar de roupa, acabei indo direto dormir. Nesses dias, eu não tenho me sentindo bem. Não é mais como era antigamente.

내가 집에 도착했을 때, 우리 가족은 **TV**에서 그 프로그램을 보고 있었어. 그런데 딸은 자기 방에서 책을 읽고 있었지. 그러나 나는 너무 피곤해서, 잠을 자러 갔어. 사실은 잠자러 가기 전에 목욕을 하려고 했는데, 옷을 갈아입고 곧장 침대로 가서 잠이 들었어. 요즘 나는 몸 컨디션이 좋지 않아. 나도 더 이상 예전 같지는 않군.

## ••• 직설법 반과거

## [Modo indicativo - Imperfeito]

**MORAR** – 반과거

| | | | |
|---|---|---|---|
| Eu | mor[ava] | Nós | mor[ávamos] |
| Você<br>Ele<br>Ela | mor[ava] | Vocês<br>Eles<br>Elas | mor[avam] |

**SER** – 반과거

| | | | |
|---|---|---|---|
| Eu | era | Nós | éramos |
| Você<br>Ele<br>Ela | era | Vocês<br>Eles<br>Elas | eram |

**VENDER** – 반과거

| | | | |
|---|---|---|---|
| Eu | vend[ia] | Nós | vend[íamos] |
| Você<br>Ele<br>Ela | vend[ia] | Vocês<br>Eles<br>Elas | vend[iam] |

**TER** – 반과거

| | | | |
|---|---|---|---|
| Eu | tinha | Nós | tínhamos |
| Você<br>Ele<br>Ela | tinha | Vocês<br>Eles<br>Elas | tinham |

**ABRIR** – 반과거

| | | | |
|---|---|---|---|
| Eu | abr[ia] | Nós | abr[íamos] |
| Você<br>Ele<br>Ela | abr[ia] | Vocês<br>Eles<br>Elas | abr[iam] |

**PÔR** – 반과거

| | | | |
|---|---|---|---|
| Eu | punha | Nós | púnhamos |
| Você<br>Ele<br>Ela | punha | Vocês<br>Eles<br>Elas | punham |

# 반과거의 용법

포르투갈어의 반과거 시제는 영어에 없다. 그런데 과거의 습관을 나타내거나, 포르투갈어에서는 과거와 관련된 사실을 묘사할 때, 과거를 반복적으로 쓰는 것을 피하고 오히려 반과거를 사용함으로써 당시의 상황을 더 생생하게 묘사하거나, 주절과 종속절의 주어 두 사람이 과거 시점에서 동시에 다른 일을 각각 진행하는 것을 묘사할 때, 그리고 과거시점에서 미래를 표현할 때, 즉 "~을 하려고 했는데"라는 표현에 사용된다. 어째든 반과거의 동사 변화는 비교적 다른 시제의 동사 변화보다 간단해서, 익혀두면 일상회화에서 아주 유용하다.

### 1) 과거의 습관/반복된 동작 (영어의 used to + V에 해당)

Antigamente eu fumava muito. Hoje em dia fumo menos.
옛날에 나는 담배를 많이 피웠었다(=피우곤 했다). 그러나 요즘은 덜 핀다.

### 2) 과거시점에서 그 순간의 상황을 묘사할 때

Ontem eu fui à cidade. O trânsito estava um horror.
어제 나는 그 도시에 갔다. 교통체증으로 길이 꽉 막혀있었다.

Ela estava dormindo quando ele chegou.
그가 도착했을 때, 그녀는 자고 있었다.

### 3) 과거시점에서 두 사람의 행동이 동시 진행될 때 (A가 ~하는 동안, B는 ~했다)

Enquanto ele assistia televisão, ela cantava.
그가 TV를 보는 동안, 그녀는 노래를 했다.

### 5) 과거시점에서 미래를 표현

Eu ia protestar, mas não tive a chance.
나는 항의를 하려 했으나, 기회를 갖지 못했다.

### 6) 과거시점에서 ~할 때마다 ~했다. (영어의 whenever에 해당)

Ontem, sempre quando o telefone tocava, eu pensava que era você.
어제 전화가 울릴 때 마다, 나는 너였을 거라고 생각했다.

## Ⓐ 과거의 습관 / 반복된 동작

Antigamente eu fumava muito.
▶ 예전에 나는 담배를 많이 피웠었다(=담배를 많이 피우곤 했다).

1. (comprar)
   Antigamente eu __________ tudo nesta loja.
   ▶ 예전에 나는 (내가 필요한) 모든 것을 그 가게에서 샀었다(=사곤 했다).
2. (fumar)
   Antigamente ele não __________muito.
   ▶ 예전에 그는 담배를 많이 피우지 않았었다.
3. (estudar)
   Antigamente nós ____________todos nesta escola.
   ▶ 예전에 우리는 이 학교안에서 모든 것을 공부했었다(=하곤 했다).
4. (escrever)
   Antigamente eles ________para nós toda semana.
   ▶ 예전에 그들은 매주 우리에게 편지를 썼었다(=쓰곤 했다).
5. (comer)
   Antigamente ele________ muito pouco.
   ▶ 예전에 그는 아주 조금 먹었었다.
6. (receber/responder)
   Antigamente nós _________muitas cartas e nunca as _________.
   ▶ 예전에 우리들은 많은 편지들을 받았지만 답장을 한 적은 한번도 없었었다.
7. (discutir)
   Antigamente ele ________com todo mundo.
   ▶ 예전에 그는 모든 사람과 토론하곤 했었다(=누구와도 부딪혔었다).
8. (ir)
   Antigamente a gente ________á escola a pé.
   ▶ 예전에 우리는 걸어서 학교에 가곤 했다.
9. (ir)
   Antigamente a gente ________daqui até a cidade em lO minutos.
   ▶ 예전에 우리는 여기서부터 그 도시까지 10분에 가곤 했다.
10. (ser)
    Ele __________ um bom aluno quando criança.
    ▶ 그는 어렸을 때 좋은(=우수한) 학생이었었다.
11. (ser)
    Nós __________ bons amigos quando crianças.
    ▶ 우리들은 어렸을 때 (사이가) 좋은 친구들이었었다.

12. (ser/ter)
Antigamente a cidade ____mais bonita, porque ____ mais árvores.
▶ 예전에 그 도시는 더 아름다웠었다. 왜냐하면 더 많은 나무들을 갖고 있었기 때문에.

13. (pôr)
Antes eles________ paletó e gravata para trabalhar.
▶ 이전에 그들은 일하러 가기위해, 양복을 입고 넥타이를 매곤 했었다.

14. (fazer/pôr/lavar)
Antes ela ___ café, ___ a mesa e ___ a louça. Agora ela não faz mais nada.
▶ 예전에 그녀는 커피를 만들기도 하고, 식탁을 차리기도 하고, 설거지를 하곤 했다. (하지만) 지금 그녀는 더 이상 아무것도 하지 않는다.

15. (ser/ir/ter)
Quando nós ____ crianças, ____ a pé para a escola porque nossa família não ____ carro.
▶ 우리가 어렸을 때, 우리는 학교에 걸어 갔었었다. 왜냐하면 (당시) 우리 집에는 차가 없었기 때문이다.

## B 과거시점에서 그 순간의 상황을 강조할 때 1 : 〈과거 + 반과거〉

Ontem o trânsito **estava** um horror.
▶ 어제 교통체증은 끔찍했었다.

1. (estar)
Ontem chegamos cedo ao escritório. As portas ainda _____ fechadas.
▶ 어제 우리는 사무실에 일찍 도착했다. (하지만) 그 때까지도 회사 문은 닫혀 있었다.

2. (estar)
Ontem eu não fui trabalhar porque _________com febre.
▶ 어제 나는 일하러 가지 않았다. 왜냐하면 열이 있었기 때문에.

3. (estar/ser/ter)
O carro que _________na nossa garagem ________ antigo e _______ quatro portas. Ele não está mais lá.
▶ 우리의 차고에 있던 그 차는 옛날 것이어서, 문이 4개였다. 그 차는 (지금) 더 이상 거기에 있지 않다.

4. (estar/estar/haver)
Entrei na sala. Ela ________ escura porque as janelas _________ fechadas. Não _________ ninguém lá.
▶ 내가 그 사무실에 들어갔을 때, (당시) 그 사무실은 어두웠다. 왜냐하면 창문들이 닫혀 있었기 때문에. 그곳에는 아무도 없었다.

5. (estar/poder)
Ontem nós _________ muito nervosos e quase não _________ falar. Temos problemas, você sabe.
▶ 어제 우리는 신경이 매우 곤두서 있어서 우리는 말을 거의 할 수 없었다. 우리에게는 문제가 있다, 너도 알다시피.

6. (ter)
No escritório ontem conversamos o dia inteiro. Não _______ nada para fazer, por isso saímos mais cedo.
▶ 어제 우리는 사무실에서 어제 우리는 하루 종일 대화를 했다. 하지만 우리가 할 수 있는 일은 아무것도 없었기 때문에, 일찍 퇴근했다.

## 과거시점에서 그 순간의 상황을 강조할 때 2 : 〈과거 + 반과거 진행〉

Ela **estava dormindo** quando ele **chegou.**
▶ 그가 도착했을 때, 그녀는 자고 있었다.

주절의 동사 〈반과거 진행형〉 + 종속절의 동사 〈과거〉

1. (almoçar/tocar)
Nós _____________________ quando o telefone ________.
▶ 그 전화가 울렸을 때, 우리는 점심을 먹고 있었다.

2. (ver/apagar)
Eles ____________________televisão quando a luz _________.
▶ 전기가 나갔을 때, 그들은 텔레비전을 보고 있었다.

3. (pôr/começar)
Ele __________o carro na garagem quando ______ a chover.
▶ 비가 오기 시작했을 때, 그는 차고에 차를 주차하고 있었다.

4. (entrar/conversar)
Quando o chefe _____na sala, ele _____ com a secretária.
▶ 그 직장상사가 사무실에 들어갔을 때, 그는 여비서와 이야기하고 있었다.

5. (sair/roubar)
Enquanto ela ________da loja, o ladrão __________ sua bolsa.
▶ 그녀가 그 가게에서 나갔을 때(=가게를 비웠을 때), 도둑이 그녀의 핸드백을 훔쳤다.

6. (pensar/aparecer)
Eu __________ nela quando ela_______ na minha frente.
▶ 그녀가 내 앞에 나타났을 때 나는 그녀를 생각하고 있었다.

7. (ler/chamar)
Eu __________________ o jornal quando ele me ___________.
▶ 그가 나를 불렀을 때, 나는 신문을 읽고 있었다.

8. (chegar/sair)
A gente ____________________ quando vocês _________.
▶ 우리들은 도착하고 있었다. 너희들이 나갔을 때(=나간 그 순간에).

9. (apagar/pôr)
Quando a luz ___________, eu __________ a mesa para o jantar.
▶ 불이 꺼졌을 때(=전기가 나갔을 때), 나는 저녁식사를 위한 식탁을 차리고 있었다.

10. (pôr/quebrar)
Ana ________ a mesa quando os copos _____. Que barulhão!
▶ Ana는 식탁을 차리고 있었다. 그 컵들이 깨졌을 때. 컵 깨지는 소리가 얼마나 시끄럽던지!

## Ⓒ 과거시점에서 동시상황 1 : 〈반과거 진행형 + 반과거 진행형〉

Enquanto ele **estava vendo** televisão, ela **estava cantando.**
▶ 그가 텔레비전을 보는 동안, 그녀는 노래를 부르고 있었다.

* Enquanto로 시작하는 부사절의 동사 〈반과거 진행형〉 + 주절의 동사 〈반과거 진행형〉

1. (trabalhar/dormir)
Que absurdo! Enquanto a gente ___________, você __________________?
▶ 말도 안돼! 우리가 일하고 있던 동안, 너는 자고 있었단 말이야?

2. (ler/ver)
Ontem enquanto ela ______, ele _______ televisão. Eles não conversaram.
▶ 어제 그녀가 (책을) 읽고 있는 동안, 그는 텔레비전을 보고 있었다. 그들은 대화하지 않았다.

3. (ir/ir)
Nós não nos encontramos porque enquanto eu ___________ para o Rio, ela ____________ para Curitiba.
▶ 우리는 서로 만나지 못했다. 왜냐하면 내가 Rio로 가는 동안, 그녀는 Curitiba로 가고 있었기 때문이다.

4. (falar/pensar)
Enquanto ela___________, ele ___________em seus problemas.
▶ 그녀가 말하는 동안, 그는 자신들의 문제를 생각하고 있었다.

5. (fazer/pôr/conversar)
Enquanto eu ____________ chá e ela ____________ a mesa, nós __________.
▶ 내가 차를 만드는 동안, 그리고 그녀가 식탁을 차리는 동안, 우리는 대화했다.

6. (trabalhar/economizar/perder/gastar)
Ela ficou brava com ele porque enquanto ela ____________ e ____________, ele ____________ tempo e ____________ dinheiro em bobagens.
▶그녀는 그에게 화가 나 있었다. 왜냐하면 그녀가 일해서 절약하는(=돈을 모으는) 동안, 그는 시간을 허비하고 터무니없는 데에 돈을 낭비했기 때문이다.

## D 과거의 시점에서 미래 표현 : "~하려고 했으나"

Eu **ia protestar**, mas não tive chance.
▶나는 항의하려 했지만, 기회를 갖지 못했다.

1. (reclamar)
Ele ____________ mas mudou de idéia.
▶그는 항의하려 했지만, 생각을 바꾸었다.

2. (atravessar)
Ele ____________ a rua quando viu o amigo.
▶그는 (길 건너) 친구를 보았을 때(=보고), 길을 건너려 했다.

3. (dizer)
Ele ____________ alguma coisa, mas mudou de idéia.
▶그는 뭔가를 말하려 했지만, 생각을 바꾸었다.

4. (ser)
A festa ____________um sucesso, mas ninguém apareceu.
▶그 파티는 성공적일 것 같았지만, 아무도 나타나지 않았다.

5. (trazer)
Eu ____________ flores para você, mas a loja estava fechada.
▶내가 네게 꽃을 가져 오려 했지만, (꽃)가게가 닫혀있었다.

6. (comprar)
Nós ____________a casa, mas achamos o preço muito alto.
▶우리는 그 집을 사려했지만, 집값이 너무 비싸다고 생각했다.

7. (ir)
Depois do trabalho, nós ____________ ao cinema, mas não deu certo.
▶퇴근 후에, 우리는 영화를 보러 가려 했지만, 상황이 여의치가 않았다.

8. (pagar)
Ela ____________ a conta do restaurante, mas a gente não permitiu.
▶그녀는 레스토랑의 계산서를(=밥 값을) 지불하려 했지만, 우리가 허락하지 않았다.

## E 과거시점에서의 동시상황 2 : (" ~할 때마다 ~했다.")

Ontem, toda vez que o telefone **tocava**, eu **pensava** que **era** você.
▶ 어제 전화가 울릴 때마다, 나는 너라고 생각했다(= 네가 전화했다고 생각했다).

*toda vez que / sempre que 로 시작하는 종속절의 동사 〈반과거〉 + 주절의 동사 〈반과거〉
*참고: Quando o telefone tocou, eu pensei que era você.

1. (telefonar/estar(=dar))
   Ontem, toda vez que eu ________ para você, o telefone ________ocupado.
   ▶ 어제 내가 네게 전화했을 때마다, 전화는 통화 중이었다.

2. (ouvir/pensar)
   Ontem sempre que ele ____________ aquela música, ____________ nela.
   ▶ 어제 그는 그 음악을 들을 때마다, 그녀를 생각했었다.

3. (olhar/sorrir)
   Na festa, sempre que ele ______________ para ela, ela______________.
   ▶ 파티에서 그가 그녀를 쳐다볼 때마다, 그녀는 미소를 지었었다.

4. (falar/interromper)
   Fiquei furioso na reunião de ontem.
   Porque toda vez que eu _____________, ele me _____________.
   ▶ 나는 어제 그 회의에서 분노했다. 왜냐하면 내가 말하려고 할 때마다, 그가 나를 방해했기 때문이다.

5. (diminuir/morrer)
   Tivemos problemas com o carro ontem.
   Sempre que eu ______________ a velocidade, ele ______________.
   ▶ 우리는 어제 차에 문제가 있었다. 내가 속도를 줄이려고 할 때마다, 시동이 꺼졌다.

## G 반과거를 사용해서 작문하기

1. 어제 불이 나갔을 때, 그들은 거실에서 텔레비전을 보고 있었다. 그 집 전체가 어두워졌다. 저녁식사를 위해 식탁을 차리고 있는 가정부는 일을 멈추고 부엌으로 갔다.
2. 그들이 보고 있던 TV프로그램은 셜록 홈즈의 이야기로 매우 재미있었다. 그런데 그 탐정이 경찰에게 증거를 보여주기 위해 증거들을 모으고 있을 때, 정전이 되었다. 자연스럽게 그들은 영화의 끝 부분을 놓치게 되었다.

## ···▸ 비교급
## [Comparativo]

### ▸우등비교와 열등비교

| |
|---|
| mais<br>menos + 형용사/부사/명사 + (do) que |

| | |
|---|---|
| Mariana é **mais** alta (**do**) **que** Paulo. | ▸Mariana는 Paulo보다 키가 더 크다. |
| Mariana é **menos** alta **do que** Pedro. | ▸Mariana는 Pedro보다 키가 덜 크다. |

*불규칙한 비교급 형태를 갖고 있는 형용사들

| | | |
|---|---|---|
| bom (좋은) | → | melhor (do) que (더 나은) |
| mau/ruim (나쁜) | → | pior (do) que (더 나쁜) |
| grande (큰) | → | maior (do) que (더 큰) |
| pequeno (작은) | → | menor (do) que (더 작은) |

### ▸동등비교

| | | |
|---|---|---|
| tão | + 형용사/부사 | + como/quanto |
| tanto(a, os, as) | + 명사 | + como/quanto |
| tanto como/quanto | | |

| | |
|---|---|
| Mariana é **tão** alta **quanto** João. | ▸Mariana는 João만큼 키가 크다. |
| Marina tem **tantos** filhos **quanto** Pedro. | ▸Marina는 Pedro만큼 자식들이 많다. |
| Cláudia trabalha **tanto quanto** José. | ▸Cláudia는 José만큼 일한다. |

## A 우등비교, 동등비교, 열등비교

1. (caro)
   O jantar no restaurante é _____ _____ do que o lanche na lanchonete.
   ▶ 식당의 저녁은 매점의 간식보다 더 비싸다.

2. (longo)
   A viagem do Brasil para o Japão é _______ _______ _______ _______ a viagem do Brasil para os Estados Unidos.
   ▶ 브라질에서 일본으로 여행가는 것은 브라질에서 미국으로 여행가는 것보다 더 멀다.

3. (velho)
   A cidade de Londres é _______ _______ _______ _______ Brasília.
   ▶ 도시 런던은 브라질리아보다 더 오래되었다(=런던은 브라질리아보다 더 오래된 도시이다).

4. (tranqüilo/agitado)
   Antigamente a gente tinha uma vida _______ _______ e _______ _______ _______ _______ agora.
   ▶ 옛날에는 사람들이 지금보다 더 평화롭고 덜 정신 없이(=바쁘게) 살았다.

5. (grande)
   Os problemas de uma cidade grande são _______ _______ _______ os problemas de uma cidade pequena.
   ▶ 대도시의 문제들은 소도시의 문제들보다 더 크다.

6. (bom)
   Este restaurante é ótimo.
   Ele é ______ _______ quanto o restaurante Grande César de Roma.
   ▶ 이 식당은 참 좋다. 로마에 있는 식당 Grande César만큼 좋다.

7. (mau)
   Seu trabalho não está bom. Ele está _____ ______ ______ o meu.
   ▶ 당신의 일은 잘 풀리지 않고 있다. 나의 일보다 더 나쁘게 진행되고 있다.

8. (mau)
   Não falo bem Inglês nem Francês.
   Meu Inglês é ________ ________ quanto meu Francês.
   ▶ 나는 영어를 잘 하지 못한다. 불어는 말할 것도 없고, 나의 영어는 불어만큼 형편없다.

9. (bom)
   Os carros americanos são _____ _____ _____ os carros europeus?
   ▶ 미국 차들은 유럽 차들보다 좋을까? 혹은 유럽 차들만큼 좋을까?

10. (econômico)
    Os carros grandes são ______ ______ ______ ______ os carros pequenos.
    ▶ 대형 차들은 소형 차들보다 경제적이다.

11. (quente)

O Saara é ________ ________ ________ ________ o Rio.

▶ 사하라는 리우보다 더 덥다.

12. (bom)

João e Pedro são bons professores.

João é um professor ________ ________ Pedro.

▶ João과 Pedro는 좋은 선생님들이다. João은 Pedro만큼 좋은 선생님이다.

13. (longo)

Janeiro é um mês ________ ________ ________ ________ fevereiro .

▶ 1월은 2월보다 더 길다.

14. (longo/quente)

Julho é ______ ______ quanto dezembro, mas é ______ ______ .

▶ 7월은 12월만큼 길다. 그러나 더 덥다. (브라질의 경우: 그러나 덜 덥다.)

## B 동등비교 : tanto, tanta, tantos, tantas 넣기

| | |
|---|---|
| Ele tem tantos amigos quanto eu. | ▶ 그는 나만큼 많은 친구들을 갖고 있다. |

1. Eu não tenho ________ tempo quanto você.

   ▶ 나는 너만큼 시간이 없다.

2. Nós não temos ________ paciência quanto vocês.

   ▶ 우리는 너희들만큼 인내심을 갖고 있지 않다.

3. Ele tem ________ problemas quanto ela.

   ▶ 그는 그 여자만큼 많은 문제들을 갖고 있다.

4. Eu fiz ________ perguntas quanto você.

   ▶ 나는 너만큼 많은 질문을 했다.

5. Eu não vejo ________filmes quanto vocês.

   ▶ 나는 너희들만큼 영화를 그렇게 많이 보지는 않는다.

6. Ele vai ganhar ________ ________ nós.

   ▶ 그는 우리들만큼 돈을 많이 벌게 될 것이다.

7. Eles sabem ________ ________ nós. Ninguém sabe nada sobre o novo chefe.

   ▶ 그들은 (새 직장상사에 대해) 우리만큼 안다 (=우리만큼 밖에 모른다). 아무도 새 직장상사에 대해 알지 못한다.

## ••• <Andar 동사 + 형용사>: ~한 상태를 강조

〈andar+형용사〉가 〈estar+형용사〉와 다른 점은
형용사의 지속적인 상태를 더 강조한다는 것이다.

### Ⓐ ESTAR동사를 ANDAR동사로 대체시키기 : 차이점에 유의

Nosso diretor está contente porque estamos fazendo bons negócios.
→ Nosso diretor anda contente porque estamos fazendo bons negócios.
▶우리 이사님은 요즘 기분이 좋다. 왜냐하면 우리가 (계속해서) 일/사업을 잘 하고 있어서.

1. A cidade está calma porque há muitos guardas nas ruas.
   ▶이 도시가 조용한 것은, 길에 경찰들이 많이 깔려 있기 때문이야.

   → ________________________________________.

2. Nós estávamos preocupados porque tínhamos problemas.
   ▶우리는 문제를 갖고 있었기에, 걱정하고 있었다.

   → ________________________________________.

3. Estas crianças estão contentes porque logo vão ter férias.
   ▶이 어린이들은 곧 방학을 맞기 때문에 기뻐하고 있다.

   → ________________________________________.

4. A situação não está boa. Temos problemas.
   ▶상황이 좋지 않아. 우리한테 문제가 생겼어.

   → ________________________________________.

5. Os programas de televisão não estão interessantes.
   ▶요즈음 텔레비전의 프로그램들이 재미가 없다.

   → ________________________________________.

6. Meu filho não está bem. Não sei porque.
   ▶내 아들은 지금 상태가 좋지 않다. 나는 그 이유를 모르겠다.

   → ________________________________________.

## VIR와 SABER 동사의 직설법 현재, 과거, 반과거

**VIR – 현재**

| | | | |
|---|---|---|---|
| Eu | venho | Nós | vimos |
| Você<br>Ele<br>Ela | vem | Vocês<br>Eles<br>Elas | vêm |

**SABER – 현재**

| | | | |
|---|---|---|---|
| Eu | sei | Nós | sabemos |
| Você<br>Ele<br>Ela | sabe | Vocês<br>Eles<br>Elas | sabem |

**VIR – 과거**

| | | | |
|---|---|---|---|
| Eu | vim | Nós | viemos |
| Você<br>Ele<br>Ela | veio | Vocês<br>Eles<br>Elas | vieram |

**SABER – 과거**

| | | | |
|---|---|---|---|
| Eu | soube | Nós | soubemos |
| Você<br>Ele<br>Ela | soube | Vocês<br>Eles<br>Elas | souberam |

**VIR – 반과거**

| | | | |
|---|---|---|---|
| Eu | vinha | Nós | vínhamos |
| Você<br>Ele<br>Ela | vinha | Vocês<br>Eles<br>Elas | vinham |

**SABER – 반과거**

| | | | |
|---|---|---|---|
| Eu | sabia | Nós | sabíamos |
| Você<br>Ele<br>Ela | sabia | Vocês<br>Eles<br>Elas | sabiam |

### A VIR 동사의 총복습

Ele sempre vem aqui. ▶그는 항상 여기에 온다.

1. Eu sempre ________ aqui para conversar com meus amigos.
   ▶나는 언제나 나의 친구들과 대화하기 위해 여기에 온다.
2. Ontem ele ________ sozinho, mas geralmente ele ________com ela.
   ▶어제 그는 혼자 왔지만, 보통 때는 그녀와 함께 온다.
3. Antigamente ninguém ________ aqui porque era perigoso.
   ▶예전에는 이곳이 위험했기 때문에 아무도 오지 않았다.
4. No domingo passado eu________. Por que vocês não ___________?
   ▶지난 일요일에 나는 왔(었)다. 왜 너희들은 오지 않았었니?
5. Nós ___________ aqui todo domingo. Por que vocês não ___________?
   ▶우리들은 매주 일요일에 여기에 온다. 왜 너희들은 오지 않는 거니?
6. Antes eu __________ aqui todo dia. Agora eu não __________ mais.
   ▶예전에 나는 매일 여기에 오곤 했다. 하지만 지금은 더 이상 오지 않는다.

7. Antigamente nós _______ ver Helena toda semana. Eles também _______. Mas agora mudou. Ontem só nós _________. ninguém mais _________.
▶ 예전에 우리들은 매주 Helena를 보러 오곤 했다. 그들도 역시 오곤 했다. 그러나 지금은 달라졌다. 어제는 오직 우리만 왔다. 아무도 더 이상 오지 않는다.

8. A gente ______ aqui quando a gente pôde. Ontem a gente não pôde. Desculpe!
▶ 우리들은 여기에 올 수 있을 때만 온다. 어제는 올 수 없었다. (그래서) 미안하다!

## B SABER 동사의 총복습

〈주절 (반과거) + 종속절 (반과거)〉
Eu sabia que você estava aqui.
나는 네가 여기에 있었다는 것을 알고 있었다.

〈주절 (과거) + 종속절 (반과거)〉
Eu soube que você estava aqui. (alguém me contou.)
(누군가가 내게 말해주어서) 나는 네가 여기에 있었다는 것을 알고 있었다.

Eu sei o que está acontecendo. ▶ 나는 지금 무슨 일이 일어나고 있는지 알고 있다.

1. Eu ________ ontem que você vai viajar.
▶ 나는 어제 알았다. 네가 여행갈 것이라는 것을.

2. Quando crianças, nós não _________ falar inglês. Agora __________.
▶ 어렸을 때, 우리는 영어를 말할 줄 몰랐다. 그러나 지금은 말할 줄 안다.

3. Vocês _________ onde está o Rodrigo?
▶ 너희들은 Rodrigo가 어디에 있는지 아니?

4. Nós não_________ que você estava precisando de ajuda. Desculpe!
▶ 우리들은 네가 도움이 필요한지 몰랐다. 미안하다!

5. Ele _________ na semana passada que a situação é complicada.
▶ 그는 지난주에 상황이 복잡하다 (=어렵다) 라는 것을 알았다.

6. Ela nunca _________ o que está acontecendo porque não lê jornal.
▶ 그녀는 무슨 일이 일어나고 있는지 전혀 모른다. 신문을 읽지 않으니까.

7. Vocês _________ que eles vão se casar?
▶ 너희들은 그들이 결혼할 것이라는 것을 아니?

8. Antigamente ninguém ________ o endereço dele. Agora todo mundo________.
▶ 예전에는 그의 주소를 알고있는 사람은 아무도 없었다. 하지만 지금은 모두가 안다.

9. Eles ontem ____________ que a situação está melhor.
▶ 그들은 어제 상황이 호전되고 있다는 것을 알았다.

10. Estou nervoso. Não ________ o que fazer. Por favor, me ajude!
▶ 나는 신경이 예민해져 있어. 그래서 뭘 할지 모르겠어. 제발 도와줘!

## •••▶ SABER와 CONHECER 동사의 차이

| **SABER** – (~을 알다) | **CONHECER** – (~을 알다) |
|---|---|
| ter uma informação (정보)<br><br>- Eu sei que ele mora no Rio.<br>나는 그가 Rio에 사는 것을 안다. | - Eu conheço Marcos. (사람) 을 알다 / 안면이 있다.<br>나는 Marcos를 안다. |
| ter uma habilidade (숙련된 기술)<br><br>- Eu sei falar inglês.<br>나는 영어를 할 줄 안다.<br><br>- Eu sei jogar tênis.<br>나는 테니스를 칠 줄 안다. | - Eu não conheço a Índia. (장소)<br>나는 인도에 가보지 않았다.<br><br>- Eu conheço esse problema. (상황)<br>나는 그 문제에 직면해있다.<br><br>- Eu conheço esse carro. (사물)<br>나는 그 차를 잘 안다. |

### Ⓐ 빈칸에 알맞은 동사 쓰기

1. Ninguém ________________ o que eu penso.
▶ 아무도 내가 무슨 생각을 하는지 모른다.

2. Eu não ____________ jogar golfe,
mas eu ____________ muitas pessoas que ________________.
▶ 나는 골프를 칠 줄 모르지만, 나는 골프 치는 사람들을 많이 안다.

3. Quero ________________ outros países.
▶ 나는 다른 나라에 가보고 싶다.

4. Você ________________ quanto custou isto?
▶ 너는 이게 얼마인지 아니?

5. Eu ______________ um homem que ______________ falar 20 línguas.
▶나는 20개의 언어를 말할 줄 아는 사람을 알고 있다.

6. Eu ______________ este carro. Eu ______________ que ele é muito bom.
▶나는 이 차에 대해서 잘 안다. 나는 그 차가 매우 좋다는 것을 안다.

7. Eu ______________ quem é ele, mas não o ______________ pessoalmente.
▶나는 그가 누군지 알지만, 개인적으로는 알지는 못한다.

8. Nós ______________ a família dele, mas não ______________ onde moram.
▶우리들은 그의 가족을 알지만 그들이 어디에 사는지는 모른다.

## •••▸ 인칭대명사 (3)
## 간접목적어와 전치사의 목적격 (mim, comigo, conosco)

| | |
|---|---|
| Ele deu o livro **para mim.**<br>그가 내게 그 책을 주었다. | (Ele **me** deu o livro). |
| João trouxe o livro **para mim.**<br>João은 내게 그 책을 가져왔다. | (para você, para ele, para nós, para eles) |
| João gosta **de mim.**<br>João은 나를 좋아한다. | (de você, dele, de nós, deles) |
| João só pensa **em mim.**<br>João은 오로지 내 생각만 한다. | (em você, nela, em nós ... ) |
| João faz tudo **por mim.**<br>João는 나를 위해 모든 것을 한다. | (por você, por ele ... ) |
| João não vai lá **sem mim.**<br>João은 나 없이 거기에 가지 않을 것이다. | (sem você, sem ele ... ) |

com eu → comigo

| | |
|---|---|
| João vai trabalhar **comigo.**<br>João은 나와 함께 일을 할 것이다. | (com você, com ele) |

com nós → conosco

| | |
|---|---|
| João vai ficar **conosco.**<br>João은 우리와 함께 있을 것이다. | (com vocês, com eles) |

## Ⓐ 간접목적어와 전치사의 목적격 연습

| | |
|---|---|
| (você) Ele gosta de você. | ▶ 그는 너를 좋아해. |

1. (nós)
   Você gosta de _________.
   ▶ 너는 우리를 좋아한다.
2. (eles)
   Eu sempre penso (em)_________.
   ▶ 나는 항상 그들을 생각한다.
3. (eu)
   Ele deu o caderno e os livros para _________.
   ▶ 그는 내게 그 공책과 그 책들을 주었다.
4. (eu)
   Vocês não têm cartas para _________?
   ▶ 너희들은 내게 쓴 편지가 없니?
5. (eu/eu)
   Ele não quer falar (com) ________ porque não gosta muito de ________.
   ▶ 그는 나하고 말하고 싶어하지 않는다. 나를 그리 좋아하지 않기 때문에.
6. (você)
   Eu tenho uma notícia para _________.
   ▶ 나는 네게 줄 새로운 소식 하나를 갖고 있다.
7. (nós/elas)
   Ele não quer jantar (com) ________. Ele prefere jantar com ________.
   ▶ 그는 우리와 저녁 먹기를 원하지 않는다. 그녀들과 저녁 먹기를 선호한다.
8. (ele/eu)
   Eu não gosto (de)_______ porque ele não gosta de_________.
   ▶ 나는 그를 좋아하지 않는다. 그가 나를 좋아하지 않기 때문에.
9. (nós)
   Eles trabalharam muito tempo (com) _________.
   ▶ 그들은 오랫동안 우리와 함께 일을 했다.
10. (eu/eu)
    Eles telefonaram para ________ e disseram que querem falar (com)________.
    ▶ 그들은 내게 전화해서 나와 얘기하고 싶다고 말했다.
11. (eu/eu/ele)
    Ele sempre pensa em ________ porque precisa de ________.
    Eu nunca penso (em) _________.
    ▶ 그는 항상 나를 생각한다. 왜냐하면 나를 필요로 하기 때문이다. (하지만) 나는 결코 그를 생각하지 않는다.

12. (eu)
Venha (com) _________. Quero mostrar-lhe a cidade.
▶ 저와 함께 가세요. 당신께 이 도시를 보여 드리고 싶습니다.

13. (nós/nós)
Ele não quer sair (com) _________ porque não gosta mais de _________.
▶ 그는 우리와 함께 외출하길 원하지 않는다. 우리를 더 좋아하지 않기 때문이다.

14. (eu/eu)
Minha amiga saiu (com) ________ e comprou um presente para _________.
▶ 나의 여자친구는 나와 함께 외출해서, 내게 선물을 하나 사주었다.

15. (vocês/vocês/eu)
Sem _________ eu não posso ir. Eu preciso de _______. Por favor, venham (com) _________.
▶ 당신들 없이 나는 갈 수 없어요. 나는 당신들이 필요해요. 제발 나와 함께 가주세요.

## B 목적격 인칭대명사 총복습 (직적목적어, 간접목적어, 전치사의 목적격)중 써넣기

1. Alice, ligue para _______ amanhã. Quero contar uma novidade.
▶ Alice, 내일 나에게 전화해줘. 내가 새로운 소식(=뉴스)을 하나 말해 줄 게.

2. Vimos Pedro saindo do hotel e corremos para cumprimentá-_______. Ele também_______ viu e sorriu para _______.
▶ 우리는 Pedro가 호텔에서 나가는 것을 보고, 그에게 인사하려고 달려갔다. 그도 역시 우리를 보고 우리에게 미소 지어 주었다.

3. Eles não gostam desta cidade, mas visitaram-____ com seus amigos.
▶ 그들은 이 도시를 좋아하지 않지만, 친구들과 함께 이곳을 방문했다.

4. Não vejo Ricardo há muito tempo. Vou telefonar- _______ hoje à noite e convidá- _______ para vir à minha festa. Vou _______ telefonar.
▶ 나는 오랜 기간 동안 Ricardo를 보지 못했다. 나는 오늘 밤 그에게 전화해서 내 파티에 와달라고 초대할 것이다. 나는 그에게 전화할 것이다.

5. Amélia, vou visitá- ____ amanhã. Quero ____ mostrar o que eu fiz nas férias.
▶ Amélia, 내가 내일 너의 집을 방문할게. 네게 방학 동안 내가 한 일을 보여주고 싶어.

6. Eu gosto muito de você, mas não sei se você gosta de _______. Eu penso sempre em você. Quando é que você pensa em _______?
▶ 나는 너를 매우 좋아하지만, 네가 나를 좋아하는지 좋아하지는 모르겠다. 나는 언제나 너를 생각한다. 그런데 너는 언제 나를 생각하니?

7. Onde está o André? Eu não consigo encontrá-_______. Preciso muito falar com _______ .
▶ André는 어디에 있니? 나는 아무리 그를 만나려 해도 만나지 못하고 있다. 그에게 꼭 해야 할 말이 있다.

8. Gostei muito do livro. Vou lê-_______ outra vez.
▶ 나는 그 책이 무척 마음에 든다. 그래서 다시 그것을 읽으려고 한다.

9. Meu amigo, venha. Quero _______ mostrar minha casa.
▶ 내 친구야, 이리 와. 나는 네게 나의 집을 보여주고 싶다.

10. Mariana, eu gosto de _______. E você? Você gosta de _______?
▶ Mariana, 나는 너를 좋아해. 그런데 너는? 너는 나를 좋아하니?

11. Vamos à praia amanhã. Você não quer ir ________?
▶ 우리는 내일 해변으로 간다. 너(도) 우리와 함께 가지 않을래?

12. Fui ao shopping sozinho porque Adriana não quis ir _________.
▶ 나는 혼자 백화점에 갔다. 왜냐하면 Adriana가 나와 함께 가길 원치 않았기 때문에.

## •••▸ 킨딩케이크 만들기 Os quindins de laiá

**Preparando a festa do aniversário** (생일파티를 준비하며)

- Quem vem amanhã para o seu aniversário?
- Só alguns colegas da escola. Quero fazer quindins, mas não sei como.
- Li essa receita ontem mesmo. Mas onde está? Ah! achei. Está aqui. Ouça: Ingredientes....

– 내일 네 생일에 누가 오니?
– 단지 학교 친구 몇몇만이 올 거야. 킨딩케익을 만들려고 해, 그런데 어떻게 만드는 줄 몰라.
– 나 바로 어제 그걸 만드는 법을 읽었는데. 그게 어디 있더라? 아! 여기 있네. 잘 들어봐: 재료들은···

**Lendo a receita do quindim** (조리법을 읽으며)

- Ótimo! Posso fazer os quindins sozinha. Leio a receita com atenção e não há perigo de errar. Você pode comprar o coco para mim?
- Eu ando tão ocupada ...

– 됐어! (이 정도면) 혼자서 킨딩을 만들 수 있을 것 같아. 조리법을 잘 읽으면 망칠 위험은 없어. (그런데) 네가 내게 코코넛을 사다 줄 수 있니?
– 내가 너무 바빠서···

## Ingredientes (재료들)

| | |
|---|---|
| 1 coco ralado | 1 코코넛 가루 |
| 1/2kg de açúcar | 1/2 kg의 설탕 |
| 125g de manteiga | 125g의 버터 |
| 60g de farinha de trigo | 60g의 밀가루 |
| 6 gemas | 계란 노른자 6개 |

## Como fazer? (만드는 방법은?)

Come fazer guinding?
- É muito fácil. Primeiro você mistura tudo muito bem numa tigela funda.
  1) Junte o coco com o açúcar.
  2) Acrescente a manteiga e a farinha de trigo. Bata bem.
  3) Adicione as gemas.
  4) Ponha em forminhas untadas com manteiga e leve ao forno não muito quente.
  5) Quando pronto, tire o doce ainda quente das forminhas.

– 컨딩을 어떻게 만드는 거지?
– 아주 쉬워. 먼저 볼이 깊은 그릇에 모든 재료를 잘 섞으면 돼.
  1) 우선 코코넛 설탕을 넣고
  2) 그 다음에 버터와 밀가루를 더 넣어서 반죽을 해.
  3) 그리고 계란 노른자를 첨가해.
  4) 버터를 바른 빵틀 안에 반죽을 넣고, 너무 뜨겁지 않은 오븐에 넣어.
  5) 다 되면, 아직 뜨거운 상태의 킨딩을 빵틀에서 빼내기만 하면 돼.

Unidade

# 9 직설법 현재, 과거, 반과거 (IR_로 끝나는 불규칙동사)

### Bons tempos aqueles... (그 좋았던 시절들…)

**Senhor:** Veja moço! Aquele homem está quase dormindo e não está vendo que o sinal está fechado . Ele vai bater naquela bicicleta!
**Moço:** Ah! que sorte! Ele desviou dela na hora H!
**Senhor:** Ainda bem. É perigosíssimo dirigir quando a gente está muito cansado ou não se sente bem.
**Moço:** De fato, o senhor tem razão. E o trânsito numa cidade tão grande como esta deixa qualquer pessoa maluca. Há carros demais, gente demais, sinais demais ... e muita indisciplina.
**Senhor:** Você não se lembra, mas eu me lembro com saudade dos tempos em que esta cidade era pequena. Bons tempos aqueles... Mal posso acreditar que ela cresceu tanto.
**Moço:** O senhor tem razão. O senhor gosta de dirigir?
**Senhor:** Só em estradinhas do interior. Aqui não. Eu me sinto mal com toda esta confusão. Prefiro andar de ônibus.

**Senhor**: 젊은이! 저 것 좀 봐! 운전사가 지금 졸고 운전하고 있나봐. 신호등이 빨간 색인데 보지 못하고 있어. 저 차는 곧 저 자전거에 부딪칠 거야.
**Moço**: 아! 다행이에요! 거의 받을 뻔한 순간에 차가 자전거를 피했어요.
**Senhor**: 정말 다행이야. 매우 피곤할 때나 몸이 좋지 않을 때 운전하는 것은 정말 위험해.
**Moço**: 사실 선생님 말씀이 맞아요. 이렇게 큰 도시에서 운전을 하는 것은 어떤 사람이라도 미칠 지경일 겁니다. 차도 많고, 사람도 정말 많고, 신호등도 많고… 그리고 질서는 지키지 않고…
**Senhor**: 젊은이는 생각나지 않겠지만, 나는 이 도시가 자그만 했던 그 시절이 그리워. 그 시절은 참 좋았지… 나는 이 도시가 이렇게 크게 확장되었다는 사실을 거의 믿을 수가 없어.
**Moço**: 선생님 말씀이 맞아요. 선생님께서는 운전하는 것을 좋아하세요?
**Senhor**: 단지 시골의 좁은 길에서 운전하는 것은 좋아해. 여기 대도시에서는 아니고. 나는 이러한 혼란스러움이 편하지 않아. 그래서 버스타고 다니는 것을 선호하지.

* "Na hora H"는 "바로 그 순간"이라는 뜻을 표현한다.

### Vamos para a praia! (해변으로 가요!)

- O tempo tem andado péssimo. Não chove há semanas e está muito abafado.
- É, e ainda por cima esta poluição!
- Neste fim de semana vou para a praia. Lá tem que estar melhor.
- Boa idéia. Eu também vou. Lá eu me sinto bem. Os dias são muito claros e o céu é limpíssimo. Aqui, mal posso respirar.

– 요즘 날씨가 최악이군요. 몇 주동안 비가 오지 않아 숨이 콱 막혀요.
– 네, 그래요. 게다가 오염도 있고요.
– 이번 주말에 저는 해변으로 갑니다. 그곳은 분명 더 나을 겁니다.
– 좋은 생각이에요. 나 역시 갑니다. 그곳에서 기분이 훨씬 좋아지거든요. 날씨가 청명한 날에는 하늘이 아주 깨끗하지요. 여기서는 숨도 제대로 쉬지 못해요.

## SENTIR 동사의 직설법 현재, 과거, 반과거

**SENTIR** – 현재

| | | | |
|---|---|---|---|
| Eu | sinto | Nós | sentimos |
| Você<br>Ele<br>Ela | sente | Vocês<br>Eles<br>Elas | sentem |

**SENTIR** – 과거

| | | | |
|---|---|---|---|
| Eu | senti | Nós | sentimos |
| Você<br>Ele<br>Ela | sentiu | Vocês<br>Eles<br>Elas | sentiram |

**SENTIR** – 반과거

| | | | |
|---|---|---|---|
| Eu | sentia | Nós | sentímos |
| Você<br>Ele<br>Ela | sentia | Vocês<br>Eles<br>Elas | sentiam |

### ▸sentir 동사와 같은 군의 동사들

| | | |
|---|---|---|
| ferir | 다치다 | (eu firo, você fere) |
| vestir | 옷을 입다 | (eu visto, você veste) |
| servir | 서비스 하다 | (eu sirvo, você serve) |
| repetir | 반복하다 | (eu repito, você repete) |
| divertir | 즐기다 | (eu divirto, você diverte) |
| mentir | 거짓말 하다 | (eu minto, você mente) |

## ▶다음 질문에 대답하기

### Ⓐ 친구와의 대화

1. O que você vai usar na festa?
   ▶ 너는 그 파티에서 무슨 옷을 입을거니?

   → ______________________________

2. O que você vai servir?
   ▶ 너는 무엇을 대접할거니?

   → ______________________________

3. Como você diverte os seus amigos?
   ▶ 너는 너의 친구들을 어떻게 즐겁게 해주니?

   → ______________________________

4. O que você prefere: receber seus amigos em casa ou ir com eles para um restaurante?
   ▶ 너는 친구들을 집에서 대접하는 것과 식당에서 대접하는 것 중 어느 것을 선호하니?

   → ______________________________

5. O que você serve para suas visitas?
   ▶ 너는 너의 친구(=손님)들을 위해 무엇을 대접하니?

   → ______________________________

6. O que você sente?
   ▶ 너는 어떻게 느끼니?

   → ______________________________

7. O que você veste?
   ▶ 너는 무슨 옷을 입니?

   → ______________________________

8. O que você prefere: ficar em casa ou sair?
   ▶ 너는 무엇을 선호하니? 집에 있는 것이니? 혹은 외출하는 것이니?

   → ______________________________

9. Como você se diverte?
▶너는 (스스로) 어떻게 즐기니?

→ ________________________________________________

## B 3군 동사의 직설법 현재 연습

1. (divertir)
Ele anda nervoso. Nada o _________.
▶그는 요즘 신경이 곤두서 있다. 그를 즐겁게 하는 것은 아무것도 없다.

2. (preferir)
O que vocês __________? Chá ou café?
▶당신은 무엇을 선호합니까? 차입니까 아니면 커피입니까?

3. (servir)
O que você __________ como sobremesa no verão?
▶당신은 여름 디저트로 무엇을 내놓습니까?

4. (divertir)
Você __________ seus amigos com suas histórias.
▶당신은 당신의 친구들을 당신의 이야기로 재미있게 해주는군요.

5. (divertir)
Eu ___________ meus amigos com minhas piadas.
▶나는 나의 친구들을 재미있는 농담으로 즐겁게 해줍니다.

6. (mentir)
Vocês ____________ muito. Não acredito mais em vocês.
▶당신들은 거짓말을 너무 많이 해서, 나는 더 이상 당신들을 믿지 않습니다.

7. (preferir)
Eles _____ visitar o Rio em julho. Não é tão quente.
▶그들은 그리 덥지 않은 7월에 Rio de Janeiro에 가길 선호합니다.

8. (servir)
Eu sempre _____ cafezinho para meus amigos, quando eles vêm me visitar.
▶나는 우리 집에 온 친구들에게 항상 커피를 대접합니다.

9. (servir)
Você acha que este garçom _________ bem? Nós já estamos aqui há meia hora.
▶당신은 이 웨이터가 일을 잘 한다고 생각합니까? 우리가 여기에 온지 벌써 30분이나 되었습니다.

10. (servir)
Este livro não _________ para nossos alunos. É muito antigo.
▶ 이 책은 우리 학생들에게 도움이 되지 않아. 너무 오래 되었어.

11. (servir)
Estas blusas ainda __________ para você. Use-as mais um pouco.
▶ 이 블라우스들은 아직도 네가 입을 수 있어. 조금 더 입도록 해.

12. (mentir)
Eu nunca ________, mas ele ________ o tempo todo.
▶ 나는 거짓말을 전혀 하지 않지만, 그는 언제나 거짓말을 한다.

13. (vestir)
Eu ________ roupas quentes quando está muito frio.
▶ 날이 매우 추울 때(=추우면), 나는 따뜻한 옷(들)을 입는다.

14. (mentir)
Cuidado com eles! Eles sempre _________.
▶ 그들을 조심해! 그들은 언제나 거짓말만 해.

15. (divertir)
No circo, o palhaço __________ as crianças.
▶ 서커스에서 광대는 아이들을 즐겁게 해준다.

16. (preferir)
Nós __________ esperar pelo João aqui.
▶ 우리는 여기서 João을 기다리는 것이 좋겠어.

17. (preferir)
Eu __________ chá verde, por favor. E você?
▶ 저는 녹차를 주세요. 당신은요?

18. (vestir)
Os gaúchos ___________ poncho no inverno.
▶ 가우쇼들은 겨울에 판초를 입는다.

19. (servir)
Eu __________ o sorvete.
▶ 나는 아이스크림을 대접한다.

20. (divertir)
Cinema e teatro nunca me _____.
▶ 영화나 연극은 결코 나를 즐겁게 하지 못한다.

# 재귀동사

## VESTIR-SE, LEVANTAR-SE, SENTAR-SE, QUEIXAR-SE

**VESTIR-SE** – 현재

| | | | |
|---|---|---|---|
| Eu | me visto | Nós | nos vestimos |
| Você<br>Ele<br>Ela | se veste | Vocês<br>Eles<br>Elas | se vestem |

### A 동사의 시제 연습 (직설법 현재, 과거, 반과거)

| LEVANTAR-SE | SENTAR-SE | QUEIXAR-SE |
|---|---|---|
| 일어나다 | 앉다 | 불평하다 |

### B 작문하기

1. 그는 저 칼로 자해했다.
2. 나는 목욕탕에서 옷을 입어요.
3. (당시에는) 아무도 6시에 일어나지 않았다.
4. 우리는 여기에서 기분이 좋다. 왜 그럴까?
5. 너는 그 소파에 앉아.
6. 그들은 그 파티에서 매우 즐겼다.
7. 그녀는 자신을 거울에서 바라보고 "내가 예쁘게 느껴지네"라고 말했다.

### C 해석하기

- Por que você está cansada?
- Porque até agora eu só trabalhei. Eu não me sentei nem um minuto! Eu me mato por vocês!
- Não se queixe! Amanhã é domingo!

## •••▸ 재귀동사의 용법

### 1) 재귀용법(reflexivo)

| | |
|---|---|
| Eu me olho no espelho. | ▸나는 거울로 나를 본다. |

### 2) 상호용법(recíproco)

| | |
|---|---|
| Eles se conhecem há muito tempo. | ▸그들이 서로 안지는 오래되었다. |

* 위의 주어가 복수일 경우 상호용법이 된다.

### Ⓐ 재귀동사 용법 구분하기

Ela, então, se decidiu. Levantou-se, vestiu-se e saiu. No elevador encontrou um vizinho. Cumprimentaram-se, conversaram um pouco e, na rua, despediram-se. Ela virou a esquina e dirigiu-se para o escritório do noivo.

그녀는 결심했다. 그래서 일어나서 옷을 입고 나갔다. 엘리베이터에서 한 이웃을 만났다.
(그들은) 서로 인사를 하고, 이야기를 조금 나누었다. 그리고 길에서 서로 헤어졌다.
그녀는 그 길모퉁이를 돌아서, 약혼자의 사무실로 갔다.

| 재귀동사 | 재귀용법 (**reflexivo**) | 상호용법(**recíproco**) |
|---|---|---|
| se decidiu | | |
| levantou-se | | |
| vestiu-se | | |
| cumprimentaram-se | | |
| despediram-se | | |
| dirigiu-se | | |

## B 내용에 따라 알맞은 재귀동사를 선택한 후, 알맞은 시제 써넣기

Vestir-se, sentir-se, dirigir-se, divertir-se, enganar-se, servir-se, despedir-se, virar-se, cumprimentar-se, decidir-se

1. Teresa, o avião já vai partir. Precisamos ___________agora mesmo.
   ▶Teresa, 비행기가 곧 떠나. 우리 지금 작별인사 해야 해.

2. Na festa todos ___________ alegremente.
   ▶파티에서 모두가 즐겁게 즐긴다.

3. Se não ___________, ele vai acabar morando nesta casa.
   ▶내가 틀리지 않는 한, 그는 이 집에서 살게 될 것이다.(=살고 말 것이다.)

4. A gente sempre _____________ com as mulheres.
   ▶우리는 항상 그 여자들과 인사하고 지낸다.

5. Quando ela passou, todos os rapazes ____________ para vê-la.
   ▶그녀가 지나 갔을 때, 모든 소년들이 그녀를 보기 위해 돌아다 보았다.

6. Quando cheguei a Londres, ____________ ao hotel.
   ▶내가 런던에 도착했을 때, 나는 그 호텔로 향했다.

7. As crianças estavam atrasadas, por isto elas ______________ depressa e correram para a escola.
   ▶그 아이들은 학교에 지각을 할까봐 옷을 빨리 입고 학교를 향해 뛰었다.

8. O almoço estava pronto, mas a empregada não estava em casa. Por isso nós mesmos ____________.
   ▶그 당시 점심은 준비되었지만, 가정부가 집에 없었다. 따라서 우리가 직접 점심을 차려먹었다.

9. Quando a gente está cansado, a gente não _____________ bem.
   ▶우리가 피곤할 때(=우리가 피곤해지면), 기분이 별로 좋지 않다.

10. A festa vai ser animada. As moças e os rapazes vão ___________ muito.
    ▶그 파티가 점차 활기차게 됨에 따라, 청춘 남녀들이 많이 즐기게 될 것이다.

11. Aquele homem não estava _______ bem. Ele pegou um táxi e foi para casa.
    ▶그 사람은 컨디션이 좋지 않아서, 택시를 타고 집으로 갔다.

12. Ela gosta do Antônio e do Pedro, mas não __________ por nenhum deles. Por isso Pedro diz "Ela se acha o máximo".
    ▶그녀는 Antônio와 Pedro를 좋아하지만, 그들 중 누구에게도 가까이 가지 않는다. 그래서 Pedro는 "저 여자는 자기가 최고라고 생각하나 봐"라고 말한다.

## •••▸ 재귀대명사를 포함한 목적격 인칭대명사 총정리

| 주 어 | 직접목적어 | 간접목적어<br>(전치사의 목적격 포함) | 재귀대명사<br>재귀용법-상호용법<br>(Reflexiva-Recíproca) |
|---|---|---|---|
| Eu | me | me<br>전치사 (mim, comigo) | me |
| Você<br>Ele<br>Ela | o, a<br>(-lo, -la)<br>(-no, -na) | lhe<br>전치사 + (ele / ela)<br>com + (ele / ela) | se |
| Nós | nos | nos<br>(전치사 + nós conosco) | nos |
| Vocês<br>Eles<br>Elas | os, as<br>(-los, -las)<br>(-nos, -nas) | lhes<br>전치사 + (eleos / elaos)<br>com + (eles / elas) | se |

**Dinheiro curto!** (돈이 부족해요!)

Vi Marina ontem. Ela acabou de chegar da Europa. Voltou impressionadíssima com os preços de lá. Os hotéis são caríssimos. Ela mal pôde fazer compras e por isso não pôde trazer o relógio que lhe pedi. Ela queria ficar nos melhores hotéis e comer nos restaurantes mais famosos. É claro que não foi possível. Você também tem de ouvir Marina contar suas histórias.

나는 어제 Marina를 만났다. 그녀는 유럽에서 막 돌아왔다. 그녀는 그곳의 높은 물가에 기절하고 왔다. 호텔 값이 아주 비싸서 쇼핑을 거의 할 수 없었다. 따라서 내가 부탁한 시계도 가져오지 못했다. (여행가기 전) 그녀는 (유럽의) 최고급 호텔에서 머물고, 가장 유명한 식당에서 먹기를 원했다. 하지만 그것이 불가능했다는 것은 명백하다. 너 역시 Marina가 그녀의 여행담을 얘기하는 것을 들어야 한다.

## ••• 최상급 (1)

| 형용사 | 최상급 |
| --- | --- |
| bom | o melhor de |
| mau, ruim | o pior de |
| grande | o maior de |
| pequeno | o menor de |

Este hotel é moderno.
Estas cidades são famosas.

Este hotel é o mais moderno da cidade.
▶이 호텔이 이 도시에서 가장 현대적이다.

Estas cidades são as mais famosas da Europa.
▶이 도시들은 유럽에서 가장 유명하다.

* 최상급은 〈정관사 + 비교급 + 형용사〉로 만들 수 있다.

### A 최상급

Comprei um carro caro. → Comprei o carro mais caro da loja.
▶나는 비싼 차 한대를 샀다.

1. Ela mora numa casa confortável. → ..........................................
   ▶그녀는 편안한 집에서 산다.
2. Esta fábrica vende aviões velozes. → ..........................................
   ▶이 공장은 속도가 빠른 비행기들을 판매한다.
3. Ontem vimos um filme interessante. → ..........................................
   ▶어제 우리는 재미있는 영화 한 편을 봤다.
4. A sala dele é clara. → ..........................................
   ▶그의 사무실은 밝다.
5. Fizemos uma viagem curta. → ..........................................
   ▶우리는 짧은 여행을 했다.
6. Ela mora num bom apartamento. → ..........................................
   ▶그녀는 어느 좋은 아파트에서 산다.
7. Fabricamos máquinas grandes. → ..........................................
   ▶우리는 대형기계를 생산한다.

8. Eles fizeram um mau negócio. → ..........................................................
▶ 그들은 (자신들에게 불리한) 나쁜 비지니스를 했다.

9. Ela abriu uma loja pequena. → ..........................................................
▶ 그녀는 작은 상점 하나를 오픈했다.

## ···▶ 최상급 (2)

### ▶절대최상급

Este hotel é moderno.
Estas cidades são famosas.
Este hotel é muito moderno.
Estas cidades são muito famosas.

Este hotel é moderníssimo. ▶ 이 호텔은 최신식이네.
Estas cidades são famosíssimas. ▶ 이 도시들은 최고로 유명해.
O senhor é amabilíssimo. ▶ 선생님께서는 정말 살가우시군요.

| 형용사 | 형용사의 절대 최상급 |
|---|---|
| amável | amabilíssimo |
| mau, ruim | péssimo |
| bom | ótimo |
| agradável | agradabilíssimo |
| fácil | facílimo |
| dlfícil | dificílimo |

### Ⓐ 예문처럼 절대최상급으로 바꾸기

Esta sala é clara. → Esta sala é muito clara. → Esta sala é claríssima.
▶ 이 방은 밝다. ▶ 이 방은 매우 밝다. ▶ 이 방이 가장 밝다.

1. Ele comprou um apartamento velho. ▶그는 낡은 아파트 한 채를 구입했다.

..............................................................................................................

2. O irmão dela é alto. ▶그녀의 오빠는 키가 크다.

..............................................................................................................

3. O tempo em São Paulo é instável.
▶São Paulo의 날씨는 수시로 변한다(=불안정하다).

..............................................................................................................

4. Esta bicicleta é barata. ▶이 자전거는 값이 싸다.

..............................................................................................................

5. É dificil dirigir em São Paulo. ▶São Paulo에서 운전하는 것은 어렵다.

..............................................................................................................

6. Ela acha fácil dirigir em Nova York.
▶그녀는 뉴욕에서 운전하는 것이 쉽다고 생각한다.

..............................................................................................................

7. Nosso diretor é um homem ocupado. ▶우리 이사님은 바쁜 사람이다.

..............................................................................................................

8. Ele é jovem, mas é responsável. ▶그는 젊지만, 책임감이 있다.

..............................................................................................................

9. O que aconteceu com Tómas? Ele está gordo.
▶Tómas에게 무슨 일이 생긴 거야? 살이 쪘네?

..............................................................................................................

10. O carro está conservado e o preço é bom.
▶그 차는 관리가 잘 되어 (중고차) 가격이 좋다.

..............................................................................................................

11. Pobre homem! Ele está ruim. ▶ 불쌍한 인간! (지금) 상태가 나쁘네.

..........................................................................................................

12. Não gosto desta rua. Ela é escura. ▶ 나는 이 길을 좋아하지 않아. 어두워서.

..........................................................................................................

13. Vou a pé para o escritório. Moro perto do centro.
▶ 나는 사무실에 걸어서 출근한다. 시내에서 가까이 사니까.

..........................................................................................................

14. Neste restaurante, os garçons são ruins, mas o cozinheiro é bom.
▶ 이 식당의 웨이터들은 형편없지만, 요리사는 훌륭해.

..........................................................................................................

## OUVIR와 PEDIR 동사의 직설법 현재, 과거, 반과거

**OUVIR – 현재**

| | | | |
|---|---|---|---|
| Eu | ouço | Nós | ouvimos |
| Você<br>Ele<br>Ela | sentia | Vocês<br>Eles<br>Elas | ouvem |

**PEDIR – 현재**

| | | | |
|---|---|---|---|
| Eu | peço | Nós | pedimos |
| Você<br>Ele<br>Ela | pede | Vocês<br>Eles<br>Elas | pedem |

**OUVIR – 과거**

| | | | |
|---|---|---|---|
| Eu | ouvi | Nós | ouvimos |
| Você<br>Ele<br>Ela | ouviu | Vocês<br>Eles<br>Elas | ouvem |

**PEDIR – 과거**

| | | | |
|---|---|---|---|
| Eu | pedi | Nós | pedimos |
| Você<br>Ele<br>Ela | pediu | Vocês<br>Eles<br>Elas | pediram |

**OUVIR – 반과거**

| | | | |
|---|---|---|---|
| Eu | ouvia | Nós | ouvíamos |
| Você<br>Ele<br>Ela | ouvia | Vocês<br>Eles<br>Elas | ouviam |

**PEDIR – 반과거**

| | | | |
|---|---|---|---|
| Eu | pedia | Nós | pedíamos |
| Você<br>Ele<br>Ela | pedia | Vocês<br>Eles<br>Elas | pediam |

## Ⓐ 동사의 시제 총복습

1. (ouvir)
   Eu __________ rádio todas as manhãs, mas ele não __________.
   ▶ 나는 매일 아침 라디오를 듣지만 그는 듣지 않는다.

2. (ouvir)
   Não façam barulho! Ele está __________ seu programa preferido.
   ▶ 소리내지 마! 그가 자신이 좋아하는 라디오 프로그램을 듣고 있는 중이야.

3. (fazer)
   Ela não vai sair agora porque está __________ um bolo.
   ▶ 그녀는 외출하지 않을 거야. 지금 케익을 만들고 있는 중이거든.

4. (pedir)
   Ontem ele me __________ um livro emprestado.
   ▶ 어제 그가 내게 책 한 권을 빌려달라고 부탁했어.

5. (pedir)
   Amanhã eles _______________ férias ao chefe.
   ▶ 내일 그들은 직장상사에게 휴가를 요청할 거야.

6. (fazer)
   No ano passado, ele me ___________ muitos favores.
   ▶ 작년에 그는 나에게 많은 호의를 베풀었다.

7. (pedir)
   Você sempre ______ sorvete de sobremesa, mas eu ______ salada de frutas.
   ▶ 너는 언제나 후식으로 아이스크림을 주문하지만, 나는 과일샐러드를 주문한다.

8. (fazer/fazer)
   No ano passado, eu __________ ginástica duas vezes por semana. Agora não ___________ mais.
   ▶ 작년에 나는 일 주일에 두 번씩 운동을 했다. 지금은 더 이상 하지 않는다.

9. (fazer/fazer/pedir)
   Você _________ bons negócios com esta fábrica japonesa?
   - Não, não ________ . Eu sempre ________ os folhetos, mas nunca os recebo.
   ▶ 당신은 이 일본 공장과 좋은(=효율적인, 이익이 나는) 거래를 하십니까?
   – 아니요, 아닙니다. 저는 언제나 (공장의 정보가 담긴) 팜플렛를 요구하는데, 한번도 받은 적이 없습니다.

10. (fazer)
    As baianas __________ quindins muito bons.
    ▶ 바이아 여인들은 아주 맛있는 quindim을 만듭니다.

11. (pedir)
    Quando como neste restaurante, sempre __________ o prato do dia.
    ▶ 이 식당에서 밥을 먹을 때면, 나는 언제나 "오늘의 메뉴"를 시킵니다.

12. (pedir)
Nós ____ ______ o número do telefone dele, mas ele não deu.
▶ 우리는 그의 전화번호를 요구했지만 그는 주지 않았다.

13. (ouvir/ouvir)
Antes nós __________ muita música clássica; agora não ___________ mais porque não temos tempo.
▶ 예전에 우리는 클래식음악을 많이 듣곤 했는데, 지금은 시간이 없어서 더 이상 듣지 않습니다.

14. (ouvir/pedir)
O público _______ o concerto em silêncio e depois ______ bis.
▶ 관중들은 그 콘서트를 조용히 들은 후에 앙콜을 요청했습니다.

15. (ouvir/ouvir)
Quando eu morava numa casa, ___________ a chuva bater no telhado; agora que moro em apartamento e não _____ mais.
▶ 내가 주택에 살았을 때, 지붕을 때리는 비 소리를 가끔 듣곤 했는데, 지금은 아파트에 살기 때문에 더 이상 듣지 않습니다.

## <Acabar de + V(동사원형)>
## "지금 막 ~을 했다" 혹은 "지금 막 ~하기를 끝냈다"의 표현

Acabo de lembrar: Não temos mais vinho.
▶ 지금 막 생각이 났어요. 포도주가 더 이상 없다는 것을.

Por que você está nervosa?
- Porque acabei de ver um acidente.
▶ 왜 당신은 지금 신경이 곤두서 있어요?
– 왜냐하면 지금 막 어떤 사고를 목격했거든요.

### A Acabar de + V(동사원형) 연습

1. (quebrar)
Sinto muito, mas não vamos mais tomar vinho no jantar. Eu ______ _______ a última garrafa.
▶ 죄송합니다, 저녁식사에서 우리는 더 이상 와인을 마시게 못하게 됐습니다. 제가 지금 막 마지막 병을 깨버렸거든요.

2. (contratar)
Temos uma nova secretária. ______________________________ -la.
▶ 우리는 새 여비서를 막 채용했습니다.

3. (telefonar)
Julieta não está em casa. Eu ____________________________ para lá.
▶ Julieta는 집에 없어요. 내가 방금 전화해보았거든요.

4. (sair)
Querem falar com o sr. Morais, mas ele ____________________.
▶ 그들은 Morais씨와 얘기하길 원하지만 그는 막 나갔습니다.

5. (receber)
Hoje vamos jantar fora. Eu _____________________ meu salário.
▶ 우리 오늘 외식합시다. 방금 월급을 받았거든요.

6. (ver)
Marina não está em casa. Eu _________________ -la na porta do cinema.
▶ Marina는 지금 집에 없습니다. 내가 방금 영화관 입구에서 그녀를 봤거든요.

7. (fazer)
Ele está contente porque _________________________ um ótimo negócio.
▶ 그는 지금 만족하고 있어요. 왜냐하면 우리가 지금 막 최고의 계약을 끝냈거든요.

8. (comprar)
Eles estão sem dinheiro porque ______________________ uma casa.
▶ 그들은 지금 돈이 없어요. 왜냐하면 지금 막 주택을 한 채 구입했거든요.

9. (sair)
Vou comprar o último disco desta cantora. Ele ________________.
▶ 나는 이 가수의 가장 최신 앨범을 구매하려고 해. 그게 지금 막 발매되었거든.

10. (limpar)
A casa está limpa. Eu ___________________ -la.
▶ 집은 깨끗해. 내가 방금 청소를 끝냈거든.

## <Mal + V (동사원형)> "~하는 것을 거의 하지 못한다"의 표현

Ele está com dor de garganta e mal pode falar.
▶ 그는 목이 아파서 거의 말을 할 수 없다.

Não vou conversar com ele porque mal o conheço.
▶ 나는 그와 얘기하지 않을 것이다. 왜냐하면 나를 그를 잘 모르기 때문이다.

### A 〈Mal + poder + V(동사원형)〉 연습

1. Eu trabalho muito e mal ........................................................................................
   ▶ 나는 일을 너무 많이 해서, 친구들과 거의 나가지를 못한다.
2. Ele está com sono e ........................................................................................
   ▶ 그는 졸려서, 일을 거의 할 수 없다.
3. Por causa da dor de cabeça ela ........................................................................................
   ▶ 두통 때문에, 그녀는 말을 거의 할 수 없다.
4. Ela estava com dor na mão e ........................................................................................
   ▶ 그 여자는 손이 아파서 글을 거의 쓸 수가 없다.
5. Porque minha amiga estava com pressa eu ........................................................................................
   ▶ 내 여자 친구가 급해서(=시간이 없어서), 나는 쇼핑을 거의 할 수 없었다.
6. Não é possível! Eu ........................................................................................
   ▶ 말도 안돼! 나는 지금 내가 보고 있는 것을 거의 믿을 수가 없다.
7. Por causa do sol, ele mal viu o farol fechado. ........................................................................................
   ▶ 태양 때문에 그는 신호등이 닫혀있는 것(=빨간 색인 것)을 거의 볼 수가 없었다.
8. Meu salário é muito baixo, com ele mal ........................................................................................
   ▶ 내 월급은 너무 조금이야. 나는 그 월급으로는 거의 살 수가 없어.
9. Não vou convidar meu vizinho para a festa, porque ........................................................................................
   ▶ 나는 그 파티에 나의 이웃을 초대하지는 않을 거야. 왜냐하면 그를 잘 몰라.
10. Não me lembro do rosto dele. Eu ........................................................................................
    ▶ 나는 그의 얼굴이 생각나지 않아. 나는 그를 잘 알지도 못했거든.

## ••• <Precisar = Ter que = Ter de> ~ 할 필요가 있다 = <Dever + V(동사원형)> ~ 해야 한다

동사의 뜻을 각각 살펴보면 precisar는 영어의 need, ter que와 ter de는 영어의 have to 나 must로 해석되지만, 다음의 예문에서는 세 동사가 모두 "~ 해야한다"라는 의무를 나타낸다.

| | | |
|---|---|---|
| Você | precisa<br>tem que<br>tem de<br>deve | ajudar o Paulo |

### A precisar 동사로 대답하기

1. O que você precisa fazer hoje? - Eu ______________________
   ▶ 당신은 오늘 무엇을 해야 합니까?
2. O que eles precisam comprar? - Eles precisam ______________
   ▶ 그들은 무엇을 사야 합니까?
3. A que horas você precisa almoçar? - Eu ______________________
   ▶ 몇 시에 당신은 점심을 먹어야 합니까?
4. Por que ele precisa sair? - ______________________
   ▶ 그는 왜 외출해야 합니까?
5. Com quem você precisa falar? - ______________________
   ▶ 당신은 누구와 말해야 합니까?

### B precisar 대신 ter de나 ter que로 대답하기

1. O que você precisa fazer hoje? - Eu ______________________
2. O que eles precisam comprar? - Eles precisam ______________
3. A que horas você precisa almoçar? - Eu ______________________
4. Por que ele precisa sair? - ______________________
5. Com quem você precisa falar? - ______________________

## Ⓒ 문장 완성하기

1. Não posso ajudá-la porque tenho que ______________________________
   ▶ 나는 그녀를/당신을 도와 줄 수 없어요. 왜냐히면 이 메일을 하나 보내야 하거든요.

2. Ele não veio á festa porque teve de ______________________________
   ▶ 그는 그 파티에 오지 않았다 왜냐하면 시골에 사시는 부모님을 방문해야 했거든요.

3. O médico não vai nos atender hoje porque vai ter que ____________________
   ▶ 그 의사는 오늘 우리를 진료하지 않을 겁니다. 왜냐하면 오후에 수술을 해야 하거든요.

4. Para ser engenheiro você ______________________________
   ▶ 엔지니어가 되기 위해서 당신은 열심히 공부해야 합니다.

5. Para marcar uma entrevista com aquele artista a gente ____________________
   ▶ 저 아티스트와 인터뷰하기 위해 우리는 오랜 시간 기다려야 합니다.

6. A gente ______________________________ para dirigir em São Paulo.
   ▶ 우리는 São Paulo에서 운전하기 위해서는, 주의력이 필요합니다(=prestar atenção).

7. Para levantar cedo a gente ______________________________
   ▶ 우리는 일찍 일어나기 위해서는 일찍 자야 합니다.

8. A gente ______________________________ para ser elegante.
   ▶ 우아해지기 위해서는, 살이 찌면 안됩니다(=말라야 합니다).

9. Para abrir uma firma nós ______________________________
   ▶ 우리가 회사를 하나 차리려면 돈이 있어야 합니다.

10. Para falar com o Papa você ______________________________
    ▶ 교황과 말하기 위해서는, 당신은 로마로 가야 합니다.

## ▸Sinais de Trânsito (교통표지판)

Mão única
일방통행

Direção a seguir
직진

Contramão
반대 방향만 통행가능 한 길

Permitido estacionar
주차가능

Proibido estacionar
주차금지

Duas mãos
양 방향 통행 가능 길

Homens trabalhando
공사 중

Proibido ultrapassar
추월금지

Proibido conversão
회전금지

Esta rua é mão única.
(=Ela tem apenas um sentido).
▸ 이 길은 일방통행입니다.

Vamos sempre reto!
▸ 항상 직진해야 합니다.

Vamos sempre em frente!
▸ 항상 앞으로 가세요.

Este rua é contramão.
▸ 이 길은 반대 방향만 통행 가능합니다.

Você está na contramão.
▸ 당신은 반대 방향 통행 길에 있습니다.

Você não pode entrar na contramão.
▸ 당신은 반대 방향 통행 길에 들어갈 수 없습니다.

Esta rua é de duas mãos.
(=Ela tem mão dupla).
▸ 이 길은 양 방향 통행 가능 길입니다.

Esta rua está em obras.
▸ 이 길은 공사 중입니다.

Não podemos virar à esquerda.
▸ 좌회전 해서는 안 됩니다.

Não podemos virar à direita.
▸ 우회전 해서는 안 됩니다.

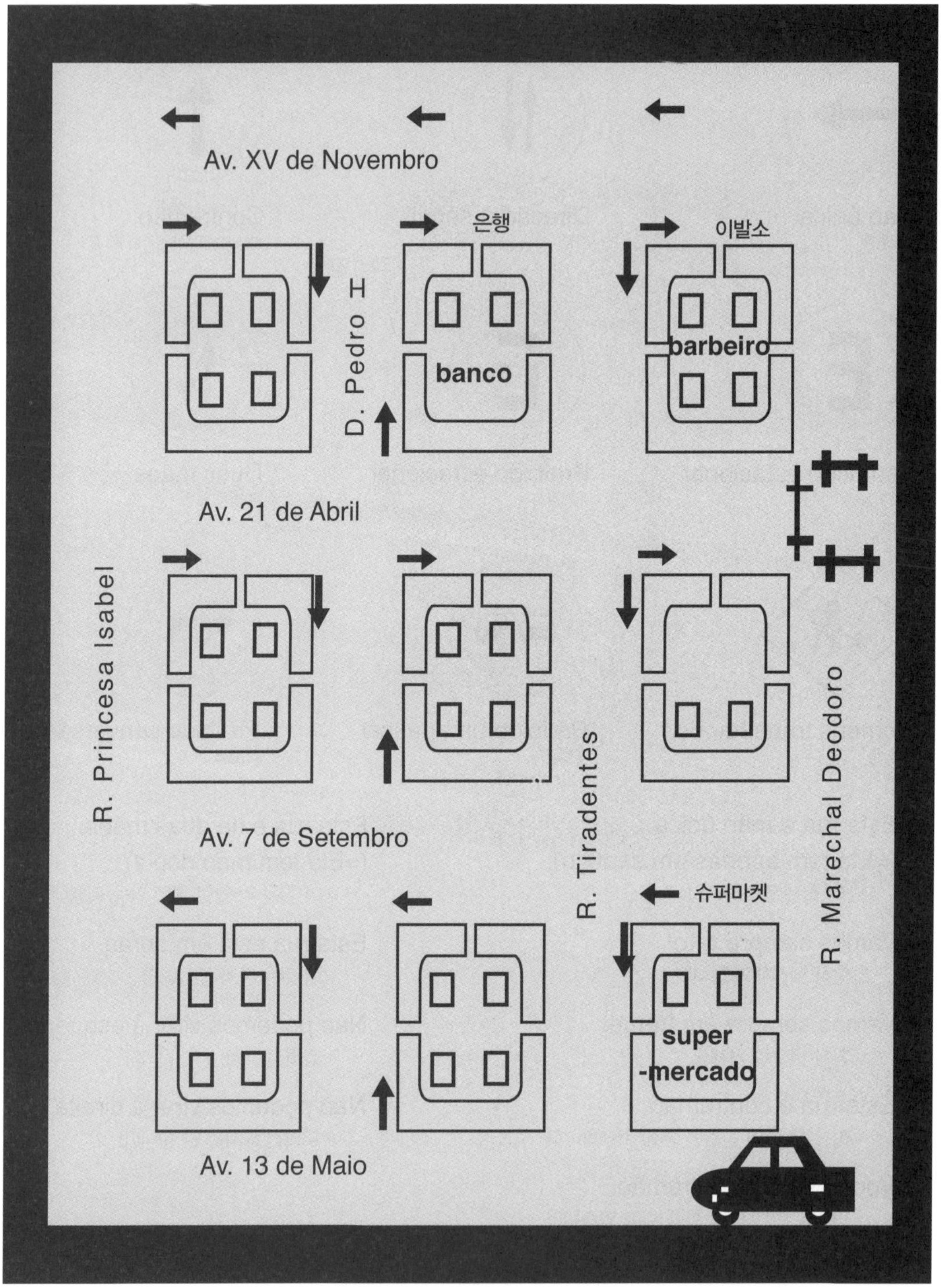
Av. XV de Novembro
은행
이발소
D. Pedro II
banco
barbeiro
Av. 21 de Abril
R. Princesa Isabel
R. Tiradentes
R. Marechal Deodoro
Av. 7 de Setembro
슈퍼마켓
super
-mercado
Av. 13 de Maio

당신은 지금 은행방향으로 운전하고 있습니다. 당신은 슈퍼마켓 가까운, 13 de Maio 거리에 있습니다. 그림을 보고 다음 물음에 답하세요.

1. Onde fica o banco?
   ▶은행은 어디 있습니까?

2. Em que rua você deve virar para chegar ao banco?
   ▶은행에 도착하기 위해 당신은 어느 길에서 회전을 해야 합니까?

3. Por que você não pode virar na rua Tiradentes?
   ▶왜 당신은 Tiradentes거리에서 회전하지 못 합니까?

4. Que tipo de rua é a Dom Pedro I?
   ▶Dom Pedro I 거리는 어떤 타입의 거리입니까?

5. E a Avenida 21 de Abril?
   ▶Abril 21번 거리는요?

6. A rua Marechal Deodoro dá mão. Se você pegar esta rua, você pode ir até o fim? Por quê?
   ▶만약 당신이 Marechal Deodoro거리를 택한다면, 당신은 끝까지 갈 수 있습니까? 왜 그렇지요?

7. Depois de resolver seus negócios no banco, você vai ao barbeiro. Que caminho você tem que fazer?
   ▶은행에서 당신의 업무를 본 후에, 당신은 이발소로 갑니다. 어떤 길로 가야 합니까?

8. Por que você tem de fazer um trajeto tão comprido?
   ▶당신은 왜 그렇게 돌아 가야만 합니까?

## ▸ Sinais de Estrada (도로 표지판)

음푹 패인 도로
Depressão na pista

강풍 유의 지역
Região sujeita a fortes ventos

미끄럼주의
Pista escorregadia

도로 폭이 줄어들음
Estreitamento na pista

식당
Restaurante

주유소
Posto de Gasolina

차량정비소
Borracheiro

공중전화
Telefone

## ▸ Placas de advertencia (경고 표지판)

내리막길
Declive Acentuado

오르막길
Aclive Acentuado

움직이는 다리
Ponte Móvel

향후 양 방향 길 나옴
Mão Dupla Adiante

낙석주의 지역
Área com desmoronamento

비포장도로
Projeção de cascalho

자전거도로
Ciclistas

농기계도로
Maquinária agrícola

횡단보도
Passagem de Pedestre

동물주의
Cuidado com animais

야생동물주의
Animais Selvagens

장애물(차단기) 없는 사람이나 차가 통과할 수 있는 길
Passagem de Nivel sem barreira

| | |
|---|---|
| Pare sempre fora da pista | 도로 밖에서 멈추시오 |
| Use luz baixa ao cruzar com outro veículo | 맞은 편에서 차가올 때, 전조등 사용금지 |
| Curva perigosa | 커브 위험 지역 |
| Não ultrapasse na curva | 커브에서 추월 금지 |

# 부록 1

## 동사의 법(modo)과 시제(tempo)

## 1군 규칙 동사

### MORAR

| | 직설법 (Modo indicativo) | | 접속법 (Modo subjuntivo) | |
|---|---|---|---|---|
| | 단순시제<br>Tempos simples | 복합시제<br>Tempos compostos | 단순시제<br>Tempos simples | 복합시제<br>Tempos compostos |
| 현재 | Eu moro<br>Tu moras<br>Ele mora<br>Nós moramos<br>Vós morais<br>Eles moram | | Que eu more<br>Que tu mores<br>Que ele more<br>Que nós moremos<br>Que vós moreis<br>Que eles morem | |
| 반과거 | Eu morava<br>Tu moravas<br>Ele morava<br>Nós morávamos<br>Vós moráveis<br>Eles moravam | | Que eu morasse<br>Que tu morasses<br>Que ele morasse<br>Que nós morássemos<br>Que vós morásseis<br>Que eles morassem | |
| 과거 | Eu morei<br>Tu moraste<br>Ele morou<br>Nós moramos<br>Vós morastes<br>Eles moraram | tenho morado<br>tens morado<br>tem morado<br>temos morado<br>tendes morado<br>têm morado | | tenha morado<br>tenhas morado<br>tenha morado<br>tenahmos morado<br>tenhais morado<br>tenham morado |
| 대과거 | Eu morara<br>Tu moraras<br>Ele morara<br>Nós moráramos<br>Vós moráreis<br>Eles moraram | tinha morado<br>tinhas morado<br>tinha morado<br>tínhamos morado<br>tínheis morado<br>tinham morado | | tivesse morado<br>tivesses morado<br>tivesse morado<br>tivéssemos morado<br>tivésseis morado<br>tivessem morado |
| 미래 | Eu morarei<br>Tu morarás<br>Ele morará<br>Nós moraremos<br>Vós morareis<br>Eles morarão | terei morado<br>terás morado<br>terã morado<br>teremos morado<br>tereis morado<br>terão morado | Quando eu morar<br>Quando tu morares<br>Quando ele morar<br>Quando nós morarmos<br>Que vós morardes<br>Que eles morarem | tiver morado<br>tiverdes morado<br>tiver morado<br>tivermos morado<br>tivedes morado<br>tiverem morado |
| 과거미래 | Eu moraria<br>Tu morarias<br>Ele moraria<br>Nós moraríamos<br>Vós moraríeis<br>Eles morariam | teria morado<br>terias morado<br>teria morado<br>teríamos morado<br>teríeis morado<br>teriam morado | | |

| 명령법 (Modo imperativo) | |
|---|---|
| 긍정<br>Afirmativo | mora (tu)<br>more (você)<br>moremos (nós)<br>morai (vós)<br>morem (vocês) |
| 부정<br>Negativo | não mores (tu)<br>não more (você)<br>não moremos (nós)<br>não moreis (vós)<br>não morem (vocês) |

| Gerúndio |
|---|
| 현재분사<br>morando |
| 현재완료<br>tendo morado |
| 과거분사<br>morado |

| 동사를 명사처럼 사용하고자 할 때 (Formas nominais) | | | |
|---|---|---|---|
| 부정법<br>Infinitivo impessoa | morar | 완료<br>부정법 | ter morado |
| 인칭부정법<br>Infinitivo pessoal | morar (eu)<br>morares (tu)<br>morar (ele)<br>morarmos (nós)<br>morardes (vós)<br>morarem (eles) | 완료<br>인칭부정법 | ter morado<br>teres morado<br>ter morado<br>termos morado<br>terdes morado<br>terem morado |

## ATENDER

| | 직설법 (Modo indicativo) | | 접속법 (Modo subjuntivo) | |
|---|---|---|---|---|
| | 단순시제<br>Tempos simples | 복합시제<br>Tempos compostos | 단순시제<br>Tempos simples | 복합시제<br>Tempos compostos |
| 현재 | Eu atendo<br>Tu atendes<br>Ele atende<br>Nós atendemos<br>Vós atendeis<br>Eles atendem | | Que eu atenda<br>Que tu atendas<br>Que ele atenda<br>Que nós atendamos<br>Que vós atendais<br>Que eles atendam | |
| 반과거 | Eu atendia<br>Tu atendias<br>Ele atendia<br>Nós atendíamos<br>Vós atendíeis<br>Eles atendiam | | Que eu atendesse<br>Que tu atendesses<br>Que ele atendesse<br>Que nós atendêssemos<br>Que nós atendêsseis<br>Que eles atendessem | |
| 과거 | Eu atendi<br>Tu atendeste<br>Ele atendeu<br>Nós atendemos<br>Vós atendestes<br>Eles atenderam | tenho atendido<br>tens atendido<br>tem atendido<br>temos atendido<br>tendes atendido<br>têm atendido | | tenha atendido<br>tenhas atendido<br>tenha atendido<br>tenhamos atendido<br>tenhais atendido<br>tenham atendido |
| 대과거 | Eu atendera<br>Tu atenderas<br>Ele atendera<br>Nós atendêramos<br>Vós atendêreis<br>Eles atenderam | tinha atendido<br>tinhas atendido<br>tinha atendido<br>tínhamos atendido<br>tínheis atendido<br>tinham atendido | | tivesse atendido<br>tivesses atendido<br>tivesse atendido<br>tivéssemos atendido<br>tivésseis atendido<br>tivessem atendido |
| 미래 | Eu atenderei<br>Tu atenderás<br>Ele atenderá<br>Nós atenderemos<br>Vós atendereis<br>Eles atenderão | terei atendido<br>terás atendido<br>terá atendido<br>teremos atendido<br>tereis atendido<br>terão atendido | Quando eu atender<br>Quando tu atenders<br>Quando ele atender<br>Quando nós atendermos<br>Quando vós atenderdes<br>Quando eles atenderem | tiver atendido<br>tiveres atendido<br>tiver atendido<br>tivermos atendido<br>tiverdes atendido<br>tiverem atendido |
| 과거미래 | Eu atenderia<br>Tu atenderias<br>Ele atenderia<br>Nós atenderíamos<br>Vós atenderíeis<br>Eles atenderiam | teria atendido<br>terias atendido<br>teria atendido<br>teríamos atendido<br>teríeis atendido<br>teriam atendido | | |

| 명령법 (Modo imperativo) | |
|---|---|
| 긍정 Afirmativo | atende (tu)<br>atenda (você)<br>atendamos (nós)<br>atendei (vós)<br>atendam (vocês) |
| 부정 Negativo | não atendas (tu)<br>não atenda (você)<br>não atendamos (nós)<br>não atendais (vós)<br>não atendam (vocês) |

**Gerúndio**

현재분사
atendendo

현재완료
tendo arendido

과거분사
atendido

| 동사를 명사처럼 사용하고자 할 때 (Formas nominais) | | | |
|---|---|---|---|
| 부정법 Infinitivo impessoa | atender | 완료 부정법 | ter atendido |
| 인칭부정법 Infinitivo pessoal | atender (eu)<br>atenderes (tu)<br>atender (ele)<br>atendermos (nós)<br>atenderdes (vós)<br>atenderem (eles) | 완료 인칭부정법 | ter atendido<br>teres atendido<br>ter atendido<br>termos atendido<br>terdes atendido<br>terem atendido |

## 3군 규칙 동사

### ABRIR

| | 직설법 (Modo indicativo) | | 접속법 (Modo subjuntivo) | |
|---|---|---|---|---|
| | 단순시제<br>Tempos simples | 복합시제<br>Tempos compostos | 단순시제<br>Tempos simples | 복합시제<br>Tempos compostos |
| 현재 | Eu abro<br>Tu abres<br>Ele abre<br>Nós abrimos<br>Vós abris<br>Eles abrem | | Que eu abra<br>Que tu abras<br>Que ele abra<br>Que nós abrimos<br>Que vós abrais<br>Que eles abram | |
| 반과거 | Eu abria<br>Tu abrias<br>Ele abria<br>Nós abríamos<br>Vós abríeis<br>Eles abriam | | Que eu abrisse<br>Que tu abrisses<br>Que ele abrisse<br>Que nós abríssemos<br>Que nós abrísseis<br>Que eles abrissem | |
| 과거 | Eu abri<br>Tu abriste<br>Ele abriu<br>Nós abrimos<br>Vós abristes<br>Eles abriram | tenho aberto<br>tens aberto<br>tem aberto<br>temos aberto<br>tendes aberto<br>têm aberto | | tenha aberto<br>tenhas aberto<br>tenha aberto<br>tenhamos aberto<br>tenhais aberto<br>tenham aberto |
| 대과거 | Eu abrira<br>Tu abriras<br>Ele abrira<br>Nós abríramos<br>Vós abríreis<br>Eles abriram | tinha aberto<br>tinhas aberto<br>tinha aberto<br>tínhamos aberto<br>tínheis aberto<br>tinham aberto | | tivesse aberto<br>tivesses aberto<br>tivesse aberto<br>tivéssemos aberto<br>tivésseis aberto<br>tivessem aberto |
| 미래 | Eu abrirei<br>Tu abrirás<br>Ele abrirá<br>Nós abriremos<br>Vós abrireis<br>Eles abrirão | terei aberto<br>terás aberto<br>terá aberto<br>teremos aberto<br>tereis aberto<br>terão aberto | Quando eu abrir<br>Quando tu abrires<br>Quando ele abrir<br>Quando nós abrirmos<br>Quando vós abrirdes<br>Quando eles abrirem | tiver aberto<br>tiveres aberto<br>tiver aberto<br>tivermos aberto<br>tiverdes aberto<br>tiverem aberto |
| 과거미래 | Eu abriria<br>Tu abririas<br>Ele abriria<br>Nós abriríamos<br>Vós abriríeis<br>Eles abririam | teria aberto<br>terias aberto<br>teria aberto<br>teríamos aberto<br>teríeis aberto<br>teriam aberto | | |

| 명령법 (Modo imperativo) | |
|---|---|
| 긍정<br>Afirmativo | abre (tu)<br>abra (você)<br>abramos (nós)<br>abrei (vós)<br>abram (vocês) |
| 부정<br>Negativo | não abras (tu)<br>não abra (você)<br>não abramos (nós)<br>não abrais (vós)<br>não abram (vocês) |

**Gerúndio**

현재분사
abrindo

현재완료
tendo aberto

과거분사
aberto

| 동사를 명사처럼 사용하고자 할 때 (Formas nominais) | | | |
|---|---|---|---|
| 부정법<br>Infinitivo<br>impessoa | abrir | 완료<br>부정법 | ter aberto |
| 인칭부정법<br>Infinitivo<br>pessoal | abrir (eu)<br>abrires (tu)<br>abrir (ele)<br>abrirmos (nós)<br>abrirdes (vós)<br>abrirem (eles) | 완료<br>인칭부정법 | ter aberto<br>teres aberto<br>ter aberto<br>termos aberto<br>terdes aberto<br>terem aberto |

## 불규칙 동사 / 조동사로 가장 많이 쓰이는 동사

| 직설법 (Modo indicativo) | | | | |
|---|---|---|---|---|
| | **Ser** | **Estar** | **Ter** | **Haver** |
| 현재 | Eu sou<br>Tu és<br>Ele é<br>Nós somos<br>Vós sois<br>Eles são | Eu estou<br>Tu estás<br>Ele está<br>Nós estamos<br>Vós estais<br>Eles estão | Eu tenho<br>Tu tens<br>Ele tem<br>Nós temos<br>Vós tendes<br>Eles têm | Eu hei<br>Tu hás<br>Ele há<br>Nós havemos<br>Vós haveis<br>Eles hão |
| 반과거 | Eu era<br>Tu eras<br>Ele era<br>Nós éramos<br>Vós éreis<br>Eles eram | Eu estava<br>Tu estavas<br>Ele estava<br>Nós estávamos<br>Vós estáveis<br>Eles estavam | Eu tinha<br>Tu tinhas<br>Ele tinha<br>Nós tínhamos<br>Vós tínheis<br>Eles tinham | Eu havia<br>Tu havias<br>Ele havia<br>Nós havíamos<br>Vós havíeis<br>Eles haviam |
| 과거 | Eu fui<br>Tu foste<br>Ele foi<br>Nós fomos<br>Vós fostes<br>Eles foram | Eu estive<br>Tu estiveste<br>Ele esteve<br>Nós estivemos<br>Vós estiveste<br>Eles estavam | Eu tive<br>Tu tiveste<br>Ele teve<br>Nós tivemos<br>Vós tivestes<br>Eles tiveram | Eu houve<br>Tu houveste<br>Ele houve<br>Nós houvemos<br>Vós houvestes<br>Eles houveram |
| 대과거 | Eu fora<br>Tu foras<br>Ele fora<br>Nós fôramos<br>Vós fôreis<br>Eles foram | Eu estivera<br>Tu estiveras<br>Ele estivera<br>Nós estivéramos<br>Vós estivéreis<br>Eles estiveram | Eu tivera<br>Tu tiveras<br>Ele tivera<br>Nós tivéramos<br>Vós tivéreis<br>Eles tiveram | Eu houvera<br>Tu houveras<br>Ele houvera<br>Nós houvéramos<br>Vós houvéreis<br>Eles houveram |
| 미래 | Eu serei<br>Tu serás<br>Ele será<br>Nós seremos<br>Vós sereis<br>Eles serão | Eu estarei<br>Tu estarás<br>Ele estará<br>Nós estaremos<br>Vós estareis<br>Eles estarão | Eu terei<br>Tu terás<br>Ele terá<br>Nós teremos<br>Vós tereis<br>Eles terão | Eu haverei<br>Tu haverás<br>Ele haverá<br>Nós haveremos<br>Vós havereis<br>Eles haverão |
| 과거미래 | Eu seria<br>Tu serias<br>Ele seria<br>Nós seríamos<br>Vós seríeis<br>Eles seriam | Eu estaria<br>Tu estarias<br>Ele estaria<br>Nós estaríamos<br>Vós estaríeis<br>Eles estariam | Eu teria<br>Tu terias<br>Ele teria<br>Nós teríamos<br>Vós teríeis<br>Eles teriam | Eu haveria<br>Tu haverias<br>Ele haveria<br>Nós haveríamos<br>Vós haveríeis<br>Eles haveriam |

| 접속법 (Modo subjuntivo) | | | | |
|---|---|---|---|---|
| | Ser | Estar | Ter | Haver |
| 현재 | que eu seja<br>que tu sejas<br>que ele seja<br>que nós sejamos<br>que vós sejais<br>que eles sejam | esteja<br>estejas<br>esteja<br>estejamos<br>estajais<br>estejam | tenha<br>tenhas<br>tenha<br>tenhamos<br>tenhais<br>tenham | haja<br>hajas<br>haja<br>hajamos<br>hajais<br>hajam |
| 과거 | que eu fosse<br>que tu fosses<br>que ele fosse<br>que nós fôssemos<br>que vós fôsseis<br>que eles fossem | estivesse<br>estivesses<br>estivesse<br>estivéssemos<br>estivésseis<br>estivessem | tivesse<br>tivesses<br>tivesse<br>tivéssemos<br>tivésseis<br>tivessem | houvesse<br>houvesses<br>houvesse<br>houvéssemos<br>houvésseis<br>houvessem |
| 미래 | quando eu for<br>quando tu fores<br>quando ele for<br>quando nós formos<br>quando vós fordes<br>quando eles forem | estiver<br>estiveres<br>estiver<br>estivermos<br>estiverdes<br>estiverem | tiver<br>tiveres<br>tiver<br>tivermos<br>tiverdes<br>tiverem | houver<br>houveres<br>houver<br>houvermos<br>houverdes<br>houverem |

| 명령법 (Modo imperativo) | | | | |
|---|---|---|---|---|
| 긍정<br>Afirmativo | sê (tu)<br>seja(você)<br>sejamos(nós)<br>sede(vós)<br>sejam(vocês) | está<br>esteja<br>estejamos<br>estai<br>estejam | tem<br>tenha<br>tenhamos<br>tende<br>tenham | há<br>haja<br>hajamos<br>havei<br>hajam |
| 부정<br>Negativo | não sejas(tu)<br>não seja(você)<br>não sejamos(nós)<br>não sejais(vós)<br>não sejam(vocês) | não estejas<br>não esteja<br>não estejamos<br>não estejais<br>não estejam | não tenhas<br>não tenha<br>não tenhamos<br>não tenhais<br>não tenham | não hajas<br>não haja<br>não hajamos<br>não hajais<br>não hajam |

**Gerúndio**

sendo
estando
tendo
havendo

**Particípio**

sido
estado
tido
havido

| 동사를 명사처럼 사용하고자 할 때 (Formas nominais) | | | | |
|---|---|---|---|---|
| 부정법<br>Infinitivo impessoal | ser | estar | ter | houver |
| 인칭부정법<br>Infinitivo pessoal | ser (eu)<br>seres (tu)<br>ser (ele)<br>sermos (nós)<br>serdes (vós)<br>serem (eles) | estar<br>estares<br>estar<br>estarmos<br>estardes<br>estarem | ter<br>teres<br>ter<br>termos<br>terdes<br>terem | haver<br>haveres<br>haver<br>havermos<br>haverdes<br>haverem |

| 직설법 (Modo indicativo) | | | | |
|---|---|---|---|---|
| | Caber | Cobrir | Construir | Dar |
| 현재 | Eu caibo<br>Tu cabes<br>Ele cabe<br>Nós cabemos<br>Vós cabeis<br>Eles cabem | cubro<br>cobres<br>cobre<br>cobrimos<br>cobris<br>cobrem | construo<br>constróis (= construis)<br>constrói (= construi)<br>construímos<br>construís<br>constroem | dou<br>dás<br>dá<br>damos<br>dais<br>dão |
| 반과거 | Eu cabia<br>Tu cabias<br>Ele cabia<br>Nós cabíamos<br>Vós cabíeis<br>Eles cabiam | cobria<br>cobrias<br>cobria<br>cobríamos<br>cobríeis<br>cobriam | construía<br>construías<br>construía<br>construíamos<br>construíeis<br>construíam | dava<br>davas<br>dava<br>dávamos<br>dáveis<br>davam |
| 과거 | Eu coube<br>Tu coubeste<br>Ele coube<br>Nós coubemos<br>Vós coubestes<br>Eles couberam | cobri<br>cobriste<br>cobriu<br>cobrimos<br>cobristes<br>cobriram | construí<br>construíste<br>construiu<br>construímos<br>construístes<br>construíram | dei<br>deste<br>deu<br>demos<br>destes<br>deram |
| 대과거 | Eu coubera<br>Tu couberas<br>Ele coubera<br>Nós coubéramos<br>Vós coubéreis<br>Eles couberam | cobrira<br>cobriras<br>cobrira<br>cobríramos<br>cobríreis<br>cobriram | construíra<br>construíras<br>construíra<br>construíramos<br>construíreis<br>construíram | dera<br>deras<br>dera<br>déramos<br>déreis<br>deram |
| 미래 | Eu caberei<br>Tu caberás<br>Ele caberá<br>Nós caberemos<br>Vós cabereis<br>Eles caberão | cobrirei<br>cobrirás<br>cobrirá<br>cobriremos<br>cobrireis<br>cobrirão | construirei<br>construirás<br>construirá<br>construiremos<br>construireis<br>construirão | darei<br>darás<br>dará<br>daremos<br>dareis<br>darão |
| 과거미래 | Eu caberia<br>Tu caberias<br>Ele caberia<br>Nós caberíamos<br>Vós caberíeis<br>Eles caberiam | cobriria<br>cobririas<br>cobriria<br>cobriríamos<br>cobriríeis<br>cobririam | construiria<br>construirias<br>construiria<br>construiríamos<br>construiríeis<br>construiriam | daria<br>darias<br>daria<br>daríamos<br>daríeis<br>dariam |

| 접속법 (Modo subjuntivo) | | | | |
|---|---|---|---|---|
| | Caber | Cobrir | Construir | Dar |
| 현재 | que eu caiba<br>que tu caibas<br>que ele caiba<br>que nós caibamos<br>que vós caibais<br>que eles caibam | cubra<br>cubras<br>cubra<br>cubramos<br>cubrais<br>cubram | construa<br>construas<br>construa<br>construamos<br>construais<br>construam | dê<br>dês<br>dê<br>dêmos<br>deis<br>dêem |
| 과거 | que eu coubesse<br>que tu coubesses<br>que ele coubesse<br>que nós coubéssemos<br>que vós coubésseis<br>que eles coubessem | cobrisse<br>cobrisses<br>cobrisse<br>cobríssemos<br>cobrísseis<br>cobrissem | construísse<br>construísses<br>construísse<br>construíssemos<br>construísseis<br>construíssem | desse<br>desses<br>desse<br>déssemos<br>désseis<br>dessem |
| 미래 | quando eu couber<br>quando tu couberes<br>quando ele couber<br>quando nós coubermos<br>quando vós couberdes<br>quando eles couberem | cobrir<br>cobrires<br>cobrir<br>cobrirmos<br>cobrirdes<br>cobrirem | construir<br>construíres<br>construir<br>construirmos<br>construirdes<br>construírem | der<br>deres<br>der<br>dermos<br>derdes<br>derem |

| 명령법 (Modo imperativo) | | | | |
|---|---|---|---|---|
| 긍정<br>Afirmativo | cabe(tu)<br>caiba(você)<br>caibamos(nós)<br>cabei(vós)<br>caibam(vocês) | cobre<br>cubra<br>cubramos<br>cobri<br>cubram | constrói<br>construa<br>construamos<br>construí<br>construam | dá<br>dê<br>demos<br>dai<br>dêem |
| 부정<br>Negativo | não caibas(tu)<br>não caiba(você)<br>não caibamos(nós)<br>não caibais(vós)<br>não caibam(vocês) | não cubras<br>não cubra<br>não cubramos<br>não cubrais<br>não cubram | não construas<br>não construa<br>não construamos<br>não construais<br>não construam | não dês<br>não dê<br>não dêmos<br>não deis<br>não dêem |

**Gerúndio**

cabendo
cobrindo
construindo
dando

**Particípio**

cabido
coberto
construído
dado

| 동사를 명사처럼 사용하고자 할 때 (Formas nominais) | | | | |
|---|---|---|---|---|
| 부정법<br>Infinitivo impessoal | caber | cobrir | construir | dar |
| 인칭부정법<br>Infinitivo pessoal | caber (eu)<br>caberes (tu)<br>caber (ele)<br>cabermos (nós)<br>caberdes (vós)<br>caberem (eles) | cobrir<br>cobrires<br>cobrir<br>cobrirmos<br>cobrirdes<br>cobrirem | construir<br>construíres<br>construir<br>construirmos<br>construirdes<br>construírem | dar<br>dares<br>dar<br>darmos<br>dardes<br>darem |

# 불규칙 동사

| 직설법 (Modo indicativo) | | | | |
|---|---|---|---|---|
| | Divertir | Dizer | Dormir | Fazer |
| 현재 | Eu divirto | digo | durmo | faço |
| | Tu divertes | dizes | dormes | fazes |
| | Ele diverte | diz | dorme | faz |
| | Nós divertimos | dizemos | dormimos | fazemos |
| | Vós divertis | dizeis | dormis | fazeis |
| | Eles divertem | dizem | dormen | fazem |
| 반과거 | Eu divertia | dizia | dormia | fazia |
| | Tu divertias | dizias | dormias | fazias |
| | Ele divertia | dizia | dormia | fazia |
| | Nós divertíamos | dizíamos | dormíamos | fazíamos |
| | Vós divertíeis | dizíeis | dormíeis | fazíeis |
| | Eles divertiam | diziam | dormiam | faziam |
| 과거 | Eu diverti | disse | dormi | fiz |
| | Tu divertiste | disseste | dormiste | fizeste |
| | Ele divertiu | disse | dormiu | fez |
| | Nós divertimos | dissemos | dormimos | fizemos |
| | Vós divertistes | dissestes | dormistes | fizestes |
| | Eles divertiram | disseram | dormiram | fizeram |
| 대과거 | Eu divertira | dissera | dormira | fizera |
| | Tu divertiras | disseras | dormiras | fizeras |
| | Ele divertira | dissera | dormira | fizera |
| | Nós divertíramos | disséramos | dormíramos | fizéramos |
| | Vós divertíreis | disséreis | dormíreis | fizéreis |
| | Eles divertiram | disseram | dormiram | fizeram |
| 미래 | Eu divertirei | direi | dormirei | farei |
| | Tu divertirás | dirás | dormirás | farás |
| | Ele divertirá | dirá | dormiá | fará |
| | Nós divertiremos | diremos | dormiremos | faremos |
| | Vós divertireis | direis | dormireis | fareis |
| | Eles divertirão | dirão | dormirão | farão |
| 과거미래 | Eu divertiria | diria | dormiria | faria |
| | Tu divertirias | dirias | dormirias | farias |
| | Ele divertiria | diria | dormiria | faria |
| | Nós divertiríamos | diríamos | dormiríamos | faríamos |
| | Vós divertiríeis | diríeis | dormiríeis | faríeis |
| | Eles divertiriam | diriam | dormiriam | fariam |

## 접속법 (Modo subjuntivo)

| | Divertir | Dizer | Dormir | Fazer |
|---|---|---|---|---|
| 현재 | que eu divirta<br>que tu divirtas<br>que ele divirta<br>que nós divirtamos<br>que vós divirtais<br>que eles divirtam | diga<br>digas<br>diga<br>digamos<br>digais<br>digam | durma<br>durmas<br>durma<br>durmamos<br>durmais<br>durmam | faça<br>faças<br>façs<br>façamos<br>façais<br>façam |
| 과거 | que eu divertisse<br>que tu divertisses<br>que ele divertisse<br>que nós divertíssemos<br>que vós divertísseis<br>que eles divertissem | dissesse<br>dissesses<br>dissesse<br>disséssemos<br>dissésseis<br>dissessem | dormisse<br>dormisses<br>dormisse<br>dormíssemos<br>dormísseis<br>dormissem | fizesse<br>fizesses<br>fizesse<br>fizéssemos<br>fizésseis<br>fizessem |
| 미래 | quando eu divertir<br>quando tu divertires<br>quando ele divertir<br>quando nós divertirmos<br>quando vós divertirdes<br>quando eles divertirem | disser<br>disseres<br>disser<br>dissermos<br>disserdes<br>disserem | dormir<br>dormires<br>dormir<br>dormirmos<br>dormirdes<br>dormirem | fizer<br>fizeres<br>fizer<br>fizermos<br>fizerdes<br>fizerem |

## 명령법 (Modo imperativo)

| | | | | |
|---|---|---|---|---|
| 긍정<br>Afirmativo | diverte(tu)<br>divirta(você)<br>divirtamos(nós)<br>diverti(vós)<br>divirtam(vocês) | dize = diz<br>diga<br>digamos<br>dizei<br>digam | dorme<br>durma<br>durmamos<br>dormi<br>durmam | faze = faz<br>faça<br>façamos<br>fazei<br>façam |
| 부정<br>Negativo | não divirtas(tu)<br>não divirta(você)<br>não divirtamos(nós)<br>não divirtais(vós)<br>não divirtam(vocês) | não digas<br>não diga<br>não digamos<br>não digais<br>não digam | não durmas<br>não durma<br>não durmamos<br>não durmais<br>não durmam | não faças<br>não faça<br>não façamos<br>não façais<br>não façam |

**Gerúndio**

divertindo
dizendo
dormindo
fazendo

**Particípio**

divertido
dito
dormido
feito

## 동사를 명사처럼 사용하고자 할 때 (Formas nominais)

| | | | | |
|---|---|---|---|---|
| 부정법<br>Infinitivo impessoal | divertir | dizer | dormir | fazer |
| 인칭부정법<br>Infinitivo pessoal | divertir (eu)<br>divertires (tu)<br>divertir (ele)<br>divertirmos (nós)<br>divertirdes (vós)<br>divertirem (eles) | dizer<br>dizeres<br>dizer<br>dizermos<br>dizerdes<br>dizerem | dormir<br>dormires<br>dormir<br>dormirmos<br>dormirdes<br>dormirem | fazer<br>fazeres<br>fazer<br>fazermos<br>fazerdes<br>fazerem |

| 직설법 (Modo indicativo) | | | | |
|---|---|---|---|---|
| | Ir | Ler | Medir | Odiar |
| 현재 | Eu vou<br>Tu vais<br>Ele vai<br>Nós vamos<br>Vós ides<br>Eles vão | leio<br>lês<br>lê<br>lemos<br>ledes<br>lêem | meço<br>medes<br>mede<br>medimos<br>medis<br>medem | odeio<br>odeias<br>odeia<br>odiamos<br>odiais<br>odeiam |
| 반과거 | Eu ia<br>Tu ias<br>Ele ia<br>Nós íamos<br>Vós íeis<br>Eles iam | lia<br>lias<br>lia<br>líamos<br>líeis<br>liam | media<br>medias<br>media<br>medíamos<br>medíeis<br>mediam | odiava<br>odiavas<br>odiava<br>odiávamos<br>odiáveis<br>odiavam |
| 과거 | Eu fui<br>Tu foste<br>Ele foi<br>Nós fomos<br>Vós fostes<br>Eles foram | li<br>leste<br>leu<br>lemos<br>lestes<br>leram | medi<br>mediste<br>mediu<br>medimos<br>medistes<br>mediram | odiei<br>odiaste<br>odiou<br>odiamos<br>odiastes<br>odiaram |
| 대과거 | Eu fora<br>Tu foras<br>Ele fora<br>Nós fôramos<br>Vós fôreis<br>Eles foram | lera<br>leras<br>lera<br>lêramos<br>lêreis<br>leram | medira<br>mediras<br>medira<br>medíramos<br>medíreis<br>mediram | odiara<br>odiaras<br>odiara<br>odiáramos<br>odiáreis<br>odiaram |
| 미래 | Eu irei<br>Tu irás<br>Ele irá<br>Nós iremos<br>Vós ireis<br>Eles irão | lerei<br>lerás<br>lerá<br>leremos<br>lereis<br>lerão | medirei<br>medirás<br>medirá<br>mediremos<br>medireis<br>medirão | odiarei<br>odiarás<br>odiará<br>odiaremos<br>odiareis<br>odiarão |
| 과거미래 | Eu iria<br>Tu irias<br>Ele iria<br>Nós iríamos<br>Vós iríeis<br>Eles iriam | leria<br>lerias<br>leria<br>leríamos<br>leríeis<br>leriam | mediria<br>medirias<br>mediria<br>mediríamos<br>mediríeis<br>mediriam | odiaria<br>odiarias<br>odiaria<br>odiaríamos<br>odiaríeis<br>odiariam |

| 접속법 (Modo subjuntivo) | | | | |
|---|---|---|---|---|
| | Ir | Ler | Medir | Odiar |
| 현재 | que eu vá<br>que tu vaás<br>que ele vá<br>que nós vamos<br>que vós vades<br>que eles vão | leia<br>leias<br>leia<br>leiamos<br>leiais<br>leiam | meça<br>meças<br>meçs<br>meçamos<br>meçais<br>meçam | odeie<br>odeies<br>odeie<br>odiemos<br>odieis<br>odeiem |
| 과거 | que eu fosse<br>que tu fosses<br>que ele fosse<br>que nós fôssemos<br>que vós fôsseis<br>que eles fossem | lesse<br>lesses<br>lesse<br>lêssemos<br>lêsseis<br>lessem | medisse<br>medisses<br>medisse<br>medíssemos<br>medísseis<br>medissem | odiasse<br>odiasses<br>odiasse<br>odiássemos<br>odiásseis<br>odiassem |
| 미래 | quando eu for<br>quando tu fores<br>quando ele for<br>quando nós formos<br>quando vós fordes<br>quando eles forem | ler<br>leres<br>ler<br>lermos<br>lerdes<br>lerem | medir<br>medires<br>medir<br>medirmos<br>mdirdes<br>medirem | odiar<br>odiares<br>odiar<br>odiarmos<br>odiardes<br>odiarem |

| 명령법 (Modo imperativo) | | | | |
|---|---|---|---|---|
| 긍정<br>Afirmativo | vai(tu)<br>vá(você)<br>vamos(nós)<br>ide(vós)<br>vão(vocês) | lê<br>leia<br>leiamos<br>lede<br>leiam | mede<br>meça<br>meçamos<br>medi<br>meçam | odeia<br>odeie<br>odiemos<br>odiai<br>odeiem |
| 부정<br>Negativo | não vás(tu)<br>não vá(você)<br>não vamos(nós)<br>não vades(vós)<br>não vão(vocês) | não leias<br>não leia<br>não leiamos<br>não leiais<br>não leiam | não meças<br>não meça<br>não meçamos<br>não meçais<br>não meçam | não odeies<br>não odeie<br>não odiemos<br>não odieis<br>não odeiem |

**Gerúndio**

indo
lendo
medindo
odiando

**Particípio**

ido
lido
odiado

| 동사를 명사처럼 사용하고자 할 때 (Formas nominais) | | | | |
|---|---|---|---|---|
| 부정법<br>Infinitivo impessoal | ir | ler | medir | odiar |
| 인칭부정법<br>Infinitivo pessoal | ir (eu)<br>ires (tu)<br>ir (ele)<br>irmos (nós)<br>irdes (vós)<br>irem (eles) | ler<br>leres<br>ler<br>lermos<br>lerdes<br>lerem | medir<br>medires<br>medir<br>medirmos<br>medirdes<br>medirem | odiar<br>odiares<br>odirar<br>odiarmos<br>odiardes<br>odiarem |

## 불규칙 동사

| 직설법 (Modo indicativo) | | | | |
|---|---|---|---|---|
| | Ouvir | Passear | Pedir | Perder |
| 현재 | Eu ouço<br>Tu ouves<br>Ele ouve<br>Nós ouvimos<br>Vós ouvis<br>Eles ouvem | passeio<br>passeias<br>passeia<br>passiamos<br>passeais<br>passeiam | peço<br>pedes<br>pede<br>pedimos<br>pedis<br>pedem | perco<br>perdes<br>perde<br>perdemos<br>perdeis<br>perdem |
| 반과거 | Eu ouvia<br>Tu ouvias<br>Ele ouvia<br>Nós ouvíamos<br>Vós ouvíeis<br>Eles ouviam | passeava<br>passeavas<br>passeava<br>passeávamos<br>passeáveis<br>passeavam | pedia<br>pedias<br>pedia<br>pedíamos<br>pedíeis<br>pediam | perdia<br>perdias<br>perdia<br>perdíamos<br>perdíeis<br>perdiam |
| 과거 | Eu ouvi<br>Tu ouviste<br>Ele ouviu<br>Nós ouvimos<br>Vós ouvistes<br>Eles ouviram | passeei<br>passeaste<br>passeou<br>passeamos<br>passeastes<br>passearam | pedi<br>pediste<br>pediu<br>pedimos<br>pedistes<br>pediram | perdi<br>perdeste<br>perdeu<br>perdemos<br>perdestes<br>perderam |
| 대과거 | Eu ouvira<br>Tu ouviras<br>Ele ouvira<br>Nós ouvíramos<br>Vós ouvíreis<br>Eles ouviram | passeara<br>passearas<br>passeara<br>passeáramos<br>passeáreis<br>passearam | pedira<br>pediras<br>pedira<br>pedíramos<br>pedíreis<br>pediram | perdera<br>perderas<br>perdera<br>perdêramos<br>perdêreis<br>perderam |
| 미래 | Eu ouvirei<br>Tu ouvirás<br>Ele ouvirá<br>Nós ouviremos<br>Vós ouvireis<br>Eles ouvirão | passearei<br>passearás<br>passeará<br>passearemos<br>passeareis<br>passearão | pedirei<br>pedirás<br>pedirá<br>pediremos<br>pedireis<br>pedirão | perderei<br>perderás<br>perderá<br>perderemos<br>perdereis<br>perderão |
| 과거미래 | Eu ouviria<br>Tu ouvirias<br>Ele ouviria<br>Nós ouviríamos<br>Vós ouviríeis<br>Eles ouviriam | passearia<br>passearias<br>passearia<br>passearíamos<br>passearíeis<br>passeariam | pediria<br>pedirias<br>pediria<br>pediríamos<br>pediríeis<br>pediriam | perderia<br>perderias<br>perderia<br>perderíamos<br>perderíeis<br>perderiam |

| 접속법 (Modo subjuntivo) | | | | |
|---|---|---|---|---|
| | **Ouvir** | **Passear** | **Pedir** | **Perder** |
| 현재 | que eu ouça<br>que tu ouças<br>que ele ouça<br>que nós ouçamos<br>que vós ouçais<br>que eles ouçam | passeie<br>passeies<br>passeie<br>passeemos<br>passeeis<br>passeiem | peça<br>peças<br>peça<br>peçamos<br>peçais<br>peçam | perca<br>percas<br>perca<br>percamos<br>percais<br>percam |
| 과거 | que eu ouvisse<br>que tu ouvisses<br>que ele ouvisse<br>que nós ouvíssemos<br>que vós ouvísseis<br>que eles ouvissem | passeasse<br>passeasses<br>passeasse<br>passeássemos<br>passeásseis<br>passeassem | pedisse<br>pedisses<br>pedisse<br>pedíssemos<br>pedísseis<br>pedissem | perdesse<br>perdesses<br>perdesse<br>perdêssemos<br>perdêsseis<br>perdessem |
| 미래 | quando eu ouvir<br>quando tu ouvires<br>quando ele ouvir<br>quando nós ouvirmos<br>quando vós ouvirdes<br>quando eles ouvirem | passear<br>passeares<br>passear<br>passearmos<br>passeardes<br>passearem | pedir<br>pedires<br>pedir<br>pedirmos<br>pedirdes<br>pedirem | perder<br>perderes<br>perder<br>perdermos<br>perderdes<br>perderem |

| 명령법 (Modo imperativo) | | | | |
|---|---|---|---|---|
| 긍정<br>Afirmativo | ouve(tu)<br>ouça(você)<br>ouçamos(nós)<br>ouvi(vós)<br>ouçam(vocês) | passeia<br>passeie<br>passeemos<br>passeai<br>passeiem | pede<br>peça<br>peçamos<br>peçais<br>peçam | perde<br>perca<br>percamos<br>perdei<br>percam |
| 부정<br>Negativo | não ouças(tu)<br>não ouça(você)<br>não ouçamos(nós)<br>não ouçais(vós)<br>não ouçam(vocês) | não passeies<br>não passeie<br>não passeemos<br>não passeeis<br>não passeiem | não peças<br>não peça<br>não peçamos<br>não peçais<br>não peçam | não percas<br>não perca<br>não percamos<br>não percais<br>não percam |

**Gerúndio**

ouvindo
passeando
pedindo
perdendo

**Particípio**

ouvido
passeado
pedido
perdido

| 동사를 명사처럼 사용하고자 할 때 (Formas nominais) | | | | |
|---|---|---|---|---|
| 부정법<br>Infinitivo impessoal | ouvir | passear | pedir | perder |
| 인칭부정법<br>Infinitivo pessoal | ouvir (eu)<br>ouvires (tu)<br>ouvir (ele)<br>ouvirmos (nós)<br>ouvirdes (vós)<br>ouvirem (eles) | passear<br>passeares<br>passear<br>passearmos<br>passeardes<br>passearem | pedir<br>pedires<br>pedir<br>pedirmos<br>pedirdes<br>pedirem | perder<br>perderes<br>perder<br>perdermos<br>perderdes<br>perderem |

| 직설법 (Modo indicativo) | | | | |
|---|---|---|---|---|
| | **Poder** | **Pôr** | **Preferir** | **Querer** |
| 현재 | Eu posso<br>Tu podes<br>Ele pode<br>Nós podemos<br>Vós podeis<br>Eles podem | ponho<br>pões<br>põe<br>pomos<br>pondes<br>põem | prefiro<br>preferes<br>prefere<br>preferimos<br>preferis<br>preferem | quero<br>queres<br>quer<br>queremos<br>quereis<br>querem |
| 반과거 | Eu podia<br>Tu podias<br>Ele podia<br>Nós podíamos<br>Vós podíeis<br>Eles podiam | punha<br>punhas<br>punha<br>púnhamos<br>púnheis<br>punham | preferia<br>prederias<br>preferia<br>preferíamos<br>preferíeis<br>preferiam | queria<br>querias<br>queria<br>queríamos<br>queríeis<br>queriam |
| 과거 | Eu pude<br>Tu pudeste<br>Ele pôde<br>Nós pudemos<br>Vós pudestes<br>Eles puderam | pus<br>puseste<br>pôs<br>pusemos<br>pusestes<br>puseram | preferi<br>preferiste<br>preferiu<br>preferimos<br>preferistes<br>preferiram | quis<br>quiseste<br>quis<br>quisemos<br>quisestes<br>quiseram |
| 대과거 | Eu pudera<br>Tu puderas<br>Ele pudera<br>Nós pudéramos<br>Vós pudéreis<br>Eles puderam | pusera<br>puseras<br>pusera<br>puséramos<br>puséreis<br>puseram | preferira<br>preferiras<br>preferira<br>preferíramos<br>preferíreis<br>preferiram | quisera<br>quiseras<br>quisera<br>quiséramos<br>quiséreis<br>quiseram |
| 미래 | Eu poderei<br>Tu poderás<br>Ele poderá<br>Nós poderemos<br>Vós podereis<br>Eles poderão | porei<br>porás<br>porá<br>poremos<br>poreis<br>porão | preferirei<br>preferirás<br>preferirá<br>preferiremos<br>preferireis<br>preferirão | quererei<br>quererás<br>quererá<br>quereremos<br>querereis<br>quererão |
| 과거미래 | Eu poderia<br>Tu poderias<br>Ele poderia<br>Nós poderíamos<br>Vós poderíeis<br>Eles poderiam | poria<br>porias<br>poria<br>poríamos<br>poríeis<br>poriam | preferiria<br>prederirias<br>preferiria<br>preferiríamos<br>preferiríeis<br>prefeririam | quereria<br>quererias<br>quereria<br>quereríamos<br>quereríeis<br>quereriam |

| 접속법 (Modo subjuntivo) | | | | |
|---|---|---|---|---|
| | **Poder** | **Pôr** | **Preferir** | **Querer** |
| 현재 | que eu possa<br>que tu possas<br>que ele possa<br>que nós possamos<br>que vós possais<br>que eles possam | ponha<br>ponhas<br>ponha<br>ponhamos<br>ponhais<br>ponham | prefira<br>prefiras<br>prefira<br>prefiramos<br>prefirais<br>prefiram | queira<br>queiras<br>queira<br>queiramos<br>queirais<br>queiram |
| 과거 | que eu pudesse<br>que tu pudesses<br>que ele pudesse<br>que nós pudéssemos<br>que vós pudésseis<br>que eles pudessem | pusesse<br>pusesses<br>pusesse<br>puséssemos<br>pusésseis<br>pusessem | preferisse<br>preferisses<br>preferisse<br>preferíssemos<br>preferísseis<br>preferissem | quisesse<br>quisesses<br>quisesse<br>quiséssemos<br>quisésseis<br>quisessem |
| 미래 | quando eu puder<br>quando tu puderes<br>quando ele puder<br>quando nós pudermos<br>quando vós puderdes<br>quando eles puderem | puser<br>puseres<br>puser<br>pusermos<br>puserdes<br>puserem | preferir<br>preferires<br>preferir<br>preferirmos<br>preferirdes<br>preferirem | quiser<br>quiseres<br>quiser<br>quisermos<br>quiserdes<br>quiserem |

| 명령법 (Modo imperativo) | | | | |
|---|---|---|---|---|
| 긍정<br>Afirmativo | 존재하지 않음 | põe(tu)<br>ponha(você)<br>ponhamos(nós)<br>ponde(vós)<br>ponham(vocês) | prefere<br>prefira<br>prefiramos<br>preferi<br>prefiram | quere<br>queira<br>queiramos<br>querei<br>queiram |
| 부정<br>Negativo | 존재하지 않음 | não ponhas(tu)<br>não ponha(você)<br>não ponhamos(nós)<br>não ponhais(vós)<br>não ponham(vocês) | não prefiras<br>não prefira<br>não prefiramos<br>não prefirais<br>não prefiram não | não queiras<br>não queira<br>não queiramos<br>não queirais<br>queiram |

**Gerúndio**

podendo
pondo
preferindo
querendo

**Particípio**

podido
posto
preferido
querido

| 동사를 명사처럼 사용하고자 할 때 (Formas nominais) | | | | |
|---|---|---|---|---|
| 부정법<br>Infinitivo impessoal | poder | pôr | preferir | querer |
| 인칭부정법<br>Infinitivo pessoal | poder (eu)<br>poderes (tu)<br>poder (ele)<br>podermos (nós)<br>poderdes (vós)<br>poderem (eles) | pôr<br>pores<br>pôr<br>pormos<br>pordes<br>pôrem | preferir<br>preferires<br>preferir<br>preferirmos<br>preferirdes<br>preferirem | querer<br>quereres<br>querer<br>querermos<br>quererdes<br>quererem |

| 직설법 (Modo indicativo) | | | | |
|---|---|---|---|---|
| | Saber | Sair | Seguir | Sentir |
| 현재 | Eu sei<br>Tu sabes<br>Ele sabe<br>Nós sabemos<br>Vós sabeis<br>Eles sabem | saio<br>sais<br>sai<br>saímos<br>saís<br>saem | sigo<br>segues<br>segue<br>seguimos<br>seguis<br>seguem | sinto<br>sentes<br>sente<br>sentimos<br>sentis<br>sentem |
| 반과거 | Eu sabia<br>Tu sabias<br>Ele sabia<br>Nós sabíamos<br>Vós sabíeis<br>Eles sabiam | saía<br>saías<br>saía<br>saíamos<br>saíeis<br>saíam | seguia<br>seguias<br>seguia<br>seguíamos<br>seguíeis<br>seguiam | sentia<br>sentias<br>sentia<br>sentíamos<br>sentíeis<br>sentiam |
| 과거 | Eu soube<br>Tu soubeste<br>Ele soube<br>Nós soubemos<br>Vós soubestes<br>Eles souberam | saí<br>saíste<br>saiu<br>saímos<br>saístes<br>saíram | segui<br>seguiste<br>seguiu<br>seguimos<br>seguistes<br>seguiram | senti<br>sentiste<br>sentiu<br>sentimos<br>sentistes<br>sentiram |
| 대과거 | Eu soubera<br>Tu souberas<br>Ele soubera<br>Nós soubéramos<br>Vós soubéreis<br>Eles souberam | saíra<br>saíras<br>saíra<br>saíramos<br>saíreis<br>saíram | seguira<br>seguiras<br>seguira<br>seguíramos<br>seguíreis<br>seguiram | sentira<br>sentiras<br>sentira<br>sentíramos<br>sentíreis<br>sentiram |
| 미래 | Eu saberei<br>Tu saberás<br>Ele saberá<br>Nós saberemos<br>Vós sabereis<br>Eles saberão | sairei<br>sairás<br>sairá<br>sairemos<br>saireis<br>sairão | seguirei<br>seguirás<br>seguirá<br>seguiremos<br>seguireis<br>seguirão | sentirei<br>sentirás<br>sentirá<br>sentiremos<br>sentireis<br>sentirão |
| 과거미래 | Eu saberia<br>Tu saberias<br>Ele saberia<br>Nós saberíamos<br>Vós saberíeis<br>Eles saberiam | sairia<br>sairias<br>sairia<br>sairíamos<br>sairíeis<br>sairiam | seguiria<br>seguirias<br>seguiria<br>seguiríamos<br>seguiríeis<br>seguiriam | sentiria<br>sentirias<br>sentiria<br>sentiríamos<br>sentiríeis<br>sentiriam |

## 접속법 (Modo subjuntivo)

| | Saber | Sair | Seguir | Sentir |
|---|---|---|---|---|
| 현재 | que eu saiba<br>que tu saibas<br>que ele saiba<br>que nós saibamos<br>que vós saibais<br>que eles saibam | saia<br>saias<br>saia<br>saiamos<br>saiais<br>saiam | siga<br>sigas<br>siga<br>sigamos<br>sigais<br>sigam | sinta<br>sintas<br>sinta<br>sintamos<br>sintais<br>sintam |
| 과거 | que eu soubesse<br>que tu soubesses<br>que ele soubesse<br>que nós soubéssemos<br>que vós soubésseis<br>que eles soubessem | saísse<br>saísses<br>saísse<br>saíssemos<br>saísseis<br>saíssem | seguisse<br>seguisses<br>seguisse<br>seguíssemos<br>seguísseis<br>seguissem | sentisse<br>sentisses<br>sentisse<br>sentíssemos<br>sentísseis<br>sentissem |
| 미래 | quando eu souber<br>quando tu souberes<br>quando ele souber<br>quando nós soubermos<br>quando vós souberdes<br>quando eles souberem | sair<br>saíres<br>sair<br>sairmos<br>sairdes<br>saírem | seguir<br>seguires<br>seguir<br>seguirmos<br>seguirdes<br>seguirem | sentir<br>sentires<br>sentir<br>sentirmos<br>sentirdes<br>sentirem |

## 명령법 (Modo imperativo)

| | | | | |
|---|---|---|---|---|
| 긍정 Afirmativo | sabe(tu)<br>saiba(você)<br>saibamos(nós)<br>sabei(vós)<br>saibam(vocês) | sai<br>saia<br>saiamos<br>saí<br>saiam | segue<br>siga<br>sigamos<br>segui<br>sigam | sente<br>sinta<br>sintamos<br>senti<br>sintam |
| 부정 Negativo | não saibas(tu)<br>não saiba(você)<br>não saibamos(nós)<br>não saibais(vós)<br>não saibam(vocês) | não saias<br>não saia<br>não saiamos<br>não saiais<br>não saiam | não sigas<br>não siga<br>não sigamos<br>não sigais<br>não sigam | não sintas<br>não sinta<br>não sintamos<br>não sintais<br>não sintam |

**Gerúndio**
sabendo
saindo
seguindo
sentindo

**Particípio**
sabido
saído
seguido

## 동사를 명사처럼 사용하고자 할 때 (Formas nominais)

| | | | | |
|---|---|---|---|---|
| 부정법 Infinitivo impessoal | saber | sair | seguir | sentir |
| 인칭부정법 Infinitivo pessoal | saber (eu)<br>saberes (tu)<br>saber (ele)<br>sabermos (nós)<br>saberdes (vós)<br>saberem (eles) | sair<br>saíres<br>sair<br>sairmos<br>sairdes<br>saírem | seguir<br>seguires<br>seguir<br>seguirmos<br>seguirdes<br>seguirem | sentir<br>sentires<br>sentir<br>sentirmos<br>sentirdes<br>sentirem |

# 불규칙 동사

| 직설법 (Modo indicativo) | | | | |
|---|---|---|---|---|
| | Servir | Trazer | Ver | Vir |
| 현재 | Eu sirvo<br>Tu serves<br>Ele serve<br>Nós servimos<br>Vós servis<br>Eles servem | trago<br>trazes<br>traz<br>trazemos<br>trazeis<br>trazem | vejo<br>vês<br>vê<br>vemos<br>vedes<br>vêem | venho<br>vens<br>vem<br>vimos<br>vindes<br>vêm |
| 반과거 | Eu servia<br>Tu servias<br>Ele servia<br>Nós servíamos<br>Vós servíeis<br>Eles serviam | trazia<br>trazias<br>trazia<br>trazíamos<br>trazíeis<br>traziam | via<br>vias<br>via<br>víamos<br>víeis<br>viam | vinha<br>vinhas<br>vinha<br>vínhamos<br>vínheis<br>vinham |
| 과거 | Eu servi<br>Tu serviste<br>Ele serviu<br>Nós servimos<br>Vós servistes<br>Eles serviram | trouxe<br>trouxeste<br>trouxe<br>trouxemos<br>trouxestes<br>trouxeram | vi<br>viste<br>viu<br>vimos<br>vistes<br>viram | vim<br>viste<br>veio<br>viemos<br>viestes<br>vieram |
| 대과거 | Eu servira<br>Tu serviras<br>Ele servira<br>Nós servíramos<br>Vós servíreis<br>Eles serviram | trouxera<br>trouxeras<br>trouxera<br>trouxéramos<br>trouxéreis<br>trouxeram | vira<br>viras<br>vira<br>víramos<br>víreis<br>viram | viera<br>vieras<br>viera<br>viéramos<br>viéreis<br>vieram |
| 미래 | Eu servirei<br>Tu servirás<br>Ele servirá<br>Nós serviremos<br>Vós servireis<br>Eles servirão | trarei<br>trarás<br>trará<br>traremos<br>trareis<br>trarão | verei<br>verás<br>verá<br>veremos<br>vereis<br>verão | virei<br>virás<br>virá<br>viremos<br>vireis<br>virão |
| 과거미래 | Eu serviria<br>Tu servirias<br>Ele serviria<br>Nós serviríamos<br>Vós serviríeis<br>Eles serviriam | traria<br>trarias<br>traria<br>traríamos<br>traríeis<br>trariam | veria<br>verias<br>veria<br>veríamos<br>veríeis<br>veriam | viria<br>virias<br>viria<br>viríamos<br>viríeis<br>viriam |

| 접속법 (Modo subjuntivo) | | | | |
|---|---|---|---|---|
| | Servir | Trazer | Ver | Vir |
| 현재 | que eu sirva<br>que tu sirvas<br>que ele sirva<br>que nós sirvamos<br>que vós sirvais<br>que eles sirvam | traga<br>tragas<br>traga<br>tragamos<br>tragais<br>tragam | veja<br>vejas<br>veja<br>vejamos<br>vejais<br>vejam | venha<br>venhas<br>venha<br>venhamos<br>venhais<br>venham |
| 과거 | que eu servisse<br>que tu servisses<br>que ele servisse<br>que nós servíssemos<br>que vós servísseis<br>que eles servissem | trouxesse<br>trouxesses<br>trouxesse<br>trouxéssemos<br>trouxésseis<br>trouxessem | visse<br>visses<br>visse<br>víssemos<br>vísseis<br>vissem | viesse<br>viesses<br>viesse<br>viéssemos<br>viésseis<br>viessem |
| 미래 | quando eu servir<br>quando tu servires<br>quando ele servir<br>quando nós servirmos<br>quando vós servirdes<br>quando eles sevirem | trouxer<br>trouxeres<br>trouxer<br>trouxermos<br>trouxerdes<br>trouxerem | vir<br>vires<br>vir<br>virmos<br>virdes<br>virem | vier<br>vieres<br>vier<br>viermos<br>vierdes<br>vierem |

| 명령법 (Modo imperativo) | | | | |
|---|---|---|---|---|
| 긍정<br>Afirmativo | serve(tu)<br>sirva(você)<br>sirvamos(nós)<br>servi(vós)<br>sirvam(vocês) | traze = traz<br>traga<br>tragamos<br>trazei<br>tragam | vê<br>veja<br>vejamos<br>vede<br>vejam | vem<br>venha<br>venhamos<br>vinde<br>venham |
| 부정<br>Negativo | não sirvas(tu)<br>não sirva(você)<br>não sirvamos(nós)<br>não sirvais(vós)<br>não sirvam(vocês) | não tragas<br>não traga<br>não tragamos<br>não tragais<br>não tragam | não vejas<br>não veja<br>não vejamos<br>não vejais<br>não vejam | não venhas<br>não venha<br>não venhamos<br>não venhais<br>não venham |

| Gerúndio | Particípio |
|---|---|
| servindo<br>trazendo<br>vendo<br>vindo | servido<br>trazido<br>visto<br>vindo |

| 동사를 명사처럼 사용하고자 할 때 (Formas nominais) | | | | |
|---|---|---|---|---|
| 부정법<br>Infinitivo impessoal | servir | trazer | ver | vir |
| 인칭부정법<br>Infinitivo pessoal | servir (eu)<br>servires (tu)<br>servir (ele)<br>servirmos (nós)<br>servirdes (vós) | trazer<br>trazeres<br>trazer<br>trazermos<br>trazerdes | ver<br>veres<br>ver<br>vermos<br>verdes | vir<br>vires<br>vir<br>virmos<br>virdes |

# 부록 2

## 관련 어휘

# UNIDADE · 1

## Como vai?

| | | |
|---|---|---|
| Bom | good | 좋은, 훌륭한 |
| o dia | day | 날(日), 하루/낮 |
| como | how | 어떻게 |
| vai → ir | you go → to go | 가다, 경과하다 |
| Como vai? | How are you? | 어떻게 지내?/지내십니까? |
| Como vai o senhor? | How are you, Sir? | 어떻게 지내십니까? |
| Bem | well, fine | 잘, 좋게/매우, 꽤 |
| sentar-se | to sit down | 앉다 |
| é → ser | is → to be | ...이다 (본질, 성질, 국적, 존재) |
| novo | new | 새로운/최근의/새것의 |
| o engenheiro | engineer | 기술자, 엔지니어 |
| O senhor é...? | Are you ..., Sir? | 당신이 ...입니까? |
| sou → ser | I am → to be | ...이다(본질, 성질, 국적, 존재) |
| sim | yes | 예 |
| não | no | 아니오 |
| o nome | name | 이름, 명칭/명사 |
| seu | your | 당신의 |
| Como é seu nome? | What is your name? | 당신의 이름은 무엇입니까? |
| de onde | from where | 어디 출신의 |
| eu | I | 나, 저 |
| Eu sou de Ouro Preto | I am from Ouro Preto | 저는 Ouro Preto 출신입니다. |
| Mas | but | 그러나 |
| morar | to live | 살다, 거주하다 |
| onde | where | 어디에서, 어디에, 어디로 |
| no = em + o | in the, at the | 그 안에서, 거기에서 |
| o centro | center | 중심, 중앙/본부/핵심/중심지 |
| a cidade | city, town | 도시 |
| não | no/not | ...(이)가 아니다 (不,非,無의 뜻) |
| a avenida | avenue | 대로, 큰길 |
| aqui | here | 여기, 여기에, |
| estão → estar | are → to be | 있다(존재)/(...의) 상태에 있다 |
| meus | my | 나의 (복수형) |
| os documentos | documents | 서류, 문서 (복수형) |
| Ótimo! | Good!/Very good!/Excellent! | 아주 좋아요!, 훌륭해요! |
| começar | to start/to begin | 시작하다 |
| hoje | today | 오늘 |
| hoje mesmo | this very day | 바로 오늘 |
| bom, boa | good | 좋은, 훌륭한 |
| a sorte | luck | 운, 행운 |
| Boa sorte! | Good luck! | 행운을 빕니다! |

## De onde você é?

| | | |
|---|---|---|
| Oi! | Hello!/Hi! | 안녕! |
| a secretária | secretary | 여비서 |
| deste=de + este | of this | 이것의 |
| departamento | department | (정부, 기업체, 대학 등의 한) 부서/학과 |
| chamar | to call | ...라고 부르다 |
| chamar-se | to be called | ...라고 불리다 (칭하다) |

## Muito prazer

| | | |
|---|---|---|
| Diretor | director | (활동 · 부서 등의) 책임자 |
| Seu(Seu Oliveira) | Mr.(abbreviation of "senhor") | (남성)...님(씨) |
| este | this | 이것의, 이 사람의, 이 |
| muito | much | (형)많은, 엄청난/(부)매우 |
| prazer | pleasure | 기쁨, 즐거움 |
| Muito prazer! | Nice to meet you! | 만나서 반갑습니다! |
| o médico | doctor | 의사 |
| o professor | teacher, professor | 교수, 교사, 선생 |
| o/a estudante | student | 학생 |
| o italiano | Italian | 이탈리아인 |
| o país, -es | country | 국가, 나라 |
| a cidade | city, town | 도시 |
| a rua | street | 거리, 가(街), 로(路) |
| no Brasil | in Brazil | 브라질에서 |
| em São Paulo | in São Paulo | 상파울루에서 |
| a exceção(-ões) | exception(s) | 예외 |
| na rua | on the street | 거리에서 |
| nos Estados Unidos | in the Unitied States | 미국에서 |
| de São Paulo | from São Paulo | 상파울루 출신의 |
| do Japão | from Japan | 일본 출신의 |
| da França | from France | 프랑스 출신의 |

## Onde?

| | | |
|---|---|---|
| o livro | book | 책 |
| o armário | cupboard | 수납장, 찬장 |
| o escritório | office | 사무실/서재 |
| a chave | key | 열쇠 |
| a porta | door | 문 |
| o carro | car | 자동차 |
| a gaveta | drawer | 서랍 |
| a mesa | table | 테이블 |
| a carteira | wallet | 지갑 |
| o bolso | pocket | 주머니 |
| a bolsa | handbag, purse | (여성의) 핸드백, 가방 |
| o paletó | coat, jacket | 코트, 재킷 |
| os óculos | glasses | 안경 |
| adivinhar | to guess | 알아맞추다, 판단하다 |
| o plano | plan | 계획, 방안/설계도 |
| a sala | room | 방, 실(室) |
| o/a presidente | president | 사장, 회장, 의장/교장, 학장, 총장 |
| o dinheiro | money | 돈 |
| a firma | company | 회사 |
| o cofre | safe | 금고 |
| o banco | bank | 은행 |
| a banca | (news/fruit/flower)stand | 가판대 |
| o estacionamento | parking lot | 주차장 |
| a escola | school | 학교 |
| o cliente | client | 고객, 의뢰인 |
| o freguês | customer | 고객, 손님 (물건을 사거나 주문하는) |
| o consultório | doctor's or dentist's office | 진료실 |
| os documentos | documents | 서류, 문서 (복수형) |
| a fábrica | factory | 공장 |
| morar | to live | 살다, 거주하다 |
| o/a carioca | person from the city of Rio de Janeiro | 리우데자네이루 사람 |
| o mineiro | person from the state of Minas Gerais | 미나스제라이스州 사람 |
| o/a paulista | person from the state of São Paulo | 상파울루州 사람 |

| | | |
|---|---|---|
| as férias | vacations | 휴가, 방학 |
| o amigo | friend | 친구 |
| bonito | beautiful/handsome | 예쁜, 아름다운, 잘생긴 |
| o curso | course | 수업, 코스 |
| amanhã | tomorrow | 내일 |
| o apartamento | apartment | 아파트 |
| falar | to speak | 말하다, 이야기하다 |
| entrar | to come in, to enter | 들어가다 |
| perguntar | to ask a question | 묻다 |
| o filho | son | 아들 |
| a filha | daughter | 딸 |

### No aeroporto

| | | |
|---|---|---|
| o aeroporto | airport | 공항 |
| o hospital | hospital | 병원 |
| a praia | beach | 해변 |
| a montanha | mountain | 산 |
| o hotel | hotel | 호텔 |
| gostar de | to like/to appreciate | ...를 좋아하다 |
| a importação(-ões) | import(s) | 수입 |
| a exportação(-ões) | export(s) | 수출 |
| a cidade industrial | industrial city | 산업도시 |
| cada | each | 각각의, 각자의 매(每) |
| a imagem | image | 이미지 |
| corresponder | to correspond, to relate | 일치하다, 부합하다/(서로)비슷하다 편지를 주고 받다 |
| a frase | phrase | 구(句), 구절 |
| qual | which | 어느(것), 어떤(것) |
| a televisão(-ões) | television(s) | 텔레비전 |
| às 8 horas | at 8 o'clock | 8시에 |
| o filme | film, movie picture | 영화 |

## UNIDADE · 2

### Mostrando a cidade de São Paulo

| | | |
|---|---|---|
| a cidade | city, town | 도시 |
| vir | to come | 오다/(...에서) 유래하다 |
| Venha comigo | Come with me! | 저와 함께 가시지요! |
| mostrar | to show | 보여주다/(상품을)전시하다 |
| para | to .../for... | ...를 위하여,...에 향하여 |
| para você | to you/for you | 당신을 위해서 |
| onde | where | 어디에서, 어디에, 어디로 |
| para onde | where...to | ...어디로, 어디에 향하여 |
| primeiro | first | 첫, 첫번의/최초의/일류의 |
| vamos -> ir | We go/let's to->to go | 가다 |
| ônibus | bus | 버스 |
| ir de ônibus | to go by bus | 버스를 타고 가다 |
| ponto de ônibus | bus stop | 버스정류장 |
| há -> haver | there is/there are->there to be | ...이(가) 있다, 존재하다 |
| ali | there, over there | 저기, 저쪽에, 저기에 |
| a esquina | corner of two streets | (거리의) 모퉁이 |
| temos -> ter | We have->to have | 가지고 있다 |
| o tempo | time/weather | 시간, 날씨 |
| ir a pé | to go on foot | 걸어서 가다 |

| | | |
|---|---|---|
| andar | to walk | 걷다 |
| também | too, also | (...도) 또한, 역시 |
| veja -> ver | see!->to see | 보다/이해하다 |
| Veja | Look!/See! | (이것 좀) 보세요! |
| esta | this | (este의 여성형) 이것의, 이 사람의, 이 |
| a parte | part, section | 부분, 요소, 영역 |
| velho | old | 오래된, 낡은, 나이든 |
| nesta=em+esta | in this | 이 속에서 |
| a calçada | sidewalk | 인도, 보도 |
| o correio | post office | 우체국 |
| naquela=em+aqulela | in that | 저 속에서 |
| lá | over there | 저쪽에, 저쪽으로, 거기에 |
| a prefeitura | city hall | 시청, (시, 군의) 행정부 |
| o cinema | cinema/movie | 영화 |
| o prédio | building | 건물 |
| antigo | old(not modern) | 옛날의, 과거의, 낡은 |
| a estação | station | 역, 정류장/계절 |
| a estação rodoviária | bus station | 버스정류장 |
| o subúrbio | suburb | 교외, 시외 |
| tem -> ter | have/has->to have | 가지다 |
| quatro | four | (명) 넷/(형)넷의, 네번째의 |
| andar | floor(1st floor) | 건물의 층(層) |
| moderno | modern | 현대적인 |
| cinco | five | (명) 다섯/(형)다섯의 |
| o ano | year | 연도, 해 |

## Pedindo uma informação

| | | |
|---|---|---|
| pedir | to ask for | 요청하다 |
| a informação | information | 정보 |
| por favor | please | 부디, 제발 |
| Pois não! | Of course! Yes, Sure! | 물론이지요! |
| meu | my | 나의 |
| completar | to complete, finish | 완성하다, 끝내다 |
| o marido | husband | 남편 |
| o meio-dia | noon | 정오 |
| ao meio dia | at noon | 정오에 |
| para casa | (to) home | 집으로 |
| a bicicleta | bicycle | 자전거 |
| o trem, -ns | train(s) | 기차, 열차 |
| o carro | car | 자동차 |
| o avião(-ões) | aircraft | 비행기 |
| o táxi | taxi, cab | 택시 |
| o metrô | subway | 지하철 |
| o navio | ship | 배 |
| aí | over there (near the person one is speaking to) | 거기에 |
| muitas atividades | a lot of activity | 많은 활동 |
| o posto de gasolina | gas station | 주유소 |
| quinze | fifteen | (명) 열다섯/(형) 열다섯의 |
| a farmácia | drug store | 약국 |
| o/a turista | tourist | 관광객 |
| o/a dentista | dentist | 치과의사 |
| a casa | house, home | 집 |
| grande | big | 큰, 커다란/위대한/대량의 |
| simpático | nice | (사람이) 좋은, 친절한, 다정한 |
| visitar | to visit | 방문하다, (어떤 장소를)찾아가다 |
| o museu | museum | 박물관 |

| | | |
|---|---|---|
| a cerveja | bee | (곤충)벌 |
| a casa de praia | beach house | 해변의 집/별장 |
| rápido | quick, fast | (형)빠른, 신속한/(부)빨리 |
| a região(-ões) | region(s) | 지역, 지방/범위, 분야 |
| famoso | famous | 유명한 |
| aberto | open | 열린, 열려있는/개방된 |
| no banco | at the bank | 은행에서 |
| oito | eight | (명)여덟/(형)여덟의 |
| o cheque | check | 수표 |
| o cartão(-ões) de crédito | credit card(s) | 신용카드 |
| o azar | bad luck | 불운, 불행, 재수없음 |

## Que azar!

| | | |
|---|---|---|
| Ai! | Ouch! | 아야!, 아이고! |
| meu, minha | my | 나의(남성형, 여성형) |
| a cabeça | head | 머리 |
| o pé | foot | 발 |
| Que azar! | What bad luck! | 아이 재수없어! |
| Desculpe! | Sorry! | 죄송합니다. 미안합니다! |
| nada | nothing | 아무것도(없다,아니다)/아무것도 아닌 것 |
| Não foi nada | It was nothing!, Never mind! | 천만에요!, 별 말씀을요! |
| a oficina | workshop | 사무실 |
| a mulher | woman | 여성 |
| o trabalho | work/job | 일, 업무, 직업 |
| interessante | interesting | 흥미로운, 재미있는 |
| o problema | problem | 문제 |
| pequeno | small | (모양)작은/(나이)어린 |
| o parque | park | 공원 |

## Ao telefone

| | | |
|---|---|---|
| ao telefone | on the phone | 전화상으로 |
| Alô! | Hello! | 여보세요! |
| De onde fala? | Who is it? | 누구십니까? |
| a companhia | company | 회사 |
| o papel, (-éis) | paper(s) | 종이/(pl.)서류/역할 |
| atender(um cliente) | to attend | (손님을) 응대하다/주목하다 |
| agora | now | 지금 |
| de manhã | in the morning | 오전에 |
| sempre | always | 항상 |
| mais | more | 더, 더 많이, 더 크게 |
| tarde | late | (부)늦게 |
| mais tarde | later | 후에, 좀더 있다가, 나중에 |
| até | until | (시간적으로)...까지 |
| logo | soon | 곧, 머지않아 |
| Até logo! | See you! Good-bye! | (작별)안녕히! |
| atender o telefone | to answer the phone | 전화를 받다 |
| atender a porta | to answer the door | 문을 열어주다 |
| escrever | to write | 쓰다 |
| pouco | little(↔much) | (명)조금, 약간/(형)적은 |
| comer | to eat | 먹다 |
| vender | to sell | 팔다, 판매하다 |
| aprender | to learn | 배우다 |
| beber | to drink | 마시다 |
| responder | to answer | 답변하다, 응답하다 |
| receber | to receive | 받다/(사람을) 맞이하다/접수하다 |
| a carta | letter | 편지 |

| | | |
|---|---|---|
| comprar | to buy | 사다, 구매하다 |
| conversar | to talk, to chat | 대화하다 |

### Na praça

| | | |
|---|---|---|
| usar | to use | 사용하다, 이용하다 |
| verbo | verb | 동사 |
| correr | to run | 달리다 |
| o operário | worker | 노동자 |
| o guarda | policeman | 경찰, 수위, 파수꾼 |
| o pipoqueiro | popcorn vendor | 팝콘장수 |
| o cachorro | dog | 개 |

### Uma cidade pequena

| | | |
|---|---|---|
| ficar | to be located/to become/to stay | 머물다/(...가)되다/(...를)유지하다 |
| o interior | interior | 내부, 실내 |
| praça | square | 광장 |
| igreja | church | 교회 |
| a praça da igreja | church square | 교회앞 광장 |
| a loja | shop, store | 상점, 가게 |
| o bar | bar | 바 |
| a padaria | bakery | 제과점 |
| a noite | night/evening | 밤, 저녁 |
| à noite | at night | 밤에 |
| as/os moças/moços | young women/young men | 청년(남성, 여성) |
| encontrar | to meet | (...)를) 만나다, (...와)마주치다 |
| encontrar-se | to meet | (우연히)만나게 되다, 발견하게 되다 |
| conversar | to talk, to chat | 대화하다 |
| a vida | life | 생활, 삶, 생명 |
| calmo | quiet | 조용한, 고요한, 평온한 |
| descrever | to describe | 묘사하다, 설명하다 |
| considerar | to consider | 고려하다/...라고 생각하다 |
| os hábitos | habits | 습관(복수형) |
| a população(-ões) | population(s) | 인구 |
| colocar | to put | 놓다, 설치하다, 배치하다 |
| a ordem | order | 순서/석차/규칙/질서/명령 |
| alto | tall | 키가 큰, 높은/(지위)고위의 |
| um homem alto(estatura) | a tall man | 키 큰 남자 |

## UNIDADE · 3

### Podemos ir para almoçar agora?

### No restaurante

| | | |
|---|---|---|
| o restaurante | restaurant | 레스토랑 |
| Você está com pressa? | Are you in a hurry? | 당신은 지금 바쁩니까? |
| Por quê? | Why? | 왜?, 어째서? |
| querer | to want | (...을) 좋아하다/원하다 |
| almoçar | to have lunch | 점심식사를 하다 |
| agora | now | 지금 |
| a fome | hunger | 배고픔, 허기 |
| Estou com fome | I am hungry | 저(나) 배고파요. |

| | | |
|---|---|---|
| perto | near | 가까운, 가까이 |
| dáqui perto | near here | 여기로부터 가까운, 이 근처에 |
| Boa idéia! | Good idea! | 좋은 생각(입니다)! |
| Como vamos até lá? | How do we get there? | 거기까지 어떻게 가지요? |
| Claro! | Of course! | 물론(이지요)! |
| quanto | how much | 얼마(의) |
| a gente | people | 우리들 |
| sentar | to sit | 앉히다 |
| sentan-se | to sit | 앉다 |
| livre | free | 자유로운, 비어있는 |
| no canto | at the corner(inside the room) | (방안)구석에 |
| pedir | to ask for | 요청하다 |
| talvez | perhaps, maybe | 아마도 |
| a salada | salad | 샐러드 |
| os legumes | vegetables | (이파리)채소 |
| depois | after | (부사) 나중에 |
| depois de~ | after | (전치사) ~한 후에 |
| a carne | meat | 고기, 육류 |
| a batata | potato | 감자 |
| a coisa | thing | 물건, 사물, 물체/사건 |
| a mesma coisa | the same thing | 똑같은 것 |
| tomar | to drink, to take | 마시다 |
| a sede | thirst | 갈증 |
| poder | to be able, can | ...할 수 있다 |
| a sobremesa | dessert | 디저트, 후식 |
| Que tal...? | What about...?, How about...? | ...하는 것이 어떻습니까? |
| o sorvete | icecream | 아이스크림 |
| quente | hot | 더운, 뜨거운 |
| o cafezinho | coffee in a small cup | 작은 잔에 담긴 진한 커피 |
| o garçom | waiter | 웨이터 |
| a conta | bill | 계산서 |
| A conta, por favor. | Bill, please | 계산서 주세요. |
| caro | expensive | 비싼 |
| mas | but | 그러나 |
| a gorjeta | tip | 팁 |
| incluído | included | 포함되어 있는 |
| É mesmo! | Sure!, Of course! | 네 바로 그겁니다! 맞습니다! 그렇고 말고요! |
| o troco | change | 잔돈, 거스름돈 |
| certo | correct | 확실한, 정확한 |

## Numa lanchonete

| | | |
|---|---|---|
| numa=em+uma | in a, at a | ...안에서, ...에서 |
| a lanchonete | cafeteria, snack bar | 카페테리아, 스낵바 |
| cansado | tired | 피곤한, 지친 |
| o suco | juice | 주스, 즙 |
| refrigerante | soft drink | 탄산음료 |
| o bauru | sandwich with cheese, ham, lettuce and tomato | 아랍빵에 치즈, 양상추, 토마토를 놓어 만든 샌드위치 |
| poder | to be able/to be allowed | ...할 수 있다 |
| chover | to rain | 비오다 |
| ficar em casa | to stay at home | 집에 있다/머물다 |
| fazer | to do/to make | 하다/만들다 |
| assistir | to watch | (영화, 텔레비전 등을)보다 |
| assistir televisão | to watch television | 텔레비전을 시청하다 |
| ler | to read | 읽다 |
| o jornal | newspaper | 신문 |
| escrever | to write | 쓰다 |
| telefonar | to call, to phone | 전화걸다 |

| | | |
|---|---|---|
| estudar | to study | 공부하다 |
| o teste | test | 테스트, 시험 |
| amanhã | tomorrow | 내일 |
| ouvir | to listen | 듣다 |
| a criança | child | 어린아이, 아동 |
| jogar | to play | 놀다/(경기를)하다/연주하다 |
| a carta | card | 카드 |
| dormir | to sleep | 자다 |
| chegar | to arrive | 도착하다 |
| atrasado | late/lagged behind | 늦은/지연된/뒤떨어진 |
| fumar | to smoke | (담배)피우다/연기를 내다 |
| sair | to leave, to go out | 떠나다, 나가다, 외출하다 |
| mais cedo | earlier | 더 일찍 |
| discutir | to discuss/to argue | 논의하다, 토론하다 |
| o/a colega | colleague/co-worker | 동료 |
| tomar | to drink/to eat | 마시다, 먹다 |
| oferecer | to offer | 제공하다 |
| o chá | tea | 차(茶) |
| almosan | lunch | 점심식사를 하다 |
| o almoço | lunch | 점심식사 |
| jantar | to have dinner | 저녁식사를 하다 |
| o jantar | dinner | 저녁식사 |
| a sopa | soup | 수프 |
| tomar sopa | to eat soup | 수프를 먹다 |
| sem | without | ...없이 |
| estar sem... | to be without | ...없이 있다 (지내다) |
| devagar | slowly | (부사)천천히 |
| estar com pressa | to be in a hurry | 서두르다, 급하다 |
| o endereço | address | 주소 |
| porque | because | 왜냐하면/...하기 때문에 |
| o doce | sweet | (명)과자, 캔디 |
| mais tarde | later | 후에, 좀더 있다가, 나중에 |
| a palavra interrogativa | interrogative word | 의문사 |
| como | how | 어떻게 |
| por que | why | 왜 |
| quem | who | 누구 |
| quando | when | 언제 |
| onde | where | 어디에서, 어디에, 어디로 |
| o que | what | 무엇 |
| qual(-ais) | which | 어느(것), 어떤(것) |
| custar | to cost | (비용이 얼마)들다 |
| grátis | free of charge | 공짜 |
| voltar | to come back | 돌다/돌아가다 |
| o domingo | Sunday | 일요일 |
| a profissão | profession | 직업 |
| o advogado | lawyer | 변호사 |
| entrevistar | to interview | 인터뷰하다 |
| o/a artista | artist | 예술가 |
| a pergunta | question | 질문 |
| fazer perguntas | to ask questions | 질문하다 |
| cantar | to sing | 노래하다 |
| a música | music/song | 음악/노래 |
| o/a caipira | hillbilly(from the countryside) | 시골사람, 촌뜨기 |
| a música caipira | country music | 컨트리뮤직 |
| o Tupiniquim | Indian belonging to the tupiniquim tribe | 뚜삐니낑족 (B원주민) |
| o sábado | Saturday | 토요일 |
| popular | popular | 인기있는, 유행하는 |
| ganhar | to win | 이기다/얻다 |
| a luz | light | 빛/등(불) |
| os efeitos especiais | special effects | 특수효과 |
| comigo | with me | 저(나)와 함께 |

| | | |
|---|---|---|
| sempre | always | 항상, 언제나 |
| último | last | 최신의/마지막의 |
| o disco | record | 레코드 |
| a qulidade | quality | 질(質), 품질/특질 |
| permanente | permanent | 영구적인 |
| temporário | temporary | 일시적인 |
| o deserto | desert | 사막 |
| contente | satisfied/happy | 만족한, 기쁜 |
| o copo | glass | 유리잔 |
| o cristal | crystal | 수정(水晶) |
| a garagem | garage | 차고 |
| frio | cold | 찬, 차가운, 추운 |
| o frio | cold | (명)추위, 냉기 |
| o cozinheiro | cook | 요리사 |
| o estrangeiro | foreigner | 외국인 |
| a posse | possession, ownership | 소유, 취득/서유물/(pl.)재산 |
| o tempo cronológico | time | 사건이 일어난 순서/시간 |
| a primavera | spring | 봄 |
| o/a jornalista | journalist | (남/여)기자 |
| o cargo | function, position | (직책상의) 자리, 직무, 책임 |
| a religião | religion | 종교 |
| o católico | Catholic | 가톨릭 교도 |
| o partido | political party | 정당 |
| político | political | 정치적인 |
| o/a socialista | socialist | 사회주의자 |
| o verão | summer | 여름 |
| o/a especialista | expert, specialist | 전문가 |
| feliz | happy | 행복한, 기쁜 |
| os felizes | happy persons | 행복한 사람들 |
| o irmão (-ãos) | brother(s) | 형제(들) |
| o protestante | protestant | 개신교도 |
| prático | practical | 실용적인/실제의/노련한 |
| o aluno | student, pupil | 학생 |
| o/a comerciante | merchant/businessman | 상인, 상업가 |
| a taça | wine glass | 와인잔 |
| o fotógrafo | photographer | 사진작가 |
| o clube | club | 클럽 |
| nervoso | nervous | 긴장한 |
| Eu vou bem! | I am fine! | 저(나)는 괜찮습니다!/잘 지내고 있습니다 |
| a expressão(=ões) | expression(s) | 표현를/표명/표정 |
| Estou com fome. | I am hungry. | 저(나) 배고파요. |
| Estou com frio. | It is cold. | 저(나) 추워요. |
| Estou com sede. | I am thirsty. | 저(나) 목말라요. |
| Estou com calor. | I feel hot. | 저(나) 더워요. |
| Estou com sono. | I am sleepy. | 저(나) 졸려요. |
| Estou com pressa. | I am in a hurry | (시간이 없어서)저(나)는 바쁩니다./서둘러야 해요. |
| Estou com dor de cabeça. | I have a headache | 저(나) 머리가 아파요. |

## Um rapaz cabeludo

| | | |
|---|---|---|
| o rapaz | young man | 소년, 젊은이, 청년 |
| cabeludo | hairy | 머리숱이 많은/머리칼이 긴 |
| horror | horror | 공포/(사건, 사고의) 끔찍함 |
| Que horror! | Terrible!, Awful! | 끔찍하군요! |
| cortar | to cut | 자르다/삭감하다 |
| o cabelo | hair | 머리카락 |
| o jantar | dinner | 저녁식사 |
| o barbeiro | barber | 이발사 |
| fechado | closed | 닫은, 닫힌/밀폐된 |
| fechar | to close, to shut | 닫다, 잠그다 |

| | | |
|---|---|---|
| então | so/then | 그래서 |
| antes de ~ | before ... | ...이전에 |
| depois de ~ | after ... | ...이후에 |
| pensar | to think | 생각하다 |
| (às) cinco horas | at five o'clock | 5시에 |
| acabar | to finish/to end | 끝내다/다 써버리다 |
| o/a chefe | boss | 우두머리, 상사 |
| o feriado | holiday | 휴일, 명절 |
| conhecer | to know | 알다/(...와)안면이 있다 |
| o aperitivo | aperitif | (식사 전에 식욕을 돋구기 위해 마시는) 알코올 음료 |
| o café da manhã | breakfast | 아침식사 |
| a reunião | meeting | 회의, 모임 |
| o jornal | newspaper | 신문 |

## Um baile a fantasia

| | | |
|---|---|---|
| o baile | dance party | 댄스파티, 무도회 |
| a fantasia | fancy dress(costume) | 가면무도외에 입는 드레스 |
| o baile a fantasia | fancy dress ball | 가면무도회 |
| Nossa! | Gosh! | 어머나! |
| Quanta gente! | how many people! | 얼마나 많은 사람들인가! |
| esquisito | weird | 이상한, 기이한 |
| ohlar | to look at | 쳐다보다, 보다 |
| Olhe! | Look! | 이보세요!, 여기 보세요 |
| o chinês | Chinese | 중국인 |
| o japônes | Japanese | 일본인 |
| o espanhol | Spanish | 스페인인 |
| o alemão | German | 독일인 |
| feio | ugly | 못생긴, 보기흉한 |
| a mulher | woman | 여성 |
| o homem | man | 남성 |
| engraçado | funny | 우스운, 재미있는 |
| o cabeludo | hairy | 머리숱이 많은 사람, 더벅머리 |
| o animal | animal | 동물 |
| azul(-uis) | blue | 푸른색의 |
| o lápis | pencil | 연필 |
| inglês | English | 영국의, 영국인의, 영어의 |
| o mês | month | 달, 월(月) |
| a cor | color | 색깔 |
| fácil | easy | 쉬운, 용이한 |
| difícil | difficult | 어려운, 힘든 |
| gentil | kind | 친절한, 예의바른, 공손한 |
| infantil | childish | 유아의, 어린애 같은 |
| curto | short | 짧은 |
| a faca | knife | 칼 |
| o garfo | fork | 포크 |
| a colher | spoon | 숟가락 |
| a lição | lesson | 수업/교훈 |
| útil | useful | 유용한 |
| o atlas | atlas | 지도(地圖) |
| o pão | bread | 빵 |
| o ção(-ães) | dog(s) | 개 |
| a organização (-ões) | organization(s) | 조직, 기구 |
| a mão (-ãos) | hand(s) | 손 |
| o jardim | garden | 정원 |
| o barril | barrel | 술통, 나무통 |
| Puxa! | Gee! | 이런! |
| confortável | comfortable | 편안한, 안락한, 쾌적한 |
| o canal | channel | 채널/운하/수로/관(管) |
| a propaganda | advertisement | 광고 |

| | | |
|---|---|---|
| comercial(-ais) | commercial | 상업적인, 상업용의 |

## Um almoço bembrasileiro

| | | |
|---|---|---|
| a família | family | 가족 |
| preparar | to prepare | 준비하다 |
| o cardápio | menu | 메뉴 |
| o convidado | guest | 손님, 초대된 사람 |
| tradicional(-ais) | traditional | 전통적인 |
| Caipirinha | Traditional aperitif made of pinga, lemon, sugar and ice | (삥가 레몬 설탕 얼음을 넣어 만든) 브라질 전통 술 |
| a entrada | appetizer, first course | 전채요리 |
| o milho | corn | 옥수수 |
| verde | green/fresh | 녹색의/신선한 |
| o prato | dish | 접시/요리 |
| principal | main | 주요한, 주된 |
| o prato principal | main course, main dish | 주요리 (메인디쉬) |
| o frango | chicken | 닭 |
| assar | to roast | (고기를 숯불에)굽다 |
| a farofa | traditional dish made with manioc meal | 파로파/화로화(만디오카 가루나 옥수수 가루를 볶은 것으로 churrasco나 feijão을 먹을때 느끼함을 완화시키기 위해 혹은 영양상 같이 먹는 전통음식) |
| as frutas | fruit | 과일들 (복수형) |
| o tudo | everything, all | 모두, 전부 |
| a campainha | bell | 벨(종) |
| a campainha toca. | The bell rings. | 벨(종)이 울리다 |
| receber | to receive | 받다/(사람을)맞이하다/접수하다 |
| o elemento | element | 요소, 성분 |
| ao lado | next | 옆에 |
| a bebida | drink,beverage | 음료수 |
| finalmente | finally | 마지막으로, 마침내 |
| o arroz | rice | 쌀 |
| o feijão | beans | 콩, 강낭콩 |
| a batata | potato | 감자 |
| fritar | to fry | 튀기다 |
| as batatas fritas | fried potatoes/potato chips | 튀긴감자, 감자튀김 |
| a canja | chicken soup with rice | 치킨수프 |
| o ovo | egg | 계란 |
| o ovo frito | fried egg | 계란후라이 |
| o bife | steak | 소고기 스테이크 |
| a salada | salad | 샐러드 |
| o tomate | tomato | 토마토 |
| o queijo | cheese | 치즈 |
| a goiabada | guava paste | 고이아바(로 만든 일종의 양갱) |
| o guaraná | a kind of soft drink(very popular in Brazil) | 과라나(열매로 만든 음료) |
| a couve | a leafy vegetable very common in Brazil | 꼬우비(야채의 일종) |
| a feijoada | one of the most typical Brazilian dish (made of black beans, pork, couve, rice, parofa and slices of orange) | 훼이조아다(검은콩, 말린 돼지고기, 소세지로 만든 브라질 전통 음식, 일종의 콩죽) |
| o molho | sauce | 소스 |
| a laranja | orange | 오렌지 |
| explicar | to explain | 설명하다 |
| riscar | to cross out | 줄을 긋다/(줄을 그어 글자를)지우다 |
| ser diferente | to be different | 다르다 |
| a água | water | 물 |
| a janela | window | 창문 |
| o canto | corner(inside a room) | (방안) 구석 |
| a comida | food | 음식 |

| | | |
|---|---|---|
| talvez | perhaps, maybe | (부사)아마도 |

## UNIDADE · 4

### Procurando um apartamento

| | | |
|---|---|---|
| procurando umapartamento | looking for an apartment | 아파트를 구하고 있는/구하여 |
| procurar | to look for | 찾다, 구하다 |
| perto do centro | near the center | 시내/중심가에서 가까운 |
| alugar | to rent | 세를 놓다/대여하다 |
| o quarto | (bed)room | 방, 침실 |
| a sala | living room | 거실 |
| a cozinha | kichen | 부엌 |
| o banheiro | bathroom | 욕실 |
| a área de serviço | laundry area | 다용도실 |
| o anúncio | advertisement | (주로 신문)광고 |
| estar à venda | to be for sale | 매물 (입니다) |
| longe de | far from ... | ...에서 멀리 떨어진 |
| preferir | to prefer | 선호하다 |
| preferir A ~ B | to prefer A ~ B | B보다 A를 선호하다. |

### Um negócio da China

| | | |
|---|---|---|
| o negócio | business/deal | 거래 |
| a China | China | 중국 |
| o negócio da China | a bargain, a very good bargain | 싼가격으로 좋은거래를 하다 |
| o terreno | plot of ground | 토지, 대지 |
| Ubatuba | a very pleasant seaside town in the state of São Paulo | 상파울루와 가까운 해변이름 우바뚜바 |
| o preço | price | 가격 |
| ótimo | excellent | 훌륭한, 최상의 |
| a gente | people | 사람들 |
| às vezes | sometimes | 이따금, 때때로 |
| achar | to find/to think | (...라고)생각하다/발견하다 |
| ajudar | to help | 돕다 |
| o móvel (-éis) | piece(s) of furniture | 가구 |
| o jornaleiro | news vendor | 신문가판대 |
| o vinho | wine | 와인 |
| entender | to understand | 이해하다 |
| à parte | apart | 별도로 |
| o aluguel | rent | 렌트 |
| amplo | wide, spacious | 넓은 |
| a babá | baby-sitter | 베이비시터 |
| a copa | breakfast room | 회사나 집에서 간단히 간식이나 커피를 먹을 수 있는 장소 |
| a cozinha | kichen | 부엌 |
| a divisória | seperating wall | 분리 벽 |
| ensolarado | sunny | 볕이 잘 드는, 채광이 좋은 |
| o estilo colonial | colonial style | 식민지시대 풍의 |
| a face | face, side | 면(面) |
| o fiador | co-signer | 보증인 |
| o fone | phone | 전화기 |
| a frente | front | 정면, 앞 |
| a grade | rail | 난간 |
| imediato | immediate | 즉시의/바로 인접한 |
| a laje | concrete slab | 석판 |

| | | |
|---|---|---|
| o mar | sea | 바다 |
| o pavimento | floor(i.g.: 1st floor, 2nd floor...) | (건물의) 층(層) |
| o plantão | on duty | 당번, 당번근무 |
| o proprietário | owner | 주인, 소유주 |
| reversível | convertible | 거꾸로 할 수 있는/안팎 모두 쓸 수 있는 |
| a rouparia | closet | 옷장 |
| a suíte | suite | 스위트 |
| superior | superior | (...보다) 고급의, 우수한 |
| o térreo | ground floor | 지층 |
| tranqüila | quiet, calm | 조용한, 고요한, 한적한 |
| urgente | urgent | 시급한, 다급한 |
| o uso | use | 사용, 이용 |
| a varanda | balcony, veranda, terrance | 발코니 |
| a vista | view/sight | 전망 |
| a. serv. = área de serviço | laundry area | 다용도실 |
| alg. = aluga | rent | 렌트 |
| ambs. = ambientes | areas(neighborhood) | 환경 |
| banhs. = banheiros | bathrooms | 욕실 |
| belo | beautiful | 아름다운 |
| c/vista = com vista | facing | ...가 있는 전망 |
| c/arms. = com armários embutidos | with built-in-closets | 붙박이옷장 |
| ch. = chaves c/o zelador | keys with the janitor | 열쇠는 관리인이 가지고 있음 |
| a chur. = churrasqueira | barbecue area | 바베큐 장소 |
| a copa-coz. = copa-cozinha | breakfast room and kitchen together | 간단히 커피를 마시는 장소 |
| coz. = cozinha | kitchen | 부엌 |
| desp. = despensa | pantry | 식료품 보관실, 식기실 |
| dir. prop. = direto com proprietário | directly with the owner | 집주인과 직거래 |
| dorm. = dormitório | bedroom | 침실/기숙사 |
| o escrit. = escritório | office | 서재 |
| f. = fone | phone | 전화기 |
| gar. = garagem | garage | 차고 |
| gdes. = grandes | big | 큰, 커다란 |
| jar. inverno = jardim de inverno | winter garden | 겨울 정원 (열대 식물을 겨울에 유지, 관리) |
| lav. = lavabo | guestroom | 손님방 |
| liv. = living | living room | 거실 |
| pav. = pavimentos | floor(i.g.: 1st floor, 2nd floor...) | (건물의) 층(層) |
| pisc. = piscina | swimming pool | 수영장 |
| próx. = próximo | near | (부사) 가까이, 근접하여 |
| qts. = quartos | (bed)rooms | 방, 침실 |
| reform. = reformado | renovated | 재건축한 |
| s/jantar = sala de jantar | dining room | 식당 |
| sl. = sobreloja | the floor b/w ground floor and 1st floor | 중이층(中二層) |
| sls. = salas | rooms | 방, 실(室) |
| tr. = tratar | to negotiate, to deal with | 절충하다, 협상하다/거래하다 |
| a champanhe francesa | French champagne | 프랑스産 샴페인 |
| o salário | salary | 급여 |
| a festa | party | 축제, 파티, 연회 |
| ontem | yesterday | 어제 |
| substituir | replace | 대체하다 |
| no ano que vem | next year | 내년에 |
| ler | read | 읽다 |
| a seção | department | 섹션, 부서 |
| a seção esportiva | sporting department | 스포츠 부서 |
| inteiro | whole | 전체의 |
| saber | to know | 알다 |
| a reportagem | reportage | 르포 |
| todo mundo | everybody | 모두 |
| o artigo | artivle | 기사 |
| o tempo todo | all the time | 내내 |
| o contrato | contract | 계약 |
| querer | to want/to like | 좋아하다 |

| | | |
|---|---|---|
| lugar | place | 장소 |
| diferente | different | 다른 |
| impossível | impossible | 불가능한 |
| por causa de | becasue of | ...때문에 |
| a poluição (-ôes) | polution(s) | 공해, 오염 |
| abrir | to open | 열다, 공개하다 |
| o guarda-chuva | umbrella | 우산 |
| preferir | to prefer | 선호하다 |
| o teatro | theater | 극장 |

## Um lugar agradável

| | | |
|---|---|---|
| agradável | pleasant | 쾌적한 |
| o bairro residencial | residential district | 주거지역 |
| mudar | to move | 이사하다 |
| mudar de idéia | to change one's mind | 생각을 바꾸다 |
| contente | satisfied/happy | 만족한, 기쁜 |
| famoso | famous | 유명한 |
| atrás | behind | ...뒤에 |
| o colégio | school, high school | (고등)학교 |
| Que bom! | Good!, How Good! | 좋아요! |
| absurdo | absurd/unreasonable | 불합리한, 이치에 맞지 않는/어리석은 |
| pena | pity/pain | 고통, 비통, 동정, 유감 |
| valer | to be worth | ...할 가치가 있다 |
| Valeu a pena! | It was worthwhile | ...할만한 가치가 있다! 노력한 보람이 있네! |
| pegar | to pick, to fetch | (...을 손가락으로) 잡다 |
| levar | to take | 가지고 가다 |
| aceitar | to accept | 받아들이다, 수용하다 |

## O dia de mudança

| | | |
|---|---|---|
| a mudança | moving | 이사 |
| o caminhão (-ões) | trcuk(s) | 트럭 |
| a cadeira | chair | 의자 |
| o sofá | sofa | 소파 |
| a poltrona | armchair | 안락의자 |
| a cama | bed | 침대 |
| ao meio-dia | at noon | 정오에 |
| o lanche | snack | (가벼운) 점심식사 |
| perto de | near | ...근처에, 가까이에 |
| na frente de | in front of | ...앞에 |
| dentro de | in, inside of | ...안에 |
| em cima de | on, on the top of | ...위에 |
| longe de | far from | ...에서 멀리 |
| atrás de | behind ... | ...뒤에 |
| fora de | outside if | ...바깥에 |
| embaixo de | under ... | ...밑에 |
| ao lado de | at the side of | ...옆에 |
| em volta de | around ... | ...둘레에, ...근처에 |
| entre | between/among | ...사이에 |
| observar | to oberve, to watch | 지켜보다, 관찰하다 |
| o desenho | drawing/design | 디자인, 그림 |
| a sala de estar | living room | 거실 |
| a mesinha | end table, small table | (작은) 테이블 |
| a televisão (-óes) | television(s) | 텔레비전 |
| a estante | bookcase | 책장 |
| o tapete | rug | 카페트 |
| o vaso | vase | 꽃병 |

| | | |
|---|---|---|
| a flor | flower | 꽃 |
| o quadro | picture | 그림, 액자 |
| a planta | plant | 식물 |
| distribuir | to distribute, to arrange | 분배하다, 나눠주다 |
| abaixo | below | 밑에 |
| a posição (-ões) | position(s) | 위치, 자리, 장소 |
| o criado-mudo | night table | 침실용 탁자 |
| a cômoda | bureau, commode | 서랍장, 옷장 |
| a polícia | police | 경찰 |
| a caixa | box | 상자 |
| guardar | to keep | 보관하다/유지하다/지키다 |

### Onde estão eles?

| | | |
|---|---|---|
| o irmão | brother(s) | 형제(들) |
| a irmã | sister | 자매 |
| o pai | father | 아버지 |
| a mãe | mother | 어머니 |
| ler a mão | to do palm-reading | 손금을 보다 |
| o futuro | future | 미래 |
| o namorado | boyfriend | 남자친구, 애인 |
| a namorada | girlfriend | 여자친구, 애인 |
| o/a parente | relative | 친척 |
| os irmãos | brothers/brother(s) and sister(s) | 형제들, 형제자매들 |
| claro | clear/bright | 선명한, 밝은 |
| a bolsa | handbag, purse | (여성의) 핸드백, 가방 |
| a máquina | machine | 기계 |
| limpo | clean | 깨끗한 |
| precisar de | to need | ...를 필요로 하다 |
| a gasolina | gasoline | 휘발유 |
| o supermercado | supermarket | 슈퍼마켓 |

### Onde morar?

| | | |
|---|---|---|
| agitado | hectic/restless | 소란스러운, 동요된 |
| o desenvolvimento | development | 개발 |
| o bairro comercial | commerical district | 상업지구 |
| tranqüilo | quiet, calm | 조용한, 고요한, 한적한 |
| distante | far, distant | 먼, 멀리 떨어진 |
| acontecer | to happen | (사고, 사건 등이) 일어나다 |
| reescrever | to rewrite | 다시쓰다, 고쳐쓰다 |

## UNIDADE · 5

### No jornaleiro

| | | |
|---|---|---|
| o jornaleiro | news vendor | 신문판매원(판매대) |
| no jornaleiro | at the newsstand | 신문가판대에서 |
| passar | to pass | 지나가다 |
| trocar | to change | (물건, 돈) 바꾸다 |
| a banca | stand | 노점대 |
| a hora | hour | 시(時)/시간 |
| meio | half | 절반의/30분 |
| já | already | 이미, 벌써/곧/방금 |
| quase | almost | 거의 |

| | | |
|---|---|---|
| Está bem. | It is OK | 괜찮아(요), 좋아(요). |
| ao lado | beside | ...옆에 |
| a página | page | 페이지, 쪽 |
| sobre | about/on | ...에 대하여 |
| o sucesso | success | 성공 |
| o estádio | stadium | 경기장 |
| saber | to know | (...을) 알다 |
| Eu não sabia | I didn't know | 나는 몰랐다. |
| Que pena! | What a pity! | 참 안됐군(요)! 아이구 불쌍해라! |
| perder | to miss | (...을)잃다/(길을)잃다/놓치다 |
| preocupar-se | to worry | 걱정하다 |
| abril | April | 4월 |

### Assim não dá!

| | | |
|---|---|---|
| Assim não dá! | Enough! It's not possible! | 이래선 안돼! 이건 아니야! 불가능해! |
| há dez anos | for ten years | 10년 동안, 10년 전 |
| tentar | to try | 시도하다, 노력하다 |
| a chance | chance | 찬스, 기회 |
| a entrada | ticket | 입장권 |
| o show | show | 공연, 쇼 |
| sentir | to feel | 느끼다 |
| Sinto muito. | I am sorry. | 죄송합니다. |
| mais | more | 더, 더 많이, 더 크게 |
| Como assim? | How come? | 어찌하여?, 왜? |
| algum, -a | some, few, a few | 약간의 |
| pouco | few, little | 작은, 적은, 소량의, 약간의 |
| Pois é. | That's it. | 그러게 말입니다. 바로 그겁니다. |
| partir | to depart | 떠나다, 출발하다 |
| toda noite | every night | 매일 밤 |
| decidir | to decide | 결정하다 |
| o sócio | partner, associate | 동업자/동료 |
| dividir | to divide | 나누다 |
| o minuto | minute | (시간)분 |
| passado | past, last (month) | 지난 |
| o mês | month | 달, 월(月) |
| a roda | wheel | 바퀴 |
| o pneu | tire | 타이어 |
| desistir, desistir de ~ | to give up | ...을 포기하다 |
| esquecer | to forget | 잊다 |
| o silêncio | silence | 침묵, 고요 |
| insistir | to insist | 고집하다, 주장하다 |
| o irmão mais velho | the eldest brother | 큰 형, 큰 오빠 |
| por | by, along, through | ...을 통하여, ...을 지나 |
| passar por ~ | to pass by, to go through, to drive along | ..를 지나다 |
| a ponte | bridge | 다리 |
| rápido | quick, fast | (형)빠른, 신속한/ (부)빨리 |
| pela porta da frente | through the front door | 앞문을 통해서 |
| mas | but | 그러나 |
| o presente | gift | 선물 |
| a notícia | news | 뉴스, 소식 |
| a ilustração (-ões) | illustration | 도해, 삽화/예증 |
| o shopping (center) | shopping center | 백화점 |
| o/a motorista | driver | 운전자, 기사 |
| o caminho | way | 길 |
| o viaduto | bridge over a road | 고가도로, 육교 |
| a banca de flores | flower stand | 꽃가판대 |
| a estrela | star | 별 |
| a estrela d'alva | morning star | 새벽별 |
| zero | zero, ought | (숫자) |

| | | |
|---|---|---|
| | | 0 |
| um, uma | one | 1 |
| dois, duas | two | 2 |
| três | three | 3 |
| quatro | four | 4 |
| cinco | five | 5 |
| seis | six | 6 |
| sete | seven | 7 |
| oito | eight | 8 |
| nove | nine | 9 |
| dez | ten | 10 |
| onze | eleven | 11 |
| doze | twelve | 12 |
| treze | thirteen | 13 |
| quatorze, catorze | fourteen | 14 |
| quinze | fifteen | 15 |
| dezessis | sixteen | 16 |
| dezessete | seventeen | 17 |
| dezoito | eighteen | 18 |
| dezenove | nineteen | 19 |
| vinte | twenty | 20 |
| vinte e um, uma | twenty-one | 21 |
| vinte e dois, duas | twenty-two | 22 |
| vinte e três | twenty-three | 23 |
| vinte e quatro | twnety-four | 24 |
| ... | | |
| trinta | thirty | 30 |
| trinta e um, uma | thirty-one | 31 |
| ... | | |
| quarenta | forty | 40 |
| cinquenta | fifty | 50 |
| sessenta | sixty | 60 |
| setenta | seventy | 70 |
| oitanta | eighty | 80 |
| noventa | ninety | 90 |
| cem | one hundred | 100 |
| cento e um, uma | one hundred and one | 101 |
| ... | | |
| duzentos, duzentas | two hundred | 200 |
| trezentos, trezentas | three hundred | 300 |
| quatrocentos,quatrocentas | four hundred | 400 |
| quinhentos,quinhentas | five hundred | 500 |
| seiscentos,seiscentas | six hundred | 600 |
| setecentos,setecentas | seven hundred | 700 |
| oitocentos, oitocentas | eight hundred | 800 |
| noventos,noventas | nine hundred | 900 |
| mil | one thousand | 1,000 |
| dois mil, duas mil pessoas | two thousand people | 2000명 |
| um milhão | one million | 1,000,000 |
| dois milhões, dois milhões de pessoas | two million people | 2백만명 |
| o prato | dish | 접시/요리 |
| o bolo | cake | 케이크 |
| o biscoito | cookie | 쿠키, 비스킷 |
| o pastel | a kind of fried pie | 파스텔 (여러가지 재료를 넣어 만든 큰 튀김 만두) |
| extenso | completely | 길은, 넓은, 광범위한 |
| escrever por extenso | to write in full | (생략않고) 빠짐없이 쓰다 |
| meses do ano | months of the year | (일년의 열두달) 월 |
| janeiro | January | 1월 |
| fevereiro | February | 2월 |
| março | March | 3월 |
| abril | April | 4월 |

| | | |
|---|---|---|
| maio | May | 5월 |
| junho | June | 6월 |
| julho | July | 7월 |
| agosto | August | 8월 |
| setembro | Semtember | 9월 |
| outubro | October | 10월 |
| novembro | November | 11월 |
| dezembro | Devember | 12월 |
| dias da semana | days of the week | 요일 |
| o domingo | Sunday | 일요일 |
| a segunda-feira | Monday | 월요일 |
| a terça-feira | Tuesday | 화요일 |
| a quarta-feira | Wednesday | 수요일 |
| a quinta-feira | Thursday | 목요일 |
| a sexta-feira | Friday | 금요일 |
| o sábado | Saturday | 토요일 |
| estações do ano | seasons of the year | 계절 |
| a primavera | spring | 봄 |
| o verão | summer | 여름 |
| o outono | autumn, fall | 가을 |
| o inverno | winter | 겨울 |
| anteontem | the day before yesterday | 그저께 |
| ontem | yesterday | 어제 |
| hoje | today | 오늘 |
| amanhã | tomorrow | 내일 |
| depois-de-amanhã | the day after tomorrow | 모레 |
| nascer | to be born | 태어나다 |
| o Natal | Christmas | 성탄절 |
| maior | bigger | 더 큰/더 많은 |
| o maior | the biggest | 가장 큰, 가장 많은 (최상급) |
| o feriado | holiday | 휴일, 명절 |
| a agenda de trabalho | work agenda | 작업목록, 작업일정 |
| de manhã | in the morning | 오전에 |
| de tarde / à tarde | in the afternoon | 오후에 |
| de noite / à noite | in the evening, at night | 저녁에, 밤에 |
| o arquiteto | architect | (남성) 건축가 |
| a arquiteto | architect | (여성) 건축가 |
| a decoração (-ões) | decoration | 장식, 데코레이션 |
| organizar | to organize | 조직하다, 정리하다 |
| a rainha | queen | 여왕 |
| o rei | king | 왕 |
| ter muito trabalho | to have a lot of work | 일이 많다, 업무가 많다 |
| a que horas | at what time | 몇시에? |
| Que horas saõ agora? | What time is it now? | 지금 몇시인가요? |

## Na estação

| | | |
|---|---|---|
| São oito horas em ponto. | It's eight o'clock. | 8시 정각입니다. |
| o meio-dia | noon | 정오 |
| a meia-noite | midnight | 자정 |
| à uma hora | at one o'clock | 1시에 |
| às duas horas | at two o'clock | 2시에 |
| ao meio-dia e meia | at twelve-thirty | 12시 반에 |
| às duas e meia | at two-thirty | 2시 반에 |
| o acidente | accident | 사고 |

### Fazendo compras

| | | |
|---|---|---|
| depressa | fast | (부)빨리, 급히, 서둘러서/(명)급함, 서두름 |
| o vestido | dress | 옷, 의복(의 총칭)/복장, 의상 |
| daqui a meia hora | in half an hour | 한시간 반 뒤에 |
| amarelo | yellow | 노란색의 |
| elegante | elegant, smart | 우아한 |
| a vendedora | saleswoman | 여성 판매원 |
| a blusa | blouse | 블라우스 |
| branco | white | 흰, 하얀색의 |
| combinar | to match | (색깔, 무늬, 스타일) 어울리다 |
| a saia | skirt | 치마 |
| preto | black | 검은, 검은색의 |

### Roupas femininas

| | | |
|---|---|---|
| a roupa feminina | ladie's wear | 여성복 |
| o conjunto | ensemble, outfit | 한벌 (세트) |
| o blaiser, blazer, blêizer | blazer | 블레이저 |
| marfim | ivory | 아이보리색의 |
| o casaco | overcoat | 코트 |
| bege | beige, pale brown | 베이지색의 |
| o xadrez | checked | 체크무늬 |
| pink | pink | 분홍색의 |
| vermelho | red | 빨간색의 |
| florido | printed (with flowers) | 꽃무늬의 |
| o short | shorts | 반바지 |
| a sandália | sandal | 샌들 |
| o colete | vest | 조끼 |
| a camiseta | T-shirt | 티셔츠 |
| listrado | striped | 줄무늬의 |
| a calça | trousers | 바지 |
| comprido | long | 긴, 길쭉한 |
| o chapéu | hat | 모자 (중절모) |
| o jeans | jeans | 청바지 |
| o tênis | tennis shoes | 테니스화 |
| o sapato | shoes | 구두 |
| creme | cream-colored | 크림색의 |
| marrom | brown | 갈색의 |
| verde escuro | dark green | 진녹색의 |
| cinza | gray | 회색빛의 |
| pêssego | peach-colored | 피치색의, 복숭아색의 |
| roxo | purple/violet | 자주색의/보라색의 |

### Roupas masculinhas

| | | |
|---|---|---|
| a roupa masculina | men's wear | 남성복 |
| a roupa social | suit and tie | 정장 (넥타이 포함) |
| a jaqueta | casual jacket | 재킷 |
| o boné | cap | 야구모자 |
| a meia | socks | 양말 |
| a bermuda | bermuda-pants | 버뮤다팬츠 |
| a camisa | shirt | 셔츠 |
| o terno | suit | 정장 |
| a gravata | necktie | 넥타이 |
| o paléto | man's coat, jacket | (남성용) 코트, 재킷 |

## Acessórios

| | | |
|---|---|---|
| a meia-calça | pantyhose | 팬티스타킹 |
| a camisola | nightgown | 나이트가운 |
| o pijama | pajamas | (잠옷)파자마 |
| o cetim | satin | 새틴 |
| o cinto | belt | 허리띠 |
| o sutiã | brassiere | (속옷) 브래지어 |
| a calcinha | panties | (속옷) 팬티 |
| a cueca | shorts(underwear) | (속옷) 사각팬티 |

## Na praia

| | | |
|---|---|---|
| o biquíni | bikini | 비키니 |
| a sunga | a tight bathing suit for man | (남성용) 수영복 |
| o maiô | bathing suit | 수영복 |
| os òculos de sol | sun glasses | 선글라스 |
| a canga | a colorful piece of cloth worn over a bathing suit or a bikini | 해변에서 여자들이 비키니 수영복 위에 걸치는 옷 |
| a capa de chuva | raincoat | 비옷 |
| chique | elegant, smart | (옷을) 멋지게 입은, 말쑥한 |
| cruzar | to cross | 건너다 |
| as palavras cruzadas | crossword puzzle | 크로스워드 퍼즐 |
| a diferença | difference | 차이, 다름 |
| a malha | knit wear | (옷) 니트/실로 짠 스웨터와 저지 |
| vestir | to dress, to wear | 옷을 입다, 착용하다 |
| fora | out | 밖에, 외부에 |
| fora de | out of | ...밖에 |
| comum | ordinary, not special | 평범한 |
| o botão (-ões) | button | 단추 |
| simples | simple | 간단한, 단순한 |
| a indústria | industry | 산업 |
| mau, má | bad | 나쁜 |
| a solução (-ões) | solution | 해결책, 방안 |
| a viagem | trip | 여행 |
| a paisagem | landscape | 경치, 풍경 |
| a reportagem | reportage | 르포 |
| a idade | age | 나이, 연령 |
| o sistema | system | 체계, 시스템 |
| o poema | poem | 시 |
| o idioma | idiom, language | 언어 |
| o sintoma | sympton | 증상 |
| o crachá | identification flag | 훈장, 이름표 |
| o mapa | map | 지도 |
| o clima | climate | 기후 |
| branco | white | 흰, 하얀색의 |
| preto | black | 검은, 검은색의 |
| amarelo | yellow | 노란색의 |
| vermelho | red | 빨간색의 |
| azul | blue | 파란색의, 푸른색의 |
| verde | green | 녹색의 |
| cor-de-rosa | pink | 핑크빛의 |
| laranja | orange | 오렌지색의 |
| marrom | brown | 갈색의 |
| cinza | gray | 회색빛의 |
| o vizinho | neighbor | 이웃 |
| a revista | magazine | 잡지 |
| a foto(grafia) | photography | 사진 |
| competente | capable, able, competent | 능력있는, 유능한 |

| | | |
|---|---|---|
| a folha | leaf | 잎 |
| a (tele-) novela | soap opera | 드라마 |
| o cantor | singer | 가수 |
| amável | kind | 친절한 |
| conservador | conservative | 보수적인 |
| otimista | optimistic | 낙관적인 |
| triste | sad | 슬픈 |
| o escritor | writer | 작가 |
| longo | long | (길이)긴/(거리)먼/(시간)오랜 |
| a estrada | road | 길, 대로, 도로 |
| o rio | river | 강 |
| estreito | narrow | 좁은 |
| escuro | dark | 어두운 |
| a língua | language/tongue | 언어/혀 |
| a banana | banana | 바나나 |
| tranqüilo | quiet, calm | 조용한, 고요한, 한적한 |
| o telefonema | phone call | (전화) 통화 |
| a oportunidade | opportunity | 기회 |
| o limão (-ões) | lemon | 레몬 |
| a opinião | opinion | 의견 |
| jovem | young | 젊은 |
| nervoso | nervous | 긴장한 |
| brilhante | brilliant, bright | 똑똑한, 명석한 |
| azedo | sour | (맛이) 신 |
| contrário | contrary | 반대의, (...에) 반대되는 |
| único | only, unique | 유일한, 독특한 |

**Rios de Brasil**

| | | |
|---|---|---|
| durante | during | ...하는 동안 |
| o documentário | documentary | 다큐멘터리 |
| a pororoca | the huge movement of the waters from the Amazon river | 아마존강 하구에서 발생하는 물의 융기, 거센물결 |
| o encontro | meeting | 모임, 만남, 회의 |
| o mar | sea | 바다 |
| a construção (-ões) | construction | 건설 |
| a usina | power station | 발전소 |
| a usina hidrelétrica | hydroelectric power station | 수력발전소 |
| a fronteira | frontier | 국경 |
| grande | big | 큰, 커다란/위대한/대량의 |
| inteiramente | entirely | 완전히, 전적으로 |
| exclusivamente | only/just | 독점적으로, 오로지 |
| a televisão comercial | commercial television | 상업 텔레비전 |
| a televisão educativa | education television | 교육 텔레비전 |
| apresentar | to present | 소개하다, 선보이다 |
| construir | to build | 짓다 |
| a unidade | unit | 단위 |
| nacional | national | 국가의, 국립의 |
| o calçadão(calçado) | pedestian walkway | 인도, 보도 |
| tirar fotos | to take photos | 사진을 찍다 |

## UNIDADE · 6

**Retrato Falado**

| | | |
|---|---|---|
| o retrato | portrait | 초상화 |

| | | |
|---|---|---|
| o retrato falado | police sketch | 몽타주 |
| o/a policial | policeman | 경찰관 |
| assaltar | to rob | 강탈하다, 습격하다 |
| a casa de jóias | jewelry shop | 보석가게, 금은방 |
| o suspeito | suspect | 용의자 |
| mais ou menos | more or less | 대략 |
| gordo | fat | 뚱뚱한 |
| castanho | brown | 밤색의 |
| Cuidado! | Take care! | 조심하세요! |
| armado | armed | 무장한 |
| perigoso | dangerous | 위험한 |
| o leão (-ões) | lion | 사자 |
| a delegacia de polícia | police station | 경찰서 |
| a polícia | police | 경찰 |
| o ladrão (-ões) | thief, robber | 강도 |
| a testemunha | witness | 목격자, 증인 |
| de perto | closely | 가까이 |
| loiro | blond | 금발의 |
| moreno | brunet | (피부, 머리카락) 갈색의, 거므스름한 |
| o rosto | face | 얼굴 |
| redondo | round | 둥근, 동그란 |
| a testa | forehead | 이마 |
| o momento | moment | 순간/(특정) 시점, 시기 |
| o olho | eye | 눈 |
| empurrar | to push | 밀다, 밀치다 |
| a sobrancelha | eyebrow | 눈썹 |
| grosso | thick | 두꺼운, 진한, 굵은 |
| o nariz | nose | 코 |
| fino | fine | 가느다란/보드라운/날씬한 |
| a certeza | certainty, conviction | 확실함, 틀림없음. |
| tenho certeza | I am sure | 저는 확신합니다. |
| o queixo | chin | 턱 |
| quadrado | square | 각진, 사각의 |
| a orelha | ear | 귀 |
| lembrar-se | to remember | 기억하다, 기억나다. |
| crespo | curly | 곱슬머리의 |
| deixar | to leave | 그대로 놔두다, 떠나다 |
| sem tirar nem pôr | exactly, precisely | 정확히, 꼭 |
| pôr | to put | 놓다 |
| tirar | to take out/to take off/to remove | 뽑다/빼다/제거하다 |

### Meu tipo ideal

| | | |
|---|---|---|
| ideal | ideal | 이상적인 |
| liso | flat | 미끄러운/평평한/직모의 |
| esportista | sportsman, sporting | 운동선수 |
| intelectual | intellectual | 지식인 |
| magro | thin | 얇은, 열은, 가느다란 |
| a voz | voice | 목소리, 음성 |
| suave | soft | 부드러운 |
| sonhar com | to dream about | ...에 대한 꿈을 꾸다 |
| a sobrancelha | eyebrow | 눈썹 |
| a testa | forehead | 이마 |
| o olho | eye | 눈 |
| o nariz | nose | 코 |
| a bochecha | cheek | 뺨 |
| o ombro | shoulder | 어깨 |
| o peito | chest | 가슴 |
| o cotovelo | elbow | 팔꿈치 |
| a mão | hand | 손 |

| | | |
|---|---|---|
| o umbigo | navel | 배꼽 |
| a barriga | belly | 배, 복부, 아랫배 |
| o dedo do pé | toe | 발가락 |
| o pé | foot | 발 |
| o cabelo | hair | 머리칼 |
| a orelha | ear | 귀 |
| o rosto | face | 얼굴 |
| a boca | mouth | 입 |
| o queixo | chin | 턱 |
| o pescoço | neck | 목 |
| o braço | arm | 팔 |
| as costas | back | 등 |
| a cintura | waist | 허리 |
| o dedo | finger | 손가락 |
| o calcanhar | heel | 발뒤꿈치 |
| o joelho | knee | 무릎 |
| a perna | leg | 다리 |
| baixo↔ alto | short ↔ tall | (키) 작은 ↔ 큰 |
| pequeno↔ grande | small ↔ big | (모양, 형태) 작은↔ 큰 |
| direito ↔ esquerdo | right ↔ left | 오른쪽(의) ↔ 왼쪽(의) |
| largo ↔ estreito | wide ↔ narrow | 넓은 ↔ 좁은 |
| pontudo ↔ oval | pointed ↔ oval | 뾰족한 ↔ 둥근 |
| loiro ↔ moreno | blond ↔ brunet | 금발의 ↔ 어두운 갈색의 |
| fino ↔ grosso | thin ↔ thick | 얇은, 옅은 ↔ 두꺼운, 진한 |
| jovem, moço ↔ velho | young ↔ old | 젊은 ↔ 나이든, 오래된 |
| redondo ↔ quadrado | round ↔ square | 둥근, 동그란 ↔ 각진 |
| liso ↔ crespo | straight ↔ curly | 직모의 ↔ 곱슬머리의 |
| castanho | brown | 밤색의, 갈색의 |
| preto ↔ loiro | black ↔ blond | 흑발의 ↔ 금발의 |
| branco ↔ preto | white ↔ black | 흰색↔검은색 |
| curto ↔ longo, comprido | short ↔ long | (길이) 짧은 ↔ 긴 |
| novamente | again | 다시 |
| simpático | nice | (사람이) 좋은, 친절한, 다정한 |
| antipático | unfriendly, arrogant | 거만한, 남에게 관심없는 |
| inteligente | intelligent | 지적인, 똑똑한 |
| bobo | fool | 어리석은 |
| esportivo | sportive | 스포츠를 좋아하는 |
| bem-humorado | cheerful, un good humor | 유머감각이 뛰어난, 기분이 좋은 |
| mal humorado | sullen, bad tempered | 뚱한, 시무룩한, 언짢은, 기분이 나쁜 |
| comunicativo | talktative, extrovert | 말하기 좋아하는, 외향적인 |
| aberto | frank, open-hearted | 솔직한, 개방적인 |
| reservado | reserved, circumspect | 말이 적은, 조심성 있는 |
| fechado | introvert | 내성적인 |
| desembaraçado | uninhibited | (행동, 의사표현) 거리낌 없는 |
| tímido | shy | 소심한 |
| moderno | modern | 현대적인 |
| antiquado | old-fashioned | 촌스러운, (감각이) 시대에 뒤떨어진 |
| ativo | active, alert | 활동적인 |
| preguiçoso | lazy | 게으른 |
| otimista | optimistic | 낙관론자, 낙관적인 사람 |
| pessimista | pessimistic | 회의론자, 회의적인 사람 |
| desonesto | dishonest | 정직하지 못한 |
| honesto | honest | 정직한, 신실한 |
| interessante | interesting | 흥미로운, 재미있는 |
| chato | boring, annoying | 지루한, 짜증나는 |
| esperto | smart, clever | 똑똑한, 명석한 |
| ingênuo | naïve | (지나치게) 순진한 |
| fácil | easy | 쉬운 |
| difícil | difficult | 어려운 |
| risonho | smiling | 웃는, 웃는 낯의 |
| sério | serious | 진지한, 신중한 |

| | | |
|---|---|---|
| Chi! | Gee! | (놀라움, 감탄)야!/ (짜증)이런! |
| o guarda | guard | 수위, 파수꾼 |
| o elefante | elephant | 코끼리 |
| o circo | circus | 서커스 |
| o jogo | game, match | 게임, 경기 |
| o jogador | player | (경기에서 뛰는) 선수 |
| até o fim | up to the end | 끝까지, 마지막까지 |
| reconhecer | to recognize | 알아보다, 인식하다/인정하다 |
| a empregada | maid | 가정부, 하녀 |
| permitir | to allow | 허락하다, 허용하다 |
| nós | we | (주어) 우리 |
| nos | us | (목적어) 우리를 |
| eu | I | (주어) 나 |
| me | me | (목적어) 나를 |
| esperar | to wait | 기다리다 |
| nunca | never | 결코...아니다 (하지 않는다) |
| avisar | to warn | 알려주다, 경고하다 |
| o macaco | monkey | 원숭이 |
| o rapaz | young man | 소년, 젊은이, 청년 |
| a biblioteca | library | 도서관 |
| a sala de espera | waiting room | 대기실 |
| o programa | program | 프로그램 |
| o nome | name | 이름, 명칭/명사 |
| o ator, a atriz | actor, actress | 배우, 여배우 |
| atravessar | to cross | 건너다 |
| o relógio | clock, watch | 시계 |
| aprovar | to approve | 승인하다, 인정하다 |
| acompanhar | to accompany, to see someboty to... | (...와) 동행하다 |

## Você está doente?

| | | |
|---|---|---|
| doente | sick, ill | 아픈 |
| a dor | pain, ache | 통증, 고통 |
| a febre | fever | 열 |
| Atchim! | Ahchew! | 에취! (재채기 소리) |
| a farmácia | pharmacy | 약국 |
| a gripe | flu | 감기, 독감 |
| Estou com enjôo | I feel nausea, I'm sick. | 구역질 나. 내가 아파. |
| o estômago | stomach | 배, 위 |
| a garganta | throat | 목구멍, 목 |
| a perna | leg | 다리 |
| a tosse | cough | 기침 |
| o ouvido | ear | 귀/청력 |
| o enjôo | nausea | 메스꺼움 |
| estar resfriado | to have a cold | 감기에 걸리다 |
| o resfriado | cold | 감기 |
| ouvir | to hear | 듣다 |
| demais | too much | 지나치게, 너무 많이 |
| simular | to simulate, to affect | 가장하다, ...인 체 하다 |
| a folga | leisure, relaxation | 휴식, 쉼, 오락 |
| o dia de folga | day off | (근무 · 일을) 쉬는 날 |
| explicar | to explain | 설명하다 |
| sentir-se | to feel | 느끼다 |
| o exercício | exercise | 운동, 연습 |
| o exercício físico | physical exercise | 운동 |
| o físico | body | 육체, 신체 |
| fumar | to smoke | (담배) 피우다/연기를 내다 |
| passar tempo | to spend time | 시간을 보내다 |

## Mostre

| | | |
|---|---|---|
| o medo | fear | 두려움 |
| proteger | to protect | 보호하다 |
| o imperativo | imperative | 명령법, 명령문 |
| irregular | irregular | 불규칙한 |
| Coitado! | Poor fellow! | 불쌍한 사람! 아이고... 불쌍해라! |
| a ginástica | gymnastics | 체조, 체육 |
| a aula de ginástica | physical education class | 체육시간 |
| manter | to keep | 유지하다 |
| a forma | shape | 형태 |
| manter a forma física | to keep in good shape | 몸매를 유지하다 |
| o movimento | movement | 동작, 움직임 |
| firme | firm | 든든한, 확고한, 움직이지 않는 |
| abaixar | to lower | 낮추다, 몸무게를 줄이다 |
| levantar | to raise | 올리다/일으켜세우다 |
| acima | above | ...위에 |
| dobrar | to bend | 구부리다, 접다 |
| o joelho | knee | 무릎 |
| a altura | height | 키, 신장, 높이 |
| até a altura dos ombros | up to the shoulders | 어깨높이까지 |
| esticar | to stretch | 뻗다 |
| rápido | quick, fast | (형)빠른, 신속한/(부)빨리 |
| mais depressa | faster | 더 빨리 |
| Coragem! | Courage!, Go on! | 힘내세요! 용기를 갖으세요! |
| controlar | to control | 통제하다, 조절하다 |
| a respiração | breath | 숨, 호흡 |
| controlar a respiração | to control breathing | 호흡을 조절하다 |
| Agora chega! | That's enough! Stop it now! | 그만! 그만하면 충분해! |
| excelente | excellent | 훌륭한, 탁월한 |
| na mesma hora | at the same time | 동시에 |
| pontual | punctual | 시간을 잘 지키는 (엄수하는) |
| a crase | crasis(contraction of two vowels into one) | 모음축합 |
| o coquetel | cocktail | 칵테일 |
| o esposo | husband | 남편 |
| a esposa | wife | 아내 |
| não... nem | neither...nor... | ...도 아니고 ...도 아니다 |
| o piano | piano | 피아노 |
| tocar piano | to play the piano | 피아노를 치다 |
| o chocolate | chocolate | 초콜릿 |
| o peixe | fish | 물고기, 생선 |
| o leite | milk | 우유 |

## A gravata

| | | |
|---|---|---|
| a gravata | tie | 넥타이 |
| a linguagem popular | popular speech | 구어체(口語), 대중어법 |
| a linguagem correta | correct speech | 문어체(文語), 표준어법 |
| o monte | heap | 산/누적, 무더기/다량 |
| a gente | people | 사람들 |
| em ordem | in order | 정리되어, 제대로 된, 적절한 |
| o negócio | stuff | 일, 업무/사건, 협상 |
| o negócio horrível | horrible stuff | 끔찍한 사업/거래 |

## Brasília

| | | |
|---|---|---|
| a capital | capital | 수도 |

| | | |
|---|---|---|
| desde | since | (...으로)부터, 이래, 이후 |
| estar situado | to be located | ...에 위치하다 (있다) |
| o coração (-ões) | heart(s) | 심장 |
| enorme | huge | 거대한 |
| tornar | to become | ...이 되다/...로 변하다 |
| a sede | seat | 위치,장소,소재지/본부 |
| o governo | government | 정부 |
| federal | federal | 연방의, 연방정부의 |
| acessível | accessible | 가까이 있는, 접근성이 높은 |
| ninguém | nobody | (부정어) 아무도, 누구도 |
| o palácio | palace | 궁, 궁전 |
| o planalto | plateau | 고원 |
| o Palácio do Planalto | Seat of the Brazilian Federal government | 연방정부청사 |
| isolado | isolated | 고립된 |
| o funcionário | employee | 직원 |
| público | public | 공공의, 공립의 |
| o funcionário público | civil servant | 공무원 |
| no entanto | however, notwithstanding | 그러나, 그럼에도 불구하고 |
| a dúvida | doubt | 의심, 의문, 의혹 |
| a decisão (-ões) | decision(s) | 결정 |
| Brasília é uma cidade diferente. | Brasília is a unique city. | 브라질리아는 독특한 도시이다. |
| o plano-piloto | pilot plan | 매스터 플랜 |
| a base | basis | 기초, 근거, 바닥/기지 |
| o plano | plan | 계획, 방안/설계도 |
| o eixo | axis | 축, 중심축 |
| cruzar-se | to cross one another, to intersect | 교차하다/(어떤 지역을) 가로지르다 |
| o eixo rodoviário | highway axis | 고속도로 축 |
| o eixo monumental | monumental axis | 기념비적 축 |
| o sentido | direction | 방향 |
| o norte | north | 북쪽 |
| o sul | south | 남쪽 |
| o leste | east | 동쪽 |
| o oeste | west | 서쪽 |
| com suas luzes acesas | with its lights on | 불을(라이트를) 켜고/켜진 불들(전등)과 함께 |
| parecer | to seem | ...처럼 보인다 |
| a linha | line | 선, 줄/선로/계통 |
| a beleza | beauty | 미(美), 아름다움 |
| a surpresa | surprise | 놀라움 |
| a Praça dos Três Poderes | Three Power Square | (입법 사법 행정의) 삼권광장 |
| o cartão postal (-ões) | postcard(s) | 우편엽서 |
| o edifício | (high)building | (고층)빌딩 |
| o congresso | congress | 의회 |
| nacional | national | 국가의, 국립의 |
| o Congresso Nacional | National Congress | 국회 |
| o Supremo Tribunal Federal | Supreme Court | 대법원 |
| a alvorada | dawn | 동틀녘, 여명 |
| o Palácio da Alvorada | name of the Brazilian President's residence | 브라질 대통령궁 |
| residir | to live, to dwell | 거주하다 |
| a república | republic | 공화국 |
| raro | rare, unusual | 보기드문, 희귀한 |
| a catedral | cathedral | 성당 |
| de longe | from far | 멀리서부터/오래전부터 |
| a oração (-ões) | prayer(s) | 기도, 설교 |
| mãos postas em oração | hands in praying position | 기도하는 손 (모양) |
| o arco | arch | 아치 |
| o ministério | ministry | (정부의 각) 부처 |
| a relação (-ões) | relationship(s) | 관계 |
| o exterior | exterior, foreign | 외부, 대외, 해외(의) |
| o Ministério das Relações Exterior | Department of Foreign Affairs | 외교부 |

| | | |
|---|---|---|
| o jardim | garden | 정원 |
| o jardim aquático | water garden | 수생 식물원 |
| o resultado | result | 결과 |
| trabalho combinado | co-ordinated work | 협력업 |
| a criação (-ões) | creation | 창출, 창조 |
| o/a urbanista | city planning architect | 도시설계사 |
| o/a paisagista | landscape architect | 조경사 |
| comparar | to compare | 비교하다 |
| integrar | to intergrate | 통합시키다 |
| único | only, unique | 유일한, 독특한 |
| o mundo | world | 세계 |
| realmente | really | 정말로, 실제로 |
| a situação (-ões) | situation(s) | 상황 |
| geográfico | geographic | 지리학적의, 지리상의 |
| concordar | to agree | 일치하다/부합하다 |
| examinar | to examine | 조사하다 |
| o porto | harbor | 항구 |
| a catarata | waterfall | 폭포 |
| o prédio | building | 건물 |
| a alfândega | customhouse | 세관 |
| o Prédio da Alfândega | Custom Building | 세관건물 |
| centro histórico | historical center | 역사지구 |
| a ópera | opera | 오페라 |
| o arame | wire | 쇠줄, 철사, 철선 |
| o calçadão (-ões) | pedestrian area downtown | 인도 |
| tirar fotos | to take photos | 사진을 찍다 |

## UNIDADE · 7

### Fazendo compras

| | | |
|---|---|---|
| a comrpa | purchase | 구매, 구입, 매수 |
| parece ... | it looks as if ... | ...처럼 보인다 |
| resolver | to decide | 결심하다/해결하다 |
| fazer compras | to go shopping | 쇼핑하다 |
| a seção (-ões) | section(s) | 부문/(조직)부서, 과 |
| a utilidade | utility | 유용성, 효용(성) |
| doméstico | domestic | 국내의/가정의 |
| as utilidades domésticas | home appliances | 가전제품들 |
| a máquina de lavar roupa | washing machine | 세탁기 |
| lavar | to wash | 씻다, 빨다 |
| a roupa | clothes | 옷, 의복 |
| quebrar | to break down | 깨뜨리다, /깨지다, 부서지다 |
| o conserto | repair | 수리 |
| não ter mais conserto | it can no longer be repaired | 더 이상 수리가 불가하다 |
| o modelo | model | (상품) 모델 |
| secar | to dry | 건조하다 |
| o pó | powder, dust | 가루, 먼지 |
| econômico | sparing, thrift | 절약하는 |
| o sabão em pó (-ões) | powder soap | 가루비누 |
| a verdade | truth | 진실, 사실, 진상 |
| É verdade | It's true. | 사실이다. |
| a garantia | warranty, guarantee | 품질보증(서) |
| o fogão (-ões) | stove | 스토브, 레인지 |
| a geladeira | regrigerator | 냉장고 |
| o microondas | microwave | 전자레인지 |
| a louça | tableware(plates and dishes) | 그릇, 식기 |
| a máquina de lavarlouça | dish washer | 식기세척기 |

| | | |
|---|---|---|
| o lava-louça | dish washer | 식기세척기 |

## Alguma coisa mais simples

| | | |
|---|---|---|
| simples | simple | 간단한, 단순한 |
| coisa | thing | 물건/사물/일/사건 |
| alguma coisa mais simples | something simpler | 무언가 더 간단한 것 |
| o aparelho | apparatus, device | 기구, 장치, 도구 |
| o som | sound | 소리, 음향 |
| o aparelho de som | sound system | 음향기기 |
| a marca | brand | 상표, 브랜드 |
| nacional | national | 국가의, 국립의 |
| importado | imported | 수입한 |
| último | last | 최신의/마지막의 |
| vários | several | 다양한 |
| os aparelhos eletro-domésticos | home electrical appliances | 가정용 전자기기 |
| a conversa | coversation | 대화 |
| o vendedor | salesman | 판매원(남성) |
| o folheto | leaflet | (광고, 선전용) 전단 |
| o ferro de passar roupa | iron | 다리미 |
| a torradeira | toaster | 토스터 |
| a cafeteira | coffeemaker | 커피메이커 |
| a batedeira | food-mixer | (밀가루) 반죽기, 방망이 믹서기 |
| o liquidificador | blender | 믹서기 |
| o forninho | smaller toaster oven | 소형 오븐 |
| o ventilador | ventilator | 환풍기 |
| a televisão (-ões) | television set | 텔레비전 |
| fazer café | to make coffee | 커피를 끓이다(만들다) |
| a mala | suitcase | 여행 가방 |
| o favor | favour | 호의, 친절/부탁/지지 |
| dizer até-logo | to say good-bye | 작별인사를 하다 |
| Até logo | See you! Good-bye! | (작별) 곧 볼때까지 안녕! |
| a mentira | lie | 거짓말 |
| a opinião (-ões) | opinion | 의견 |
| Parabéns! | Congratulations! | 축하합니다! |
| dar parabéns | to congratulate | 축하하다 |
| rápido | quick, fast | (형)빠른, 신속한/(부)빨리 |
| devagar | slowly | 천천히 |
| menos | less | 더 적은/못한, 덜한 |
| errado | wrong | 틀린, 잘못된 |
| a informação (-ões) | information(s) | 정보 |
| a explicação (-ões) | explanation(s) | 설명 |
| a gorjeta | tip | 팁 |
| o desconto | discount | 할인 |
| a permissão (-ões) | permission(s) | 허락, 허가, 승인 |
| o beijo | kiss | 입맞춤, 키스 |
| o beijinho | light kiss | 가벼운 키스, 뽀뽀 |
| doce | sweet | 달콤한, 단 |
| a açúcar | sugar | 설탕 |
| o fax(es) | fax | 팩스(들) |
| o estacionamento | parking lot | 주차장 |
| a garagem | garage | 차고 |
| alguém | somebody | 어떤 사람, 누군가 |
| ninguém | nobody | (부정어) 아무도, 누구도 |
| De nada | You're welcome, Don't mention it | 천만에요, 별 말씀을요. |

## A prazo ou á vista

| | | |
|---|---|---|
| a prazo | in installments | 할부로 |
| à vista | cash | 현금 |
| a linha | line | 줄, 라인, (상품의)종류/계통 |
| as linhas modernas | modern design | 현대적 디자인 (라인) |
| o motor | motor | 자동차/모터 |
| potente | powerful | 강력한 |
| silencioso | silent | 소음이 별로 없는 조용한 |
| o luxo | luxury | 호화로움, 사치(품) |
| a jóia (coloquial) | something very special, a piece of jewelry | 보석, 아주 귀한 것 |
| o plano de pagamento | payment plan | 지불계획 |
| a entrada | down payment | 계약금, 착수금 |
| o saldo | balance | 잔금 |
| a prestação (-ões) | installment(s) | 할부 |
| Um momento! | One moment! | 잠시만요! |
| consultar | to consult | (...와)상담하다/ (책)참고하다 |
| a tabela | table (of contents), chart, list | 표, 목록 |
| a forma | way, manner | 방식, 방법 |
| a forma de pagamento | type of payment | 결제 방식 |
| escolher | to choose | 선택하다 |
| o juro | interest | 이자 |
| a data | date | 날짜 |
| a ordem | order | 순서/석차/규칙/질서/명령 |
| acordar | to wake up | (잠을) 깨우다/생각나게 하다 |
| atrasado | late/lagged behind | 늦은/지연된/뒤떨어진 |

## Propaganda

| | | |
|---|---|---|
| a propaganda | publicity/advertising | 광고, 선전 |
| o cotovelo | elbow | 팔꿈치 |
| falar pelos cotovelos | to be a chatterbox | 수다쟁이이다 |
| quieto | quiet | 조용한/침착한/움직이지 않는 |
| acontecer | to happen | (사고, 사건 등이) 일어나다 |
| brigar | to fight, to quarrel, to break up with | 싸우다. 말다툼하다, 충돌하다 |
| o namorado | boyfriend | 남자친구, 애인 |
| estar com dor-de-cotovelo | to be jealous | 시샘하다, 질투하다 |
| experimentar | to try | 시도하다 |
| a pasta de dente | tooth paste | 치약 |
| a maravilha | wonder | 놀람, 경이, 경탄 |
| o milagre | miracle | 기적, 경이로운 일 |
| fazer milagre | to work a miracle | 기적을 이루어내다 |
| perfumar | to perfume | 향수를 뿌리다/향기를 풍기다 |
| o hálito | mouth breath | 입냄새, 구취 |
| trazer | to bring | 가져오다 |
| a alegria | joy, cheerfulness | 기쁨, 즐거움 |
| o sorriso | smile | 미소 |

## Seis meses depois

| | | |
|---|---|---|
| a felicidade | happiness | 행복 |
| o padeiro | baker | 제빵사 |
| o pão (-ães) | bread | 빵 |
| o leiteiro | milkman | 우유배달부, 우유장수 |
| o leite | milk | 우유 |
| o carteiro | postman | 집배원 |
| o programa de televisão | television program | 텔레비전 프로그램 |

| | | |
|---|---|---|
| o telegrama | telegram | 전보, 전문 |
| a notícia | news | 뉴스, 소식 |
| preocupado | worried | 걱정하는, 우려하는 |
| o gravador | tape recorder | 녹음기 |
| quebrado | broken | 깨진, 부서진 |
| consertar | to repair, to fix | 수리하다, 수선하다 |
| a garrafa | bottle | 병 |
| parar | to stop | 멈추다 |
| promover | to promote | 촉진하다, 장려하다 |
| não ter pé nem cabeça | without head nor tail | 종잡을 수 없는, 갈피를 잡을 수 없는 |
| ser o braço direito | to ne a very helpful assistant | 오른팔이 되다 |
| raiva | rage, anger, fury | 분노, 격노 |
| Que raiva! | Awful! | 아이, 화가 나 죽겠네! |
| a delícia | delicacy | 훌륭한 맛, 진미 |
| Que delícia! | How delicious! | 정말 맛있군요! 진짜 맛있어요! |

## São Paulo

| | | |
|---|---|---|
| o padre | priest | 신부, 성직자 |
| o jesuíta | Jesuit | 예수회 교도, 예수회의 일원 |
| catequizar | to christianize | 기독교화하다, 기독교로 개종시키다 |
| o índio | Indian | 원주민 |
| alcançar | to reach | (...에)도달하다 |
| a tribo | tribe | 부족 |
| afastado | far/distant | 먼, 멀리 떨어진 |
| o litoral | coast | 해안 |
| subir | to go up | 올라가다 |
| a serra | mountain ridge | 산등성이/능선 |
| o planalto | plateau | 고원 |
| o nível | level | 수준, 정도, 높이 |
| o nível do mar | sea level | 해수면, 해발 |
| o início | beginning, start | 초(반)/시작, 출발 |
| a aldeia | village | 시골, 촌, 부락 |
| a posição | position | 위치/지위/입장 |
| favorável (-ões) | favourable | 호의적인/유리한 |
| a floresta | forest | 숲, 산림 |
| separar | to seperate | 분리하다 |
| onde | where | 어디에서, 어디에, 어디로 |
| a vida | life | 생활, 삶, 생명 |
| a colônia | colony | 식민지 |
| o século | century | 세기, 100년 |
| pouco | little | 작은, 적은, 소량의, 약간의 |
| crescer | to grow | (크기,수,강도) 커지다, 증가하다 |
| a partir de | from (that moment on) | (시간)...부터 |
| no entanto | however, notwithstanding | 그러나, 그럼에도 불구하고 |
| o habitante | inhabitant | 주민 |
| o imigrante | immigrant | 이민자 |
| europeu, -éia | European | 유럽의 |
| progredir | to advance, to progress | 발전하다, 진보하다 |
| o fator | factor | 요인 |
| o progresso | progress | 진전 |
| intenso | intense | 집중적인/맹렬한 |
| a produção | production | 생산 |
| dever | to owe, must | (...의)의무를 지다, ...해야 한다 |
| o produto | product | 생산품, 제품, 산물 |
| a parte | part, section | 부분, 요소, 영역 |
| desenvolver | to develop | 개발하다 |
| a riqueza | wealth | 부(富), 부유함/풍부함, 다량 |
| produzir | to produce | 생산하다 |
| o globo | globe | 공,구(球)/지구 |

| | | |
|---|---|---|
| a face | face | 안면/표면, 전면/국면, 형세 |
| surpreendente | surprising | 놀라운 |
| o contraste | contrast | 대조, 대비 |

### São Paulo da garoa

| | | |
|---|---|---|
| a letra | lyrics | 가사 |
| a dupla | duo, double | 듀오, 2인조 |
| a garoa | drizzle | 보슬비, 가랑비 |
| a terra | land | 땅,지역,지대 |
| a madrugada | early morning(from 1am on) | 새벽 |
| ao cair da madrugada | at dawn | 새벽에, 날이 밝아오다 |
| a campina | prairie | 평야, 평원, 대초원 |
| verdejante | green | 초록의, 초록으로 덮힌 |
| coberto | covered | ...로 덮힌 |
| a geada | frost | 서리 |

## UNIDADE · 8

### Falando de televisão

| | | |
|---|---|---|
| dormir | to sleep | (잠을) 자다 |
| acordado | awake | 잠이 깬 |
| o filme policial | thriller | 스릴러 |
| antigamente | formerly | 이전에, 옛날에 |
| a paciência | patience | 인내심, 인내력 |
| a poltrona | armchair | 안락의자 |
| Por falar nisso | by the way | (화제를 바꿀 때 씀) 그런데 그것에 대해 말하자면... |

### Não é mais como antigamente

| | | |
|---|---|---|
| hoje em dia | nowadays | 오늘날(에는) |
| ainda bem | fortunately | 다행히 |
| o motivo | reason | 동기, 이유 |
| desanimado | discouraged | 낙심한, 낙담한 |
| sugerir | to suggest | 제안하다 |
| o imperfeito | imperfect | 불완전한 |
| a situação (-ões) | situation(s) | 상황 |
| o trânsito | traffic | 교통/운항/수송 |
| protestar | to protest | 저항하다 |
| o telefone toca | the telephone rings | 전화가 울리다 |
| a árvore | tree | 나무 |
| a louça | tableware(plates and dishes) | 그릇, 식기 |
| escuro | dark | 어두운 |
| apagar | to turn out | (불, 전등, 전원) 끄다 |
| luz | light | 빛/등(불) |
| a luz apagou | the light went out | 전기가, 불이 나갔다 |
| roubar | to steal, to rob | 훔치다, 강탈하다 |
| o barulho | noise | 소음 |
| o barulhão (-ões) | big noise | 큰 소음, 시끌벅적 |
| economizar | to save | 절약하다 |
| perder | to waste | 낭비하다 |
| gastar | to spend | (돈, 에너지, 노력) 쓰다, 지출하다 |
| bravo | angry | 용감한/성난 |

| | | |
|---|---|---|
| reclamar | to complain | 요구하다/항의하다 |
| a idéia | idea | 발상, 생각, 방안, 계획 |
| mudar de idéia | to change one's mind | 생각을 바꾸다 |
| a festa | party | 파티, 연회 |
| o sucesso | success | 성공 |
| aparecer | to appear, to show up | 나타나다 |
| dar certo | to come out right | 성공하다, 맞다, 틀림없다 |
| permitir | to allow | 허락하다, 허용하다 |
| ocupado | busy | 바쁜 |
| sorrir | to smile | 미소짓다 |
| interromper | to interrupt | 방해하다 |
| furioso | furious | 격노한, 몹시 성이 난 |
| diminuir | to diminish | 줄이다, 축소하다 |
| a velocidade | speed | 속도, 속력 |
| morrer | to die | 죽다 |
| às escuras | in the dark | 어둠속에서/영문도 모른 채 |
| pôr a mesa | to set the table | 식탁(상)을 차리다 |
| o seviço | service | 서비스/근무/편익 |
| o detetive | detective | 형사 |
| a prova | proof | 증거 |
| a polícia | police | 경찰 |
| naturalmente | naturally | 자연스럽게, 저절로, 자연히 |
| o final | end | 끝, 마지막 |
| melhor | better | (형)더 좋은, 더 우수한 |
| pior | worse | (형)더 나쁜, 더 열등한 |
| maior | bigger | 더 큰/더 많은 |
| menor | smaller | 더 작은/더 적은/더 어린 |
| tão~ quanto | as ~ as | ..와 같은 정도로 ...하다 |
| tanto~ quanto | as ~ as | ...만큼 ...하다 |
| o lanche | snack | (가벼운) 점심식사 |
| a lanchonete | cafeteria, snack bar | 카페테리아, 스낵바 |

## Os quindins de laiá

| | | |
|---|---|---|
| a tigela | bowl | 사발, 주발, 공기 |
| fundo | deep | 깊은 |
| a massa | dough | 반죽 |
| a forminha | small baking pan | 오븐에 넣는 작은 팬 |
| untar | to oint | 기름을 바르다 |
| a manteiga | butter | 버터 |
| o forno | oven | 오븐 |
| pronto | ready | 준비된, 마련된/빠른, 신속한 |
| o quindim (-ns) | typical Brazilian sweet made with yolks, sugar and coconut | 코코넛과 계란 노른자로 만든 브라질의 전통 케익 |
| tirar | to take out/to take off/to remove | 뽑다/빼다/제거하다 |
| sozinho | alone | 홀로, 혼자, 외로이 |
| o perigo | danger | 위험 |
| errar | to make a mistake | 실수하다 |
| a receita | recipe | 레시피, 조리법 |
| os ingredientes | ingredients | 재료 |
| o coco | coconut | 코코넛 |
| ralado | grated | (강판에) 갈은 |
| a farinha | flour | (곡물의) 가루, 밀가루 |
| o trigo | wheat | 밀 |
| a farinha de trigo | wheat flour | 밀가루 |
| a gema | yolk | (계란) 노른자 |
| a laranjeira | orange tree | 오렌지 나무 |
| a flor de larangeira | orange tree flower | 오렌지 나무 꽃 |
| o preparo | prepration | 준비 |
| juntar | to mix | (한 데) 섞다, 혼합하다 |

| | | |
|---|---|---|
| acrescentar | to add | 보태다, 증가시키다, 추가하다 |
| adicionar | to add | 더하다, 추가하다 |
| precisar | to need | 필요로 하다 |
| a ajuda | help | 도움 |
| complicado | complicated | 복잡한, 번거로운 |
| casar-se | to get married | 결혼하다 |
| a habilidade | ability | 능력, 재능 |
| o tênis | tennis | 테니스 |
| o objeto | object | 사물, 물체/목표, 목적 |
| o golfe | golf | 골프 |
| pessoalmente | personally | 직접, 개인적으로 |
| confiar em | to trust | ...를 신뢰하다 |
| pensar em | to think of | ...에 대해 생각하다 |
| balançar | to swing | (좌우로) 흔들다, 동요하다 |
| Meu coração balança | my heart swings | 내 심장(가슴)이 뛴다. 설렌다. |
| a novidade | novelty | 새로움, 참신함 |
| cumprimentar | to greet | 인사를 하다/칭찬하다 |

## Usos e costumes – Bahia, Ceará, Rio Grande do Sul

| | | |
|---|---|---|
| usos e costumes | usages and habits | (지역에 따른) 관습과 습관 |
| o território | territory | 영토, 영역, 구역 |
| ter razão | to be right | 일리가 있다 |
| guardar | to keep | 보관하다/유지하다/지키다 |
| a época | time, period | 시대, 시절 |
| a escravidão (-ões) | slavery | 노예제도 |
| o negro | black, negro | 흑인 |
| segundo | according to | ...에 의하면, ...에 따라 |
| a tradição (-ões) popular | popular tradition(s) | 민간전통 |
| o/a habitante | inhabitant | 주민 |
| misturar | to mix | 섞다, 혼합하다/섞이다 |
| o culto | cult | 예배, 제식/숭배 |
| o candomblé | AfroBrazilian religious cult | 칸돔블레 (브라질에 전파된 아프리카 종교) |
| Iemanjá | the sea goddess of candomblé | 이에만자 (바다의 신) |
| atrair | to attract | 매혹하다 |
| o minhar | thousand | 천(千)/다수 |
| lindo | gorgeous | 아름다운, 예쁜/멋진, 훌륭한 |
| o espetáculo | show, sight | 구경거리, 쇼, 광경 |
| característico | characteristic | 특색, 특징 |
| o acarajé | fried croquette made of beans | 아까라제 콩으로 만든 튀긴 크로켓, |
| o vatapá | traditional Bahian dish made of fish, shirimps, coconut milk, etc. | 생선, 새우, 코코넛 우유 등을 넣어 만든 바이아 주(州) 전통음식 바따빠 |
| o cuscuz | traditional dish with rice or corn flour baked in steam | 쌀이나옥수수 가루를 쪄서 만든 아프리카식 전통 음식 꾸스꾸스 |
| o azeite | oil from the olive tree | 올리브오일 |
| o dendê | palm oil | 야자수오일 |
| famoso | famous | 유명한 |
| o norte | north | 북쪽 |
| a renda | lace, the imcome | 레이스, 수입 |
| a rendeira | female lacemaker | 레이스를 만드는(파는) 여자 |
| namorar | to date | 연애하다, 사랑하다 |
| a jangada | raft typical of the Northeast of Brazil | 뗏목 |
| o jangadeiro | fisherman that uses the "jangada" to fish | 뗏목타고 고기잡는 어부 |
| a carne seca | jerked meat | 건육 (말린 고기) |

| | | |
|---|---|---|
| o sotaque | accent | 어투, 발음/사투리, 방언 |
| o pescador | fisherman | 어부 |
| corajoso | courageous | 용감한 |
| sair | to leave, to go out | 떠나다, 나가다, 외출하다 |
| o barco | boat | 배 |
| a vela | sail | 항해 |
| o barco a vela | sailboat | 범선, 돛단배 |
| frágil | fragile | 부서지기 쉬운, 취약한 |
| o cangaceiro | Outlaw from the Northeasterm area of Brazil | 브라질 북부출신의 범법자,산적, |
| o bandido | bandit | 도적 |
| valente | brave, courageous | 용감한, 용맹한 |
| violento | violent | 폭력적인/격렬한, 맹렬한 |
| o sertão (-ões) | Backwoods, wilderness | 산간벽지, 오지, 황무지 |
| o extremo sul | South end | 남쪽 끝, 남단 |
| o estado | State | 주(州) |
| cujo | whose | (...하는) 사람의, 그것의 |
| ir embora | to go away | 가다. 떠나다, 가버리다 |
| a prenda | young woman(South) | 젊은 여성(남부지방) |
| Tenho muito que fazer. | I have a lot to do. | (나는) 할 일이 아주 많다. |
| as bombachas | wild breeches | 승마용 바지 |
| o chimarrão (-ões) | bitter tea made of mate herb | 고기를 많이 먹는 남부지방에서 마시는 마테차(담배대 모양의 빨대로 여러 사람이 돌아가면서 마시는 것이 특징, 설탕을 전혀 넣지 않은, 우리의 쑥차와 비슷) |
| o gaúcho | inhabitant of the State of Rio Grande do Sul | 가우쇼, 브라질 최남단의 Rio Grande do Sul州의 목동을 지칭, 아르헨티나의 가난하고 무식한 혼혈의 가우쵸와는 브라질에서는 부유한 백인 목축업자를 가리킨다. |
| forte | strong | 강한 |
| alegre | cheerful | 기쁜, 즐거운 |
| orgulhoso | proud | 자랑스러워하는, 자부심이 강한 |
| defender | to defend | 방어하다 |
| a terra | land | 땅,지역,지대 |
| a luta | fight | 싸움, 투쟁 |
| a fronteira | border/frontier | 국경, 경계선 |
| o pampa | vast treeless plain in South America | (나무없는) 대초원 |
| rigoroso | harsh | 엄격한/(기후)혹독한 |
| o poncho | poncho | 판초 |
| a capa | cloak | 망토 |
| a lã | wool | 양털, 양모 |
| o carneiro | sheep | 양 |
| dispensar | to do without | 면제하다, 해제하다 |
| amargo | bitter | 쓴 |
| espeto | spear | 창, 작살 |
| influência | influence | 영향 |
| provar | to prove | 시험해보다/입증하다/맛을보다 |
| baiano | from Bahia | 바이아주(州)의, 바이아 사람의 |
| o prato | dish | 접시/요리 |
| exótico | exotic | 이국적인 |
| cearense | from Ceará | 쎄아라주(州)의, 쎄아라 사람의 |

UNIDADE · 9

## Bons tempos aqueles...

| | | |
|---|---|---|
| o sinal | traffic light | 교통신호, 표시 |
| o sinal fechado | red light | 붉은 불, 적색신호 |
| dirigir | to drive | 운전하다 |
| bater (em) | to bump into | ~과 부딪히다, 충돌하다 |
| desviar | to swerve | 벗어나다, 이탈하다 |
| perigosíssimo | very dangerous | 매우 위험한 |
| de fato | in fact | 사실은 |
| maluco | crazy | 미친 |
| a indisciplina | indiscipline | 규율없음, 문란 |
| a saudade | longing | 향수 |
| acreditar | to believe | 믿다, 신뢰하다 |
| a estrada | road | 길, 대로, 도로 |
| o interior | interior | 내부, 실내, 시골 |
| no interior | any place in the state, except the capital | (수도를 제외한) 내륙지방 |
| mal | badly | 서투른, 나쁜 |
| a confusão (-ões) | confusion, mess | 혼란 |

## Vamos para a praia

| | | |
|---|---|---|
| péssimo | terrible | 최악의 |
| O tempo tem andado péssimo. | the weather has been very bad lately. | 최근 날씨가 매우 안 좋았다. |
| abafado | stuffy | 후덥지근한, 숨이 막히는 |
| a poluição (-ões) | pollution | 오염 |
| o céu | sky | 하늘 |
| limpo | clean | 깨끗한 |
| respirar | to breathe | 숨쉬다, 호흡하다 |
| Mal posso respirar | I can hardly breathe. | 숨을 간신히 쉴 수 있다. |
| Informal | informal | 비공식적인 |
| ferir | to hurt | 상처를 입히다 |
| vestir | to dress, to wear | 옷을 입다, 착용하다 |
| servir | to serve | 주문을 받다/모시다 |
| divertir | to amuse | 즐기다/즐겁게하다 |
| mentir | to lie | 거짓말하다 |
| Sirva-se, por favor. | Help yourself, please. | 마음껏 드십시오. |
| a história | history, story | 역사, 이야기 |
| a piada | joke | 농담 |
| o palhaço | clown | 광대, 웃기는 사람 |
| divertido | funny | 재미있는 |
| queixar-se | to complain | 불평하다 |
| faca | knife | 칼 |
| o espelho | mirror | 거울 |
| recíproco | reciprocal | 상호의, 호혜적인 |
| reflexivo | reflexive | 반사적인/재귀의 |
| o sentido | meaning | 의미, 뜻 |

## A decisaõ

| | | |
|---|---|---|
| vestir-se | to get dressed | 옷을 (차려)입다, 착용하다 |
| o elevador | lift, elevator | 엘리베이터 |
| cumprimentar-se | to greet each other | (서로) 인사를 나누다 |
| despedir-se | to say goodbye | 작별하다 |
| dirigir-se a | to go in the direction of | ...를 향해 가다 |

| | | |
|---|---|---|
| o noivo | fiancé | 약혼자 |
| sentir-se | to feel | 느끼다 |
| enganar-se | to be mistaken | 오해하다, 착각하다 |
| servir-se | to help oneself | ...을 마음껏 먹다 |
| virar-se | to turn | 돌다, 돌리다 |
| decidir-se | to decide | 결심하다 |
| animado | lively | 활기찬 |
| Ela se acha o máximo. | She believes herself to be perfect. | 그녀는 자신이 최고라고/완벽하다고 생각한다. |
| nenhum deles | none of them | (부정) 그들 중 누구도 |
| o quadro | picture | 액자, 그림 |
| geral | general | 일반적인 |

## Dinheiro curto

| | | |
|---|---|---|
| Ele acabou de chegar. | He has just arrived. | 그가 막 도착했다. |
| impressionado | impressive | 인상적인 |
| possível | possible | 가능한 |
| o superlativo | superlative | 최고의, 최상급의 |
| veloz | quick, fast | 빠른, 날랜, 신속한 |
| fácil | easy | 쉬운 |
| transformar | to transform | 변환하다, 바꾸다 |
| instável | unstable | 불안정한 |
| barato | cheap | 저렴한, 값이 싼 |
| ocupado | busy | 바쁜, 분주한 |
| responsável | responsible | (...에) 책임이 있는 |
| gordo | fat | 뚱뚱한, 살 찐 |
| bem conservado | well kept | 잘 보존(유지)되어 있는 |
| pobre | poor | 가난한/불쌍한, 가엾은 |
| Pobre homem! | Poor man! | 가엾은 사람! |
| Ruim | bad | 나쁜, 불량한, 해로운 |
| Ele está ruim. | He is in a bad shape. | 그는 (몸, 마음, 외모 등)상태가 안 좋다. |
| o cozinheiro | cook/chef | 요리사 |
| empregar | to hire | 고용하다 |
| o rádio | radio | 라디오 |
| o barulho | noise | 소음 |
| o programa preferido | favorite program | 좋아하는(즐겨보는) 프로그램 |
| emprestar | to lend | 빌려주다 |
| o favor | favour | 호의, 친절/부탁/지지 |
| a salada de frutas | fruit salad | 과일 샐러드 |
| clássico | classic | 고전적인, 고전음악의 |
| o concerto | concert | 콘서트 |
| o silêncio | silence | 침묵, 고요 |
| bis | encore, again! | 앙코르! |
| o telhado | roof | 지붕 |
| A chuva bate no telhado. | The rain pounds on the roof. | 비가 지붕을 때린다. |
| contratar | to hire | 고용하다 |
| o sono | sleep | 잠 |
| estar com sono | to be sleepy | 잠이 오다, 졸리다 |
| a pressa | hurry | 서두름, 급함 |
| estar com pressa | to be in a hurry | 서두르다 |
| mal | badly, hardly | 나쁘게,서투르게/겨우,간신히 |
| o farol | traffic light | 전조등, 헤드라이트 |
| lembrar | to remember | 기억하다 |
| lembrar-se de | to remember | ~이 기억나다. |
| marcar (uma estrevista) | to make (an appointment) | 표시하다, (인터뷰 약속을) 정하다. |
| elegante | smart | 우아한, 기품있는 |
| o Papa | pope | 교황 |

## Sinais de trânsito

| | | |
|---|---|---|
| a mão única | one-way street | 일방통행로 |
| a direção (-ões) | direction | 방향 |
| seguir | to go | 따라가다 |
| reto, em frente | to go straight ahead | 직진 |
| virar | to turn | 돌다, 회선하다 |
| à direita | right | 오른쪽으로 |
| à esquerda | left | 왼쪽으로 |
| contramão (-ãos) | direction against the traffic flow | 역방향 |
| entrar | to come in, to enter | 들어가다, 진입하다 |
| permitido | allowed | 허용된 |
| proibido | forbidden | 금지된 |
| estacionar | to park | 주차하다 |
| duas mãos | two-way street | 양면도로 |
| duplo | double | 두배의 |
| homens trabalhando | men at work | 공사중 |
| a obra | work | 공사, 작업 |
| ultrapassar | to overtake | (...을) 초과하다 |
| a conversão (-ões) | turn | 전환 |
| pegar uma rua | to take a street | 어떤 길을 선택하여 (쪽)가다. |
| fim | end | 끝, 마지막 |
| até o fim | up to the end | 마지막까지, 끝까지 |
| resolver | to solve | 해결하다 |
| o trajeto | way | 길 |
| depressão (-ões) na pista | pot holes | (도로에) 움푹 패인 곳 |
| região (-ões) sujeita a ventos | region subject to winds | 바람에 취약한 지역 |
| pista escorregadia | slippery road | 미끄러운 길 |
| ponto de gasolina | gas station | 주유소 |
| borracheiro | tire repairman | 타이어 수리공 |
| placas de advertência | warning signs | 경고표지판 |
| declive acentuado | very steep downward slope | 급경사 (하향) |
| aclive acentuado | very steep upward slope | 급경사 (상향) |
| mão dupla adiante | two-way road ahead | 전방 양면도로 |
| ponte móvel | drawbridge | 도개교 |
| área com desmoronamento | landslide area | 산사태 주의! |
| projeção (-ões) de cascalho | gravel spinning from a tire | 타이어의 자갈 스피닝 |
| ciclistas | bikers | 오토바이(자전거) 주의! |
| máquinária agrícola | machinery for agriculture work | 농기구 (기계) |
| passagem de pedestre | passage for pedestrians | 보행자 전용 도로 |
| Cuidado animais | Beware, animals! | 동물출현주의! |
| animais selvagens | wild animals | 야생동물 |
| passagem de nível sem barreira | train trucks without barrier | 철도길에 사람다니지 못하게 하는 차단기 없음 |
| pare sempre fora da pista | always use the sholder lane for stopping | 정차는 갓길에서 |
| Use luz baixa ao cruzar com outro veículo | Don't use your high beams when passing another car | 전조등 사용금지 |
| Curva perigosa | Dangeous curve | 급커브 주의! |
| Não ultrapasse na curva | No passing around the bend | 커브에서 차선변경 금지 |
| a legenda | legend | 전설 |

## A vitória-régia

| | | |
|---|---|---|
| a lenda | legend, story | 전설, 우화 |
| indígena | indian | 원주민 |
| a vitória-régia | Vitoria-regia | 대귀련, 수귀련 |
| a flor aquática | water flower | 수생화 |
| o aparecimento | emergence, coming into existence | 출현, 발현 |
| a prata | silver | 은 |

| | | |
|---|---|---|
| o casamento | wedding | 결혼 |
| o índio | Indian | 원주민 |
| a virgem, -ns | virgin | 성녀, 성인 |
| a estrela | star | 별 |
| apaixonar-se por | to fall in love with | ...와 사랑에 빠지다 |
| a lua | moon | 달 |
| aproximar-se | to get near | 다가가(오)다 |
| subir | to climb | 오르다 |
| o monte | hill | 언덕 |
| a montanha | mountain | 산 |
| mesmo | even | ...조차, ...까지도 |
| o topo | top | 정상 |
| o topo da montanha | top of the mountain | 산정상 |
| erguer | to raise | 오르다, 올라가다/올리다 |
| conseguir | to manage | 이루다, 성취하다, 획득하다 |
| alcançar | to reach | (...에)도달하다, 이르다 |
| longe | far | 먼, 멀리 떨어진 |
| infinito | infinite | 무한한 |
| desistir | to give up | 포기하다 |
| buscar | to look for | 찾다, 구하다 |
| porém | but | 그러나 |
| o fundo | bottom | 밑바닥 |
| a dúvida | doubt | 의심, 의문, 의혹 |
| não ter a menor dúvida | not to have the slightest doubt | 한 치의 의심도 없다 |
| o noivo | fiancé | 약혼자(남성) |
| a noiva | fiancé | 약혼자(여성) |
| o convite | invitation | 초대 |
| o amor | love | 사랑 |
| lançar-se | to throw oneself | 몸을 던지다 |
| o mergulho | dive | 잠수 |
| ansioso | anxious | 근심스러운, 초조한, 열망하는 |
| afundar | sink | 잠기다, 가라앉다 |
| desaparecer | to disappear | 사라지다 |
| para sempre | forever | 영원히, 언제까지나 |
| trágico | tragic | 비극적인 |
| merecer | to deserve | (...할) 자격이 있다 |
| recompensar | to reward | 보상하다 |
| o gesto | gesture | 제스처 |
| a gratidão | gratitude | 고마움, 감사 |
| transformar | to transform, to change | 변환하다, 바꾸다 |
| o corpo | body | 몸, 육체 |
| majestoso | majestic | 위엄있는, 장엄한 |

### A criação da noite

| | | |
|---|---|---|
| a criação (-ões) | creation | 창출, 창조 |
| o princípio | beginning | 초반, 시작 |
| a cobra | snake | 뱀 |
| guardar | to keep | 보관하다/유지하다/지키다 |
| existir | to exist | 존재하다 |
| mandar | to send | 보내다 |
| o guerreiro | warrior | 전사, 투사, 용사 |
| a busca | search | 탐색 |
| o coco de tucumã | tucumã fruit | 뚜꾸망 열매 |
| avisar | to warn | (미리)알려주다, 경고하다 |
| escuro | dark | 어두운 |
| Tudo se perde. | Everything is lost. | 모든 것을 잃다./모든 것이 소실되다. |
| prometer | to promise | 약속하다 |
| tomar cuidado | to take care | 주의하다 |
| a volta | return | 회전, 돌기, 일주 |

| | | |
|---|---|---|
| a viagem de volta | return trip | 왕복여행 |
| o ruído | noise | 소음 |
| estranho | strange | 이상한, 기이한 |
| o sapo | toad | 두꺼비 |
| o grilo | cricket | 귀뚜라미 |
| a coruja | owl | 올빼미, 부엉이 |
| o morcego | bat | 박쥐 |
| o ser | being | 존재 |
| movimentar-se | to move | 움직이다, 이동하다 |
| cheio | full | 가득한, 충만한 |
| a curiosidade | curiosity | 호기심 |
| imediatamente | immediately | 즉시, 곧바로 |
| escurecer | to darken | 어둡게 하다 |
| soltar | to set free | 놓아주다 |
| furioso | furious | 격노한, 몹시 성이 난 |
| espantado | astonished | (깜짝)놀란 |
| o fio | thread | 실 |
| o fio de cabelo | hair | 머리카락 |
| separar | to separate | 분리하다 |
| arrancar | to pluck out | 잡아 뽑다(뜯다) |
| tornar-se | to become | (...가) 되다 |
| a madrugada | daybreak | 새벽 |
| castigar | to punish | 처벌하다 |
| a desobediência | disobedience | 불복종, 반항, 거역 |
| assustado | frightened | 겁에 질린 |
| pular | to jump | 뛰어오르다 |
| a mata | forest | 숲, 산림 |
| o galho | branch | 나뭇가지 |
| quieto | quiet | 조용한/침착한/움직이지 않는 |
| à espera de~ | waiting for | (...을) 기다리고 있는 |
| recolher-se | to withdraw | 물러나다, 은신하다 |
| desobedecer | to disboey | 반항하다, 거역하다 |

# 부록 3

# 답안지

UNIDADE · 1

## SER 동사

SER 동사 1 p.26

1. O senhor é diretor? - Sou, sim.
2. O senhor é médico? - Sou, sim.
3. O senhor é professor? - Sou, sim.
4. A senhora é professora? - Não, não sou.
5. A senhora é diretora? - Não, não sou.
6. A senhora é brasileira? - Não, não sou.
7. Você é estudante? - Sou, sim
8. Você é secretária? - Não, não sou.
9. Você é engenheiro? - Não, não sou.
10. Você é italiana? - Sim, sou.

SER 동사 2 p.27

1. Nossos amigos são paulistanos.
2. Ela é muito bonita.
3. Ele é o diretor da firma? - Sou, sim.
4. Ele não é nosso amigo.
5. Esta firma é brasileira.
6. Vocês são as novas advogadas? - Somos, sim.
7. Carlos e José são amigos.
8. Eu sou brasileira e ele é francês.
9. O Rio de Janeiro é uma cidade muito bonita.
10. Estes engenheiros é franceses.

## ESTAR 동사

ESTAR 동사 1 p.29

1. Eu estou no aeroporto.
2. Luís está em São Paulo? - Está, sim.
3. Os engenheiros estão no escritório? - Não, não estão.
4. O médico está no hospital? - Não, não está.
5. O dinheiro está no cofre? - Sim, está.
6. Vocês estão na fábrica? - Estamos, sim.
7. O livro está no armário? - Não, não está.
8. Você está no consultório? - Não, não estou.
9. Nós estamos na praia e eles estão na montanha.
10. Ela está no Shopping.
11. Eu estou aqui.
12. Os planos estão na firma.
13. Nós estamos em São Paulo, no hotel.

14. A chave está na porta? - Está, sim.

ESTAR 동사 2 p.30

1. Onde está o dinheiro? - Está no banco.
2. Onde está o Marcos? - Está na praia.
3. Onde você está? - Estou aqui.
4. Onde vocês estão? - Estamos aqui na sala.
5. Onde está doutor? - Está no consultório.

ESTAR 동사 3 p.30

1. O Marcos está em Portugal? - Não, não está. Está no Japão.
2. Vocês estão na firma? - Não, não estamos. Estamos na fábrica.
3. Ele está em casa? - Não, não está. Está no consultório.
4. O documentos estão na fábrica? - Não, não estão. Estão no escritório.
5. A chave do carro está no bolso? - Não, não está. Está na gaveta da mesa.



## MORAR 동사

p.35

| | (도시) | (국가) | (거리) | |
|---|---|---|---|---|
| 1. Onde o senhor mora? | (Brasília) | | | - Moro em Brasília. |
| 2. Onde o senhor mora? | (São Paulo) | | | - Moro em São Paulo. |
| 3. Onde o senhor mora? | | (Itália) | | - Moro na Itália. |
| 4. Onde a senhora mora? | | (Alemanha) | | - Moro na Alemanha. |
| 5. Onde a senhora mora? | (Boston) | | | - Moro em Boston. |
| 6. Onde você mora? | | (Peru) | | - Moro no Peru. |
| 7. Onde você mora? | | | (Rua da Luz) | - Moro na Rua da Luz. |
| 8. Onde você mora? | | | (Av. Brasil) | - Moro na Av. Brasil. |
| 9. Onde a senhora mora? | | | (Av. Tiradentes) | - Moro na Av. Tiradentes. |
| 10. Onde a senhora mora? | (용인) | | | - Moro em 용인. |
| 11. Onde você mora? | (대구) | | | - Moro em 대구. |
| 12. Onde você mora? | (수원) | | | - Moro em 수원. |
| 13. Onde você mora? | (부산) | | | - Moro em 부산. |
| 14. Onde a senhora mora? | | (Coreia) | | - Moro na Coreia. |
| 15. Onde a senhora mora? | | (Japão) | | - Moro no Japão. |
| 16. Onde você mora? | | (China) | | - Moro na China. |
| 17. Onde você mora? | | | (Rua 남대문로) | - Moro na Rua 남대문로. |
| 18. Onde você mora? | | | (Av. 테헤란로) | - Moro na Av.테헤란로. |
| 19. Onde a senhora mora? | | | (Av. 강남대로) | - Moro na Av. 강남대로. |
| 20. Onde a senhora mora? | | | | Moro na Rua 왕산로 de 용인 do 경기도 da Coreia do Sul. |

(예외의 경우)

| | (도시) | (국가) | |
|---|---|---|---|
| 21. Onde o senhor mora? | (Rio de Janeiro) | | - Moro no Rio de Janeiro. |
| 22. Onde você mora? | | (Portugal) | - Moro em Portugal. |
| 23. Onde você mora? | | (Canadá) | - Moro noCanadá.. |

## "~ Sou de / do/da ~"

"~ 출신입니다, ~ 도시 출신입니다"
"~ 나라 사람입니다"

p.36

| | (도시) | (도시) |
|---|---|---|
| 1. De onde o senhor é? | (Paris) | - Sou de Paris. |
| 2. De onde o senhor é? | (Londres) | - Sou de Londres. |
| 3. De onde o senhor é? | (Nova York) | - Sou de Nova York. |
| 4. De onde a senhora é? | (Berlin) | - Sou de Berlin. |
| 5. De onde a senhora é? | (Tóquio) | - Sou de Tóquio. |

| | (국가) | (국가) |
|---|---|---|
| 6. De onde você é? | (Espanha) | - Sou da Espanha. |
| 7. De onde o senhor é? | (México) | - Sou do México. |
| 8. De onde a senhora é? | (França) | - Sou da França. |

| | | | |
|---|---|---|---|
| 9. De onde você é? | | (Canada) | - Sou do Canada. |
| 10. De onde o senhor é? | (Roma) | | - Sou de Roma. |
| 11. De onde você é? | | (Portugal) | - Sou de Portugal. |
| 12. De onde a senhora é? | (Rio de Janeiro) | | - Soudo Rio de Janeiro. |
| 13. De onde vocês são? | (Seul) | | - Somos de Seul. |
| 14. De onde vocês são? | (Los Angeles) | | - Somos de Los Angeles. |

## 직설법 현재

1군 동사

p.37

1. Você começa o curso amanhã. Eu começo hoje.
2. A senhora mora aqui? - Moro, sim.
3. Eu não moro em apartamento. E você?
4. Nossos amigos moram na Espanha.
5. Ele falainglês e alemão e ela falaespanhol.
6. Vocês não moramno Brasil? - Moramos, sim.
7. O senhor fala Francês, mas eu não falo.
8. Nós entramos no escritório do engenheiro.
9. A secretária entra na sala do engenheiro.
10. Ele começa o curso hoje mesmo? - Não, ele não começa.

11. O engenheiro entra no escritório e fala com o diretor.
12. Nós moramos no Brasil e falamos português.
13. O diretor pergunta o nome do novo engenheiro.
14. Meus filhos moram em Londres e falam inglês.
15. Nós moramos na Coreia e falamoscoreano.

## 대화 완성하기

p.39



Tomás: 안녕하세요?
Luís: 안녕하세요?
Tomás: 잘지내시지요?
Luís: 네, 잘 지냅니다. 감사합니다. 당신은요?
Tomás: 잘지냅니다.
Luís: 당신은 어디 출신입니까?
Tomás: 저는 서울 출신입니다. 당신은요?
Luís: 저는 Porto Alegre 출신입니다.
Tomás: 여기 상파울루에서는 어디에 사세요?
Luís: 저는 Augusta거리에삽니다. 당신은요?
Tomás: 저는 파울리스타거리에서 삽니다.
Luís: 저는 그거리를 (= 그거리에서사는것을) 아주 좋아합니다.
Tomás: 당신은 엔지니어시지요?
Luís: 아니오. 저는 의사입니다. 당신은요?
Tomás: 저는 엔지니어입니다.
Luís: (그)회사의 새로운 엔지니어입니까?
Tomás: 네, 그렇습니다.
Luís: 행운을 빕니다!
Tomás: Bom dia!
Luís: Bom dia!
Tomás: Como vai você?
Luís: Bem, obrigado. E você?
Tomás: Vou bem obrigado.
Luís: De onde você é?
Tomás: Sou de Seul. E você?
Luís: Sou de Porto Alegre.
Tomás: Onde você mora aqui em São Paulo?
Luís: Moro na Rua Augusta. E você?
Tomás: Moro na Avenida Paulista.
Luís: Eu gosto muito dessa rua.
Tomás: Você é engenheiro?
Luís: Não, não sou. Sou médico. E você?
Tomás: Sou engenheiro.

Luís: O novo engenheiro da firma?
Tomás: Sim, sou sim.
Luís: Boa sorte!

UNIDADE · 2

## 부정관사

p.44

1. Há uma chave e um documento na gaveta.
2. Temos um amigo em Tóquio. Ele tem uma fábrica.
3. Nesta avenida há um hotel e umcinema.
4. Meu médico tem umconsultório moderno.
5. Neste escritório há um armário e uma mesa.

## "Ir para / a ~"

"~ 를 향하여 가다"

p.45

1. Para onde vamos? - Vamos para Brasília.
2. Para onde vamos? - Vamos para o aeroporto.
3. Para onde ele vai? - Ele vaí para a Estação Rodoviária.
4. Para onde você vai? - Vou para o ponto de ônibus.
5. Para onde Antônio vai? - Ele vaí para a França.
6. Para onde a senhora vai? - Vou para Paris.
7. Para onde eles vão? - Eles vão para a fábrica.
8. Para onde você vai? - Vou para Belo Horiznonte.
9. Para onde vocês vão? - Nós vamos para Av. das Bandeiras.
10. Para onde os médicos vão? - Eles vão para o consultório.
11. Para onde Paulo e Luísa vão? - Eles vão para São Paulo.
12. Para onde Luísa vai? - Ela vai para o hotel.
13. Para onde vocês vão? - Nós vamos para correio.
14. Para onde o senhor vai? - Ele vai para na Rua 7 de Setembro.

## 빈칸에 알맞은 IR 동사를 써 넣기

p.46

João, meu marido, vai para ipara o escritório e eu vou para o banco.
Meus filhos vão para a escola.
Ao meio-dia nós vamos para casa.
Hoje, João não vai para o escritório.
Ele e eu vamos* para o Rio de Janeiro.

제 남편 João은 사무실에 가고(=출근하고), 저는 은행에 갑니다.
나의 아이들은 학교에 갑니다.
정오에 우리는 집으로 (돌아) 갑니다.
오늘 João(남편)은 사무실에 가지 않습니다.
(왜냐하면) 그와 제가 Rio de Janeiro에 가기 때문입니다.

(참고)* 나를 포함한 1인칭 복수라, vamos를 써야 한다.

## "Ir de ~ "

"~를 타고 갈 것이다"

p.47

1. Eu vou de táxi para o centro.
2. Nós vamos de carro para a fábrica.
3. Eu vou de avião a para o Canadá.
4. Paulo e Luísa vão de avião para o Rio.
5. Vocês não vão de navio para os Estados Unidos.
6. Os funcionáios vão de metrô para a firma.
7. Nós vamos a pé para a escola.
8. Você vai de ônibus para o escritório.
9. Luís não vai de trem para casa.
10. Os meninos vão de bicicleta para a escola.

## "Como + ir de ~ "

"어떻게 가실 건가요?"
"무엇을 타고 가실 건가요?"

p.48

1. Como vamos para o Rio de Janeiro? - Vamos de avião.
2. Como ele vai para a escola? - Vai a pé.
3. Como você vai para o centro? - Vou de metrô.
4. Como você vai para Daegu? - Vou de trem.
5. Como ele vai para o Japão? - (Ele) vai de navio.
6. Como vamos para minha casa? - (Nós) vamos de táxi.
7. Como vão para o clube? - (Eles) vão de táxi.
8. Como vão para a fabrica? - (Eles) vão de carro.
9. Como ela vai para encontrar? - (Ela) vai a pé.
10. Como elas vão para casa? - (Elas) vão de ônibus.

빈칸에 알맞은 지시형용사 써넣기

p.49

1. Aqueles escritórios ali no prédio têm muita atividade!
2. Este banco é muito antigo aqui na cidade.
3. Aquele ponto de ônibus ali na esquina é novo.

4. Esses óculos aí são da Laura?
5. Aquela casa lá na esquina é bonita.
6. Estas salas aqui têm muitas mesas.
7. Essas chaves aí na mesa são da Lúcia?
8. Aqueles cofres ali têm muito dinheiro.
9. Aquela fábrica lá no subúrbio é muito grande.
10. Esta informação aqui no livro é importante.

<전치사 + 지시형용사>의 축약 1 p.50

1.(médico/consultório)
→ Há quatro médicos neste consultório.
여기 이 병원/진료소에는 네명의 의사들이 있다.

2. (aeroporto/cidade)
→ Há um aeroporto nesta cidade (aqui).
여기 이도시에는 공항이 하나 있다.

3. (posto de gasolina/esquina)
→ Há um posto de gasolina naquela esquina.
저 코너에 주유소가 하나 있다.

4. (livros/armários)
→ Há muitos livros naqueles armários.
그 수납장들 안에 책들이 많이 있다.

<전치사 + 지시형용사>의 축약 2 p.51

1.(quinze dólares/gaveta/lá)
→ Há quize dólares naquela gaveta lá.
저기 저 서랍에 15달러가 있다.

2. (farmácia/calçada/ali)
→ Há uma farmácia naquela calçada ali.
저 (사람이 다니는) 길/인도에 약국이 하나 있다.

3. (muitos turistas/montanhas/lá)
→ Há muitos turistas naquelas montanhas lá.
저기 저 산들 속에는 많은 관광객들이 있다.

4. (dentistas/consultórios/ali)
→ Há uns dentistas naqueles consultórios ali.
저 진료실들 안에는 약간의/몇명의 치과의사들이 있다.

## 해석하기

p.51

상파울루는 브라질의 도시이자 상파울루주(州)의 수도(首都)이고, 라틴아메리카 대륙에서 금융, 기업 그리고 상업의 주요 중심지이다. 이 도시는 브라질, 남미 대륙, 그리고 남반구에서 가장 인구가 많은 도시이다. 상파울루는 이 지구에서 열네번째로 세계화된 도시로, 세계 무대에서 가장 영향력을 행사하는 브라질의 도시이다.

## Gostar de~ 표현

<Gostar de + 목적격 대명사> : "~를 좋아하다" p.52

1. Estas casas são antigas. Gosto delas.
2. Esta cidade é antiga. Gosto dela.
3. Este aeroporto é moderno. Gosto dele.
4. Aquelas mesas são modernas. Gosto delas.
5. Aquela carteira é nova. Gosto dela.
6. Meu carro não é velho. Gosto dele.
7. Minhas amigas são simpáticas. Gosto delas.
8. Minha casa é grande. Gosto dela.
9. Meu carro é antigo. Gosto dele.
10. Meus livros são antigos. Gosto deles.

<Gostar de + V (동사원형)>: "~하는 것을 좋아하다" p.53

1. Ele gosta de morar no centro.
2. Ela gosta de morar em São Paulo.
3. Nós gostamos de ir a pé.
4. Vocês não gostam de falar inglês.
5. Você gosta de falar.
6. Eu não gosto de morar na praia.
7. Meus amigos gostam de morar em Belo Horizonte.
8. Minha filha gosta de visitar museus.
9. Meu marido gosta de mostrar a cidade para os amigos.

<Gostar de + N(명사)> : "~을 좋아하다" p.53

1. Eu gosto de livros antigos.
2. Nós gostamos das casas antigas.
3. Eles gostam das cidades grandes.
4. Ela gosta das casas modernas.
5. Meus filhos gostam dos préios modernos.

답·안·지

## <Gostar de + 정관사>의 결합

p.54

1. Eu gosto muito dos amigos do meu filho.
2. Meus amigos gostam muito da casa nova.
3. Você gosta dos planos do novo diretor?
4. Nós gostamos do prédio do correio.
5. Este diretor* não gosta da secretária.
6. Eles gostam dos filmes franceses.
7. Gostamos da casa da praia.
8. Ela gosta da casa da Mônica.
9. Ela não gosta do novo aeroporto.
10. Eu gosto do livro de português.
11. Vocês gostam das praias brasileiras?
12. Estes engenheiros não gostam dos meus planos.
13. Nós não gostamos do prédio da Prefeitura.
14. Meu amigo gosta muito das praias do Rio.
15. Os paulistas gostam muito de metrô. Ele é muito rápido.

(참고)* diretor, gerente, superintendente는 우리말 표현으로는 '매니저'가 되는데, 경우에 맞게 알맞게 사용할 필요가 있다.

## <Gostar de + 지시형용사>의 결합

p.55

1. Eles gostam daquele prédio ali.
2. Eu gosto do diretor desta firma.
3. Minha amiga gosta daquele livro ali.
4. As praias desta região são famosas.
5. As calçadas desta cidade são velhas.
6. As portas daquelas salas ali estão abertas.
7. A chave desta gaveta está aqui na mesa.
8. Os clientes desta firma são americanos.
9. Os documentos deste engenheiro estão na gaveta.
10. Gostamos da secretária deste engenheiro.

## TER 동사

### TER 동사의 직설법 현재 1 p.56

1. Luí e Teresa têm quatro filhos.
2. Você tem tempo?
3. Não, eu não tenho tempo.
4. O Brasil tem muitas cidades antigas.
5. Esta cidade tem muitos prédios modernos.
6. Aquele prédio ali tem oito andares.
7. Estas montanhas têm muitas casas bonitas.
8. O senhor tem sorte.
9. Nós temos um amigo em Recife.
10. Vocês têm livros novos no armário.
11. O Rio de Janeiro tem muitos turistas.
12. Você tem dinheiro?
13. Não, eu não tenhodinheiro. tenho cheque.
14. Nós temos amigos em Porto Alegre.
15. Meu filho tem quatro anos.

### TER 동사의 직설법 현재 2 p.57

1. Ele tem uma casa?
   → Não, não tem uma casa. Tem um apartamento.
2. Eles têm sorte?
   → Não, não têm. Têm azar.
3. Nós temos dinheiro no banco?
   → Não, não temos dinheiro no banco. Temos dinheiro na firma.
4. Vocês têm a chave do carro?
   → Não, não temos a chave da carro. Temos a chave da casa.
5. O médico tem casa na montanha?
   → Não, não tem casa na montanha. Tem casa na praia.
6. Os armários têm documentos?
   → Não, não têm documentos. Têm livros.
7. Brasília tem prédios antigos?
   → Não, não tem prédios antigos. Tem prédios modernos.
8. A Estação Rodoviária tem trens?
   → Não, não tem trens. Tem ônibus.

### TER 동사로 작문하기 p.58

1. 나는 운이 없다. → Eu tenho azar.
2. 그는 운이 매우 좋다. → Ele tem muita sorte.
3. 그는 돈이 없다. → Ele não tem dinheiro.
4. 우리는 자식이 많다. → Nós temos muitos filhos.
5. 너희들은 오늘 (놀) 시간이 없다. → Vocês não têm tempo hoje (para brincar).
6. 그녀는 (춘향이처럼) 16살이다. → Ela tem 16 anos (como 춘향).

# 소유형용사

소유형용사 p.59

1. (nós)
   → Nossos filhos não estão aqui.
2. (eu)
   → Minha mulher gosta de caminhar.
3. (nós)
   → Nosso trabalho é interessante.
4. (eu)
   → Meu apartamento é grande.
5. (nós)
   → Nossos amigos têm problemas.
6. (nós)
   → Nossa cidade é pequena, mas tem muitos parques. Nossos parques são bonitos.
7. (eu)
   → Meu marido e minha filha vão para casa a pé.
8. (nós)
   → Nossas secretárias trabalham bem.
9. (eu)
   → Meus amigos moram em Salvador.
10. (eu)
    → Minhas filhas vão de ôibus para a escola.

# 작문

p.60

1. 우리 시내에 버스로 갈까?
   → Vamos para o centro de ônibus?
2. 아니, 걸어서 가자, 나는 걷는 것을 좋아해.
   → Não, vamos a pé. (Eu) gosto de andar.
3. 나도 그래. 시내에는 옛날 건물들이 많이 있니?
   → (Eu) também gosto. Há muitos prêdios antigos no centro?
4. 응, 그래. 하지만 새 건물들도 있어.
   → Sim , mas há muitos prêdios novos modernos.
5. 너 돈 있니?
   → Você tem dinheiro?
6. 아니, 없어.
   → Não, não tenho.
7. 은행은 어디에 있지?
   → Onde háum banco?
8. 저기 저 코너에 있는 인도에 있네.
   → Há um na calçada daquela esquina.

## 직설법 현재

2군 동사

p.61

1. A secretária atende o telefone.
2. Nós sempre atendemos o diretor.
3. Ele escreve pouco.
4. Ela atende a porta.
5. Tomás come muito.
6. Tomás e Antônio comem muito.
7. Minha firma vende imóveis.
8. Você aprende inglês na escola?
9. Nós nãobebemos cerveja de manhã
10. Vocês nãoaprendem japonês na escola?
11. Eu não vendo minha casa. Gosto muito dela.
12. Eu aprendoportuguês na universidade.
13. Eles não respondem às minhas perguntas.
14. Paulo recebe cartas de seus amigos.

1군과 2군 동사 총복습

p.62

1. (morar/trabalhar)
   → João mora em São Paulo, mas trabalha em Santos.
2. (morar/trabalhar)
   → Nós moramos no centro, mas trabalhamos no subúrbio.
3. (morar/trabalhar)
   → Eles moram neste prédio e trabalham naquela fábrica.
4. (morar/trabalhar)
   → Eu moro aqui e trabalho lá.
5. (comer/beber)
   → Luís come pizza e bebemos cerveja.
6. (comer/beber)
   → Nós comemos pizza e bebemos vinho.
7. (comer/beber)
   → O senhor come pizza e bebe água?
8. (comprar/vender)
   → Nós compramos e vendemos carros antigos.
9. (atender/mostrar)
   → As secretárias atendem o telefone e mostram o escritório para os clientes.
10. (andar/comer)
    → Eu ando muito e como pouco.
11. (andar/comer)
    → Você anda pouco e come muito.
12. (trabalhar/andar)
    → Os médicos trabalham muito e andam pouco.

13. (andar/mostrar)
→ Nós andamos e mostramos a cidade para os turistas.
14. (comprar/vender)
→ A senhora compra e vende livros antigos.
15. (beber/comer/andar)
→ Meu amigo bebe muito, come muito e anda pouco.

## 직설법 현재 진행형

p.64

| |
|---|
| estar + _ando<br>_endo<br>_indo |

1. (trabalhar)
→ Agora o médico não está trabalhando naquele hospital.
2. (comer/beber)
→ Agora nós estamos comendo pizza e estamos bebendo cerveja.
3. (mostrar)
→ Hoje ele está mostrando a cidade para os amigos.
4. (atender)
→ Eu estou atendendo o telefone agora.
5. (atender)
→ Ela está atendendo um cliente na frente da porta agora.
6. (aprender)
→ Você está aperendando português agora.
7. (trabalhar)
→ Eles não estão trabalhando muito agora.
8. (escrever)
→ Vocês não estão escrevendo cartas agora.
9. (atender)
→ Nós não estamos atendendo estes clientes hoje.
10. (aprender)
→ Eu não estou aprendendo alemão agora.

UNIDADE · 3

## 직설법 현재 진행형
## 조동사 PODER

p.67

1. Nós podemos assistir a televisão.
2. Eles podem ler o jornal.
3. Eu posso escrever para meus amigos.
4. O Felipe pode telefonar para os amigos.
5. Eu posso ir para os Estados Unidos.
6. Nós podemos ir para o Brasil de navio.
7. A Luísa pode estudar para o teste de amanhã.
8. Você pode ouvir um CD novo.
9. As crianças podem jogar cartas.
10. Vocês podem sair hoje à noite.

p.68

1. Você pode chegar mais tarde? - Posso.
2. Você pode tomar cerveja? - Posso.
3. Vocês podem fumar? - Podemos.
4. Seu chefe pode sair mais cedo? - Não, não pode.
5. Vocês podem discutir com o chefe? - Não não podemos.
6. As secretárias podem ir para casa na hora do almoço? - Não, não podem.
7. Seus colegas podem usar sua mesa? - Podem.

## 의문사

p.69

1. Quem é ele? - Ele é Roberto, meu amigo.
2. Onde ele mora? - Em São Paulo.
3. Por que ele está aqui no Rio? - Porque ele está em férias.
4. O que ele vai fazer hoje? - Ele vai visitar o Corcovado.
5. Como ele vai ao Corcovado? - De carro.
6. Quanto custa a visita ao Corcovado? - Nada. É grátis.
7. Quantos amigos ele tem no Rio? - Muitos. Ele tem muitos amigos aqui.
8. Quando ele vai voltar para São Paulo? - No domingo.
9. Qual é a profissão dele? - Ele é advogado.

## 가까운 미래를 나타내는 <동사Ir + V(동사원형)>표현
## 질문에 대답하기

p.70

1. O que você vai comer?
   → Vou comer bife com batatas (fritas).
   소고기 비프(스테이크)와 감자(튀김)을 먹겠습니다.
2. O que vocês vão tomar?
   → Vamos tomar cerveja (bem gelada).
   우리는 아주 시원한 맥주를 마시겠습니다.
3. O que ele vai pedir ao garçom?
   → Vai pedir um cafezinho.
   그는(웨이터에게) 커피 한 잔을 주문할 겁니다.
4. O que vamos fazer depois do almoço?
   → Vamos jogar futebol.
   축구를 할 겁니다.
5. Como sobremesa, o que você vai oferecer?
   → Vou oferecer sorvete.
   (후식으로) 아이스크림을 제공하겠습니다.
6. O que vamos tomar?
   → Vamos tomar uma cerveja e um refrigenrante.
   우리는 맥주 한 병과 청량음료 하나를 마실 겁니다.

## 질문하기

p.70

1. Vocês vão falar com a secretária?
   (당신들은) 그 여비서와 이야기할 것입니까?
   → Vamos, sim. Vamos falar com a secretária.
2. Você vai jantar agora?
   (당신은)지금 저녁을 드실 겁니까?
   → Não, vou jantar às 7 horas.
3. Você vai tomar cerveja?
   (당신은) 맥주를 마시겠습니까?
   → Vou, sim. Vou tomar cerveja.
4. Vocês vão comprar um carro?
   (당신들은) 자동차를 사실겁니까?
   → Não, vamos comprar uma casa.
5. Ele vai ficar na escola?
   (그는) 학교에 있을 겁니까?
   → Não, ele vai ficar em casa.
6. Eles vão tomar um apertivo?
   (그들은 식 전에 식욕을 돋구는) 에피타이저를 먹을 겁니까?
   → Não, eles vão tomar sopa.

## 해석하기

p.71

1. Ele não vai pagar a conta de gás porque está sem dinheiro.
   pagar a conta: ~을 지불하다, 계산하다.
   a conta de gás: 가스요금
   estar sem dinheiro: 돈을 갖고있지 않은 상태
   → 그는 지금 돈이 없어서, 가스요금을 내지 않을 것이다.
2. Elas vão ter problemas na firma porque não gostam do chefe.
   ter problemas: 문제가 생기다.
   na firma: 회사에서
   → 그 여자들은 회사에서 자신들의 상사를 좋아하지 않기 때문에, 문제를 갖게 될 것이다.
3. Eu vou jantar devagar porque não estou com pressa.
   jantar devagar: 천천히 저녁을 먹다.
   estar com pressa: 급하다.
   → 나는 급하지 않으니까(=급한 일이 없으니까), 천천히 저녁을 먹을 것이다.
4. Nós vamos mais tarde porque não estamos com fome.
   → 우리는 배가 고프지 않으니까, 좀 더 늦게 갈 것이다.

> (참고) Nós vamos comer mais tarde porque não estamos com fome.
> → 우리는 배가 고프지 않으니까, 좀 더 늦게 먹겠습니다.

5. Ela não vai escrever para mim porque não tem meu endereço.
   → 그녀는 내 주소를 갖지 않고 있기 때문에, 내게 편지를 쓰지 않을 것이다.

## SER와 ESTAR 동사의 구분

p.72

1. Hoje está quente.
2. Ele é inteligente.
3. Ele é americano.
4. Nós estamos contentes agora.
5. Nossos amigos estão na sala.
6. Nós somos brasileiros.
7. A Suíça é um país bonito.
8. Eu estou aqui agora.
9. Os copos estão na mesa e são de cristal.
10. Onde está seu carro? Na garagem?
11. O Brasil é um país muito grande.
12. Ele é médico e está no hospital agora.
13. O Alasca é frio. A Sibéria também é.
14. Ele é cozinheiro e está no restaurante agora.
15. Eles são estrangeiros. Eles estão no Brasil para trabalhar.

## 작문하기 1

p.73

1. 내 형 Ronaldo는 컴퓨터 전문가이다.
   → O meu irmão Ronaldo é especialista em computação.
2. 그는 내 직장 상사이기도 한데, 아주 실용을 추구하는 사람이다.
   → Ele também é o meu chefe e é uma pessoa pratica.
3. 그는 개신교 신도지만, 친구들과 bar에서 맥주를 마신다.
   → Ele é protestante mas ele bebe cerveja com seus amigos no bar.
4. 우리는 Curitiba 출신이지만, 지금 여기 São Paulo에 살고 있다.
   → Ele é de Curitiba mas agora está morando aqui em São Paulo.
5. 그는 오늘 행복하다. 여름을 해변에서 보내고 있기 때문이다.
   → Hoje, ele está feliz. Porque está passando o verão na praia.
6. 나는 배가 고프다. 벌써 오후 두 시가 되어서.
   → Eu estou com fome porque já são às duas horas da tarde.

## 작문하기 2

p.73

1. 당신은 선생님이십니까?
   → Você é professor?
   - 아니오, 전 학생입니다.
   - Não, sou estudante.
2. 당신은 웨이터입니까?
   → Você é garçom?
   - 아니오, 전 요리사입니다.
   - Não, sou cozinheiro.
3. 그녀들은 지금 배가 고픕니까?
   → Elas estão com fome agora?
   - 아니오, 배고프지 않습니다.
   - Não, elas não estão com fome.
4. 그 컵이 테이블에 있습니까?
   → O copo está em cima da mesa?
   - 네, 있습니다.
   - Sim, está.
5. Mariana, 지금 졸려요?
   → Mariana, você está com sono agora?
   - 네, 그렇습니다.
   - Sim, estou.
6. 그는 웨이터입니까?
   → Ele é garçom?
   - 네, 그래서 지금 식당에 있습니다.
   - Sim, ele é. Por isso ele está no restorante agora.
7. 당신들은 외국인입니까?
   → Vocês são estrengeiros?
   - 네, 일하기 위해서 이곳에 있습니다 (=왔습니다).
   - Sim, somos. Por isso estamos aqui para trabalhar.
8. Fagundes씨는 장사를 하십니까?
   → O senhor Fagundes é comerciante?
   - 아니오, 그는 선생님이십니다.
   - Não, ele não é. Ele é professor.
9. Luís와 Paula씨, 당신들은 미국인이십니까?
   → Luís ePaula vocês são americanos?
   - 아니오, 우리는 영국인입니다.
   - Não. Somos ingleses.
10. 그 차는 주차장에 있습니까?
    → Aquelee carro está no estacionamento?
    - 아니오. 없습니다.
    - Não, não está.

## 질문하기

p.74

1. Quem são eles? - Eles são fotógrafos.
2. Onde estão eles? - Eles estão no clube.
3. Vocês são americanos? - Não. Nós somos brasileiros.
4. Onde você está à noite? - Eu estou em casa à noite.
5. Por que vocês bebem agúa? - Porque estamos com sede.
6. Quem é ela? - Ela é a secretária do presidente.
7. Porque você está nervoso? - Porque tenho muitos problemas.
8. Onde está ele? - Ele está no dentista.
9. Como vai? - (Eu vou) bem.

## "Estar com~"의 관용 표현으로 대답하기

p.75

1. Ele está com sede.
   O que ele vai fazer? → Ele vai tomar um refregerante.
2. Ele está com fome.
   O que ele vai fazer? → Ele vai comer um cachorro quente.
3. Eles estão com calor.
   O que ele vai fazer? → Eles vão tomar cerveja bem gelada.
4. Eles estão com frio.
   O que ele vai fazer? → Ele vai pôr um casaco.
5. Ela está com sono.
   O que ele vai fazer? → Ele vai dormir.
6. Vocês estão com pressa.
   O que eles vão fazer? → Eles vão tomar um táxi.
7. Ele está com dor de cabeça.
   O que ele vai fazer? → Ele vai tomar um remédio.

## "Depois de ~" : ~ 이후에

p.77

"Depois de + 정관사 o(s), a(s) + 명사 (N)"
"Depois de + 동사 (V)"

1. Quando você vai ao escritório? → Depois do café da manhã.
2. Quando vamos ao cinema? → Depois do jantar.
3. Quando você vai voltar para casa? → Depois da aula de português.
4. Quando você vai sair do escritório? → Depois de acabar meu trabalho.

5. Quando você vai falar com seu chefe? → Depois dos feriados.
6. Quando ele vai a Recife? → Depois de conhecer São Paulo.

## "Antes de ~": ~ 이전에

p.77

> "Antes de + 정관사 o(s), a(s) + 명사 (N)"
> "Antes de + 동사 (V)"

1. Quando você vai ao banco? → Antes do meio-dia.
2. Quando ele vai viajar? → Antes d o café da manhã.
3. Quando vai acabar a reunião? → Antes detrês horas.
4. Quando você vai ao correio? → Antes deir ao barbeiro.
5. Quando eu posso falar com você? → Antes desair do escritório.
6. Quando você compra o jornal? → Antes dechegar ao escritório.

## 해석하기

p.78

- 어머! 저기 모퉁이에 얼마나 이상한 사람이 많은지 좀 봐!
- 정말 그렇군. 저것 좀 봐! 중국 사람 1명, 일본 사람 2명, 스페인 사람 2명, 그리고 독일 사람 3명이 있네.
- 그 중국 사람은 내 동생이야.
- 나는 저 여자들이 너무 미워서 마음에 들지 않아.
- 저 남자들은 너무 웃기게 분장했어.
- 그런데 저 더벅머리는? 남자야 여자야?
- 내 남편이야.

## 가수와 인터뷰 하기

p.79

1. Qual é o seu nome? - **Meu nome é Betinho Estrela.**
   제 이름은 **Betinho Estrela**입니다.
2. Q que você faz? / Qual é a sua profissão? - **Eu canto música caipira.**
   저는 컨트리 음악을 합니다.
3. Porque você está aqui em São Paulo? - **Eu estou aqui em São Paulo porque vou fazerum show.**
   공연을 하기 위해 지금 여기 **São Paulo**에 있습니다.
4. Onde (você vai fazer o show)? - **No Teatro Tupiniquim.**
   **Tupiniquim** 극장에서 (할겁니다).

5. Quando (você vai fazer o show)? - No sábado que vem.
다음주 토요일입니다.

6. Quantas pessoas vão ver o seu show? - Muitas. Muitas pessoas vão ver meu show.
Eu sou muito popular aqui.
정말 많은 사람들이 제 공연을 보러올 겁니다.
저는 이곳에서 매우 유명하거든요.

7. Quanto você vai ganhar?
= Qual será o seu cache?
(당신의 출연료는 얼마가 될 것입니까?)
- Eu vou ganhar 2.000 dólares.
저는 2,000달러를 벌겁니다.

8. Como vai ser o seu show? - Meu show vai ser muito bonito.
Luzes e efeitos especiais...
제 공연은 조명과 특수 효과로 매우 멋질 겁니다.

9. Quem vai cantar com você? - Tininha Maravilha vai cantar comigo.
Nós sempre trabalhamos juntos.
Tininha Maravilha가 저와 함께 노래할 거에요.
우리는 언제나 함께 공연을 하죠.

10. Quais músicas você vai cantar? - Vou cantar as músicas do meu último disco.
제가 최근에 낸 음반에 수록된 노래들을 부를 겁니다.

(참고) http://busca.uol.com.br/web/?q=cache+cantor



## 다음의 문장을 복수로 만들기

p.83

1. Este barril é grande.
→ Estes barris são grandes.
2. Meu amigo é inglês.
→ Meus amigos são ingleses.
3. A sopa está fria.
→ As sopas estão frias.
4. O dia está quente.
→ Os dias estão quentes.
5. Minha mão está fria.
→ Minhas mãos estão frias.
6. Este apartamento é bom, mas a garagem é pequena.
→ Estes apartamentos são bons, mas as garagens são pequenas.
7. Aquele hotel é confortável .
→ Aqueles hotéis são confortáveis.
8. Nosso professor é espanhol.
→ Nossos professores são espanhóis.

9. O canal de televisão tem propaganda comercial.
→ Os canais de televisão têm propagandas comeciais.
10. Nosso diretor é japonês.
→ Nossos diretores são japoneses.

## 같은 군에 속하지 않는 단어

p.85

| | | | | |
|---|---|---|---|---|
| 1. oferecer | 2. baile | 3. o médico | 4. quente | 5. a gorjeta |
| 6. talvez | 7. à noite | 8. grande | 9. interior | 10. com amigos |

UNIDADE · 4

## 1군 동사의 직설법 과거

p.87

1. (comprar)
→ Você comprou o jornal ontem?
2. (comprar)
→ Ontem nós Compramos um carro.
3. (comprar)
→ Ontem eu comprei um livro para você.
4. (mostrar)
→ A senhora já mostrou a cidade para eles?
5. (gostar)
→ O senhor gostou do filme? É bom, não é?
6. (comprar)
→ No mês passado, eles compraram uma casa bonita.
7. (achar-gostar)
→ Vocês acharam o show interessante? Vocês gostaram?
8. (acabar-ajudar)
→ Eu nãoacabei o trabalho porque ela nãoajudou.
9. (tomar)
→ No domingo passado, ele tomou aperitivo com os amigos.
10. (andar)
→ Ontem eu andei sete quilômetros, mas elas andaram doze.

## 2군 동사의 직설법 과거

p.88

1. (responder)
   → Você já respondeu a carta?
2. (escrever)
   → Eles já esvreveram para você?
3. (aprender)
   → Onde vocês apremderam inglês?
4. (vender)
   → Eu vendi meu carro ontem.
5. (vender)
   → Nós vendemos nossos móveis.
6. (vender)
   → A senhora já vendeu o apartamento?
7. (vender)
   → O jornaleiro já vendeu todos os jornais.
8. (comer- beber)
   → Eu comi pizza e bebi vinho.
9. (escrever-responder)
   → Ela escreveu para mim, mas eu nã respondi.
10. (entender-responder)
   → Você entendeu a pergunta, mas nãorespondem. Por quê?

## 1군과 2군 동사의 직설법 과거 총복습

p.89

1. (receber)
   → Ontem eu recebi meu saláio. E você Vocêtambé recebeu?
2. (escrever)
   → Ontem nó escrevemos para eles. E você? Você també escreveram?
3. (responder)
   → Eu respondi a carta. Por que vocênãorespondeu?
4. (beber)
   → Na festa, ela bebeu champanhe. E ele? O que ele bebeu?
5. (comer)
   → Eles comeram tudo. E elas? Por que elas nã comeram?
6. (beber)
   → Na festa de ontem, eu bebi, mas vocênã bebeu. Você nunca bebe.
7. (encontrar-conversar)
   → Ontem Luís encontrou Carlos e conversou com ele.
8. (perguntar-responder)
   → Eu perguntei. Por que você não respondeu?

9. (almoçar)
→ Ontem nó almoçamos no restaurante do clube. E você? Onde vocêsalmoçaram?
10. (conversar-beber)
→ Na festa, eu conversei muito e bebi pouco.

## LER 동사의 직설법 현재

p.92

1. Eu sempre leio ànoite. E você? Vocêtambémlê?
2. Eles lêem a Veja. Eu també leio.
3. Sóele lê a seção de esportes. Ela não lê.
4. Nós nunca lemos o jornal de manhã. Elas também não lêem. Ninguém temtempo.
5. No domingo, a gente lê o jornal inteiro. Eu não sei se elas também lêem.

## LER 동사의 직설법 과거

p.92

1. Eu nãoli o artigo. Você leu?
2. Ela leu o artigo, mas não entendeu.
3. A gente leu no jornal que vai chover amanhã.
4. Eles leram muito nas féiras. Porque choveu o tempo todo.
5. Vocêsleram o contrato? - Não, nós nãolemos.

## QUERER 동사의 직설법 현재

p.93

Nós queremos morar num lugar diferente. Eu quero comprar um apartamento perto do centro porque é mais práico, mas minha mulher Helena quer morar numa casa que fica longe do centro por causada poluição. As crianças querem uma casa com piscina, o que vai ser impossíel. A gente não sabe o que a gente quer.

## PREFERIR + N(명사)

p.94

1. O que você prefere? Chá ou café?
2. Eu prefiro café.
3. E ela? O que ela prefere?
4. Ela prefere chá.
5. E eles? Vocêsabe o que eles preferem?

6. Eles preferem chá.
7. O que vocês preferem? Cinema ou teatro?
8. Nós preferimos cinema.
9. E elas? O que elas preferem?
10. Elas preferem teatro. E você?
11. Eu? Eu prefiro cinema.

## 내용상 알맞은 동사 써넣기

p.95

1. Ela quer comprar um carro grande, mas ele prefere um carro pequeno.
2. Meus amigos querem viajar, mas eu prefiro ficar em casa.
3. Ele prefere ir a pé mas eu quero ir de ônibus.
4. No verão, eles querem ir àpraia, mas nós preferimos ir às montanhas.
5. Quando está chovendo, eu prefiro ficar em casa, mas ele sempre quer ir ao cinema.



<전치사 em + 부정관사>의 축약 p.96

1. Ele mora numa casa antiga.
2. Eu encontrei a informação num livro escolar.
3. A polícia achou os documentos numas caixas velhas.
4. Ele guardou o dinheiro nuns bancos estrangeiros.
5. Comprei o sofá numa loja perto daqui.

## 소유형용사

1인칭 소유형용사: meu(s), minha(s), nosso(s), nossa(s) p.98

1. Quero conversar com meu professor de português.
2. Queremos conversar com nosso professor de inglês.
3. Vamos sair com nossos filhos.
4. Gostamos de sair com nossos amigos.
5. Ontem, falamos com minha filha por telefone.
6. Moro neste bairro com minha famíia. Gosto do meu bairro.
7. Estou falando com minha mulher.
8. Vou guardar meus documentos no cofre.
9. Venha comigo! Quero mostrar meu apartamento para você.
10. Minhas amigas querem falar comigo.

3인칭 소유형용사; seu(s), sua(s) p.99

1. Helena, onde fica sua casa?
2. Você vai sair com seu marido?
3. Onde você comprou seu livro?

4. Onde você comprou seus livros?
5. André, quero conhecer sua irmãmais nova.
6. André quero conhecer suas irmãs.
7. Maria e André, onde estã seus carros?
8. Vocês mostraram seus documentos?

소유형용사 풀어쓰기 1 p.99

: dele(s), dela(s)

1. O apartamento dela é confortável.
2. Não gosto da cidade dele.
3. Você conhece os irmãos dele ?
4. O pai dela éalemão.
5. A família dele égrande. A famíia dela também é.
6. A mãedeles não estáaqui. Ela estána Europa com a amigadela.
7. O escritóio deles éno centro. O escritóio deleséno subúrbio.
8. Os irmãs dela trabalham aqui. Os irmãos deletambém.
9. Vocêquer o livro dela ou o livro dele?

소유형용사 풀어쓰기 2 p.100

: dele(s), dela(s)

1. Vou comprar a casa. O preço da casa é bom.
   → Vou comprar a casa. O preço dela é bom.
2. Vou preparar um jantar especial. Quero mostrar o cardápio do jantar.
   → Vou preparar um jantar especial. Quero mostrar o cardápio dele.
3. Nã quero estas cadeiras. A qualidade das cadeiras não é boa.
   → Não quero estas cadeiras. A qualidade delas não é boa.
4. Meus irmãos moram na Europa. A vida dos meus irmãos é muito diferente da minha.
   → Meus irmãos moram na Europa. A vida deles é muito diferente da minha.
5. Estes quartos são muito claros. As janelas dos quartos são grandes.
   → Estes quartos são muito claros. As janelas deles são grandes.

소유형용사 총복습 (알맞게 써넣기) p.101

1. (você)
   → Luía, onde trabalha sua irmã mais velha?
   - Minha irmãtrabalha no banco.
2. (ele)
   → Onde estáa filha dela?
   - A filha dela estáaqui.
3. (nós)
   → Gostamos de nossos amigos.
4. (eles)

→ Mariana e Luís vão para a Europa. Os filhos deles vão ficar no Brasil.

5. (ele/ela)

→ Não quero as chaves dele. Quero as chaves dela.

6. (você)

→ André você vendeu sua casa?

- Não, não vendi minha casa. Vendi meu apartamento.

7. (você)

→ Cristina, vocêquer sua bolsa e seus óculos agora?

8. (ele)

→ Ele estáconversando com o pai dele.

9. (ele)

→ Ele estáconversando com a mãe dele.

10. (ela)

→ Você conhece a casa dela?

11. (ele, nós)

→ Ele vendeu a bicicleta dele e comprou nosso carro.

12. (ela/ele)

→ Teresa quer visitar as amigas dela, mas Tomá prefere visitar os amigosdele.

13. (eles)

→ Ana e Paulo venderam a fábrica deles.

14. (ela)

→ Os produtos desta fábrica são ótimos. As máquinas dela são muito modernas.

15. (ele)

→ O bairro émuito bom. As ruas dele são muito limpas.

## PRECISAR 동사

p.103

| | |
|---|---|
| Precisar de + N(명사): | "~이 필요하다." |
| Precisar + V(동사원형): | "~을 할 필요가 있다. |

1. Vou ao banco porque preciso de dinheiro.
2. Ela vai ao supermercado porque precisa comprar pão leite e queijo.
3. Vamos àpadaria porque precisamos comprar pão.
4. Vou ao posto de gasolina porque preciso pôr gasolina no carro.
5. Ele vai ao barbeiro porque precisa cortar o cabelo.
6. Ela vai à Estação Rodoviária porque precisa visitar seus pais. / precisa pegar o ônibus.
7. Vou telefonar para ele porque preciso falar com ele.
8. Vamos escrever para ela porque precisamos saber notícias dela.
9. Vou vender minha casa porque preciso de dinheiro.
10. Eles vão de avião porque preciso chegar depressa.

## 3군 동사의 직설법 현재

p.105

1. Esta loja abre às 9 horas. (abrir)
2. O diretor abre o cofre do banco. (abrir)
3. Os bancos abrem às 10 horas. (abrir)
4. Meu trem parte desta estação. (partir)
5. Nós sempre discutimos com ele. (discutir)
6. Eu assisto à televisão toda noite. (assistir)
7. Os diretores decidem tudo na reunião. (decidir)
8. Os ônibus para o Rio não partem desta estação. (partir)
9. Ele sempre assiste a filmes pela televisão. (assistir)
10. Ele divide o aluguel da casa com seu irmão. (dividir)

## 3군 동사 직설법 과거

p.106

1. Eu não abri esta janela ontem. (abrir)
2. O avião partiu há l5 minutos. (partir)
3. Você assistiu à televisão ontem? (assistir)
4. Vocês já decidiram o que vão fazer? (decidir)
5. Nós abrimos o cofre na semana passada. (abrir)
6. Eles partiram para a Europa no ano passado. (partir)
7. Há15 dias eu assisti a um filme sobre a Bahia. (assistir)
8. Nossa firma abriu uma nova loja no mê passado. (abrir)

## 3군 동사의 복습 (알맞은 시제 써넣기)

p.107

1. Ontem nós discutimos sobre a Bahia. (discutir)
   (과거)
2. Estamos sempre discutindo sobre dinheiro. (discutir)
   (현재진행형)
3. Vou dividir o dinheiro com meus sócios. (dividir)
   (근접미래)
4. Nossos amigos não vão desistir de seus planos. (desistir)
   (근접미래)
5. Você prefere chá ou café? (preferir)
   (현재)
6. Ele sempre prefere viajar de avião. (preferir)

(현재)

7. No mês passado, ele telefonou de Londres. (telefonar)
(과거)
8. Eu sempre esqueço o número do telefone dele. (esquecer)
(현재)
9. Amanhã vamos mudar de casa. (mudar)
(근접미래)
10. Este artista nunca recebe os jornalistas. (receber)
(현재)

## 3군 동사의 현재 진행형

p.108

1. Que pena! Nosso trem está partindo! (partir)
2. Silêcio! Eu estou assistindo ao filme. (assistir)
3. Agora eu estou aprendendo português. (aprender)
4. Olhe! Ele está desistindo! Que pena! (desistir)
5. Nós estamos insistindo em ficar aqui. (insistir)
6. João e Antônio estão discutindo os novos planos. (discutir)
7. Venha! Ele está mostrando a casa para os amigos. (mostrar)
8. Meu irmão mais velho está fazendo um curso de inglês em Londres. (fazer)
9. Venha ajudar! Eles estão trocarando o pneu do carro. (trocar)
10. Olhe! Eles estão abrindo a porta do cofre. (abrir)

## <전치사 por + 정관사 o / a>의 축약

p.109

1. O ônibus para o Rio passa por Aparecida?
2. Este ônibus passa pelo centro?
3. Vamos para o centro pela ponte nova! É mais rápido.
4. Ele não saiu pela porta da frente. Ele saiu pela uma janela.
5. Este ônibus vai para a minha cidade pelo litoral, mas o trem vai pelasmontanhas. Pelas litorais é mais bonito.
6. Recebi seu presente pelo correio.
7. A notícia chegou pelos jornais.
8. Você vai passar por lá? Posso ir com você?

## 숫자 읽고 쓰기

p.111

22 (vinte e duas) amigas
41 (quarenta e um) livros

82 (oitenta e duas) casas
101 (cento e uma) meninas
200 (duzentas) pessoas
232 (duzentas e trinta e duas) vezes
400 (quatrocentas) alunas
471 (quatrocentos e setenta e um) carros
522 (quinhentas e vinte e duas)páginas
800 (oitocentas) portas
811 (oitocentas e onze)janelas
1.001 (mil, e um) dias
1.001 (mil, e uma) noites
2.000 (duas mil) palavras
2.000 (dois mil) problemas
1.351.000 (um milhão, trezentos e cinquenta e um mil) pessoas
(um milhão, trezentas e cinquenta e um mil) pessoas
* 이 경우, 사람들이 모두 여성일 경우이다.

2 - dois, duas
1.030 - mil, e trinta
113 - cento e treze
1.979 - mil, novecentos e setenta e nove
555 - quinhentos e cinquenta e cinco
2.210 - dois mil, duzentos e dez
614 - seiscentos e cartorze / quatroze
15.346 - quinze mil e trezentos e quarenta e seis
792 - setecentos e noventa e dois
67 - sessenta e sete
1.000.000 - um milhão
919 - novecentos e desenove
85 - oitenta e cinco

100 - cem
8 - oito
12 - doze
15 - quinze
16 - desesseis
17 - desessete
18 - desoito
27 - vinte e sete
56 - cinquenta e seis
811 - oitocentos e onze
76 - setenta e seis
2.000.010 - dois milhões e dez

(참고) 포르투갈어에서는 숫자의 경우 ,(컴마)와 .(마침표)를 우리와는 반대로 쓴다.

## 직설법 과거 총복습

SER 동사의 직설법 과거 p.114

1. O filme de ontem foi interessante.
2. Eu fui presidente do clube no ano passado.
3. Nós fomos bons amigos.
4. Elas foram* amigas de escola.
5. Você foi amigo dele?

(참고) 4번의 경우, 내용상 반과거를 쓰는 것이 더 좋음.
Elas eram amigas de escola.

ESTAR 동사의 직설법 과거 p.114

1. Eu estive no Canadá em 1998.
2. Os franceses estiveram no Rio em 1555.
3. Os holandeses estiveram em Pernambuco em 1630.
4. A rainha da Inglaterra esteve no Brasil em 1968.
5. Vocês já estiveram na China?
   - Já. Nós estivemos lá em 2010.

TER 동사의 직설법 과거 p.115

1. Nós tivemos muito trabalho na semana passada.
2. Carlos teve problemas no escritório.
3. Eu não tive aula ontem.
4. Vocês tiveram tempo para acabar o trabalho?*
5. Eles tiveram uma reunião hoje de manhã.

(참고) 4번의 경우, 직역하면 "그 일을 끝낼 시간이 되었습니까?"이지만,
"그 일을 끝내는 데에 시간이 모자라지는 않았습니까?"라는 뜻을 포함하고 있음.

IR 동사의 직설법 과거 p.115

1. Nós fomos para a Europa com eles.
2. Meus irmãos não foram para a escola ontem.
3. Paula, você já foi à Bahia?
4. Não, eu nunca fui. E você?
5. Ele foi ao cinema com amigos.

알맞은 동사 써 넣기 (직설법 과거) p.115

Janeiro foi um mês bom para mim.
Nós tivemos um feriado longo.
Eu fui para o Rio com amigos.
Nós estivemos no Pão de Açúcar e em outros lugares bonitos.
Quero voltar para lá nas férias de julho.

## 시간의 개념과 관계된 표현들

"A que horas ~"

"몇시에 ~ 힙니까?" p.117

1. A que horas de partiu? - Ele partiu às 7:20.
2. A que horas de prefere partir? - Ele prefere partir às 5:25.
3. A que horas de reunião começou? - A reunião começou às 2:40.
4. A que horas de chegamos? - Nós chegamos à meia-noite.
5. A que horas de prefiro partir? - Eu prefiro partir à 5 da manhã
6. A que horas de reunião acabou? - A reunião acabou às 10 da noite.
7. A que horas de festa vai começar? - A festa vai começar às 9:00 em ponto.
8. A que horas chegamos? - Vamos chegar a(=em) Viena às 6:45 da manhã.
9. A que horas amigos chegaram? - Meus amigos chegaram às 6 horas da tarde.
10. A que horas vou chegar a londes? - Você vai chegar a Londres ao meio-dia em ponto.

"de ~ a ~"

"몇시부터 ~몇시까지" p.119

1. Ele trabalha das 8 às 12 da manhã.
2. Eles estudam da 1 às 5(da tarde).
3. Elas ficam na lojadas 9 às 18 (horas).
4. Ontem eu assisti à televisão das 20 às 23 (horas).
5. Em casa, a gente almoça das 12 às 13 (da tarde).
6. A gente janta das sete e meia às oito e meia (da noite).
7. No hotel, o café-da-manhãé das 7 às 10 (da manhã).
8. Eu estou livre das 12 às 14 (da tarde).
   = Eu estou livre do meio-dia às 2(da tarde).
9. Ontem eu esperei das 4 às cinco e meia.
   = Ontem eu esperei das 16 às 17 e meia.

과거를 나타내는"Há ~" : "~ 한지 얼마되었다"

미래를 나타내는"daqui a~" : "지금으로부터 얼마 후에는" p.121

1. Ele está esperando lá fora há cinquenta minutos.
2. Ele vai abrir a loja daqui a dez minutos.
3. Ele abriu a loja há uma hora.
4. Eu estive no Rio há três dias.
5. Ele trabalha no banco há quinze anos.
6. Ele entrou na firma há muitos anos.
7. Vocês estão aqui há uma semana.
8. O avião vai chegar aqui daqui a vinte minutos.
9. Eles vão falar português muito bem daqui a seis meses.
10. Eu pedi a sobremesa há quarenta minutos.

11. Ele estuda português há um ano.
12. Nós vamos jantar daqui a meia hora.

주어나 명사의 성을 바꾸어 문장만들기 p.125

1. Minha irmã mais velha é uma professora antiga.
2. Minha cidade é muito grande.
3. Esta revista tem fotografias muito interessantes.
4. Minha dentista é competente.
5. As folhas verdes estão na mesa.
6. Minha dentista é competente.
7. Minha mãe é uma mulher calma.
8. Esta novela foi boa.
9. Esta cantora é uma mulher boa e amável.
10. Ela comprou uma blusa cor-de-cosa e uma bolsa cinza.
11. Eles preferem uma casa pequena, num bairro comum.
12. Esta senhora é elegante e conservador.
13. Minha amiga é muito otimista.
14. A música é triste.
15. A esposa do meu filho é uma mulher difícil.
16. A revista azul está no escritório do doutor.
17. A senhora já falou com o diretor comercial?
18. A entrevista deste escrito francês é longa, mas interessante.
19. Esta estrada é longa, estreita e escura.
20. A língua alemã não é fácil.

## 명사의 성과수에 형용사 일치 시키기

p.127

1. (caro)
   → Copos de cristal são caros.
2. (pequeno/confortável)
   → Minha casa é pequena , mas confortável.
3. (famoso)
   → As praias do Rio são famosas.
4. (antigo/moderno)
   → Este hotel é antigo. Prefiro hotéis modernos.
5. (alemão/moderno)
   → Muitas cidades alemães são modernos.
6. (mau)
   → Esta idéia não é má!
7. (espanhol/francês/americano)
   → Gosto de música espanhola , vestidos francese e carros americanos.

8. (simples/simples)
→ Maria é uma mulher simples e mora num apartamento simples.

9. (branco/azul/amarelo/cinza)
→ Comprei duas blusas brancas, um vestido azul, duas saiasamarelas e um chapéu cinza.

10. (verde/bom)
→ Estas bananas estão verdes, mas as laranjas estão boas.

11. (azul/marrom)
→ Hoje quero comprar duas saias azuise uma blusa marrom.

12. (residencial/tranquilo)
→ Valeu a pena comprar o apartamento num bairro residencial..
A vida aqui é muitotranquila.

13. (industrial/japonês)
→ Esta empresa industrial tem uma diretora japonês.

14. (comum/feliz)
→Você acha que a mulher comum é feliz ?

15. (bom/bom/grande)
→ Este apartamento é bom, mas esta casa não é boa, porque émuito grande para nós.

16. (longo/interessante/bom)
→ Ele escreveu uma carta longa e interessante, com notíciasmuito boas.

17. (antigo/moderno/industrial/bonito)
→ Salvador éuma cidade antiga, Brasíia éuma cidade moderna, São Paulo éuma cidade industrial e o Rio é uma cidade bonita.

18. (frio/quente)
→ Não gosto de sopas frias e sobremesas quentes.

19. (dificil/interessante)
→ Meu trabalho é difícil, mas interessante.

20. (velho/novo)
→ Minhas bolsas estão velhas. Preciso comprar uma bolsa nova.

UNIDADE · 6

## 직설법 현재와 과거: VER 동사

직설법 현재 p.134

1. Ele sempre vê Mariana na praia.
2. Eles nunca vêem Luís.
3. Aos domingos nós vemos nossos amigos.
4. Vocês vêem o diretor aos sábados?
5. Luísa vê Ana todos os dias na escola.
6. Eu nunca vejo Teresa cantando.
7. Você sempre vê Lúcia no banco.
8. Eu sempre vejo Eduardo, mas ele nunca me vê.

직설법 과거 p.135

1. Você já viram neve? Não, nunca vimos.
2. Você viu o acidente na avenida? Vi, sim. Foi horrível.
3. Eu nunca vi João cantando.
4. Ontem, eles me viram na loja, mas eu não os vi.
5. Anteontem, ela viu o diretor da firma jantando no clube.
6. Você viu o ladrão correndo? Vi, sim.

알맞은 시제 써 넣기 p.135

1. Ontem nós vimos sua irmã na cidade.
2. Aos sábados eles veemum filme no cinema e aos domingos veem televisão.
   = Aos sábados eles assistem a um filme no cinema e aos domingos assistem àtelevisão.
3. Na semana que vem eles vêem os amigos.
4. Não gosto de ver acidentes.
5. Vocêquer ver este filme inglês? Não, prefiro ver o filme francês.
6. Anteontem, eles viram o ladrão correndo.
7. Ela vai ver a família amanhã.
8. O queéque você está vendoagora?
   - Estou vendo uma mulher. Ela está abrindo a bolsa.
9. Eu sempre vejo guardas andando pela cidade.
10. Você já viu um elefante?
    - Já vi, sim. No circo.

## QUERER 동사

직설법 과거 p.136

1. Meus amigos quiseram me ajudar.
2. O ladrão quis assaltar esta mulher.

3. Nós quisemos ver este filme ontem.
4. Por que você quis entrar neste restaurante?
5. Sábado passado eles quiseram falar comigo.
6. Eu quis ir lá porque é mais tranqüilo.
7. Nós quisemos ficar em casa para ver o jogo.
8. Eu sempre quis conhecer a Europa.
9. Meu vizinho quis dar uma festa para a filha dele.
10. Francisco, por que seu irmão não quis ficar com você?

## PODER 동사

직설법 과거

p.138

1. Os jogadores não puderam viajar.
2. Por que ela não pôde assistir ao filme?
3. Nós pudemos ver o filme atéo fim.
4. Ela pôde ver muito bem o rosto do ladrão.
5. A empregada não pôde ir ao supermercado bem cedo.
6. Ontem, o diretor não pôde atender os clientes.
7. Na terça-feira passada ele não pôde chegar cedo.
8. Eu não pude reconhecer o ladrão pelas fotografias.
9. Francisco, por que vocênão pôde falar com o diretor ontem?
10. Ontem, eu pude ver o filme de Carlitos. Foi ótimo!

## QUERER와 PODER 동사

직설법 과거

p.138

1. Na semana passada, nós quisemos falar com ele,
   mas não pudemos porque ele saiu mais cedo.
2. Os turistas quiseram conhecer esta igreja antiga, mas não puderam entrar.
   A igreja fechou às 5 horas.
3. Ontem, os alunos quiseram sair mais cedo, mas não puderam. O diretor não permitiu.
4. Ontem, nós não pudemos sair de casa. Ficamos para ver o jogo pela televisão.
5. Ontem, eles quiseram ver o jogo, mas não puderam.
   porque não encontraram maisingressos.

## 1인칭 직접 목적어 me, nos

p.140

1. (nós)
   → Ele nunca nos viu aqui.
2. (eu)
   → Vocês nunca podem me ajudar.

3. (eu)

→ Meus vizinhos sempre me visitam.

4. (eu)

→ Estou muito cansada. Você pode me ajudar?

5. (eu)

→ Preciso sair agora. Pedro está me esperando.

6. (eu)

→ Francisco, você me esperou muito tempo?

7. (nós)

→ Nossos amigos nos convidaram para uma festa.

8. (eu)

→ Meus amigos me convidaram para uma festa.

9. (nós)

→ Nó convidamos sempre nossos vizinhos para jantar. Eles não nos convidam nunca.

10. (nós)

→ Por que você não nos avisaram?



## 3인칭 직접목적어

p.141

1. Mário não as fechou.
2. Ela o prepara em 10 minutos.
3. Lúcia a ajudou no trabalho?
4. Eu as vejo mais tarde.
5. Ana o viu.
6. Vocês os viram?
7. Nós os vimos no circo.
8. Ele a comprou ontem.
9. Ele os vende nesta loja.

## 3인칭 직접목적어 o(s), a(s)

p.142

1. (Lúcia)

→ Máio a viu na estaçiã de metrô.

2. (Lúcia and José)

→ Ele os conheceu em Campos do Jordão.

3. (cartas)

→ Ele as recebeu antes do almoço.

4. (você)

→ Felipe, não o vejo mais no restaurante.

5. (você)

→ Marina, nós a atendemos depois.

6. (você)

→ Adriana e Rafael, nós os esperamos amanhãpara o jantar.

## 알맞은 직접목적어 써넣기

p.143

Ontem, meu marido e eu fomos ao teatro.
Na sala de espera vimos nossos colegas de escritório mas eles não nos viram.
Comprei o programa e li os nomes dos atores.
Meu marido também o leu.

## 3인칭 직접 목적어 –lo(s), -la(s)

p.143

| | |
|---|---|
| 1. Quero ver o diretor. | Quero vê-lo. |
| 2. Quero conhecer a nova diretora. | Quero conhecê-la. |
| 3. Amanhãvamos visitar nossos amigos. | Amanhã vamosvisitá-los. |
| 4. Que bom! Vamos comprar esta bela casa. | Que bom! Vamos comprá-la. |
| 5. O diretor não quis atender o cliente. | O diretor não quis atendê-lo. |
| 6. Vou preparar o aperitivo. | Vou prepará-lo. |
| 7. Amanhãvamos atravessar o rio Amazonas. | Amanhãvamos atravessá-lo. |
| 8. Quero aprender esta música. | Quero aprendê-la. |
| 9. Vou encontrar meus amigos no restaurante. | Vouencontrá-losno restaurante. |
| 10. Não posso abrir a porta. | Não posso abrí-la. |
| 11. Esta casa é muito grande para nós. | Queremos vendê-la. |
| 12. Que belas laranjas! | Vamos comê-las. |
| 13. Gostei deste relógio. | Vou comprá-lo. |
| 14. Meus amigos chegam hoje. | Vamos esperá-los. |
| 15. Brasília é uma cidade moderna. | Quero conhecê-la. |

## 직접목적어 –no, -na, -nos, -nas로 변환시키기

p.145

1. Vocês ajudam-nas.
2. Os vizinhos viram-nos.
3. As crianças comeram-nos.
4. Os vizinhos chamaram-na.
5. Os alunos abrem-no.
6. Meus filhos compraram-nos.
7. Os convidados tomaram-no todo.
8. Meus irmãos compraram-nas.

9. Os diretores aprovaram-no.
10. Os rapazes acompanharam-nas atéem casa.

## "~가 아파요"의 "Estar com~ "의 표현

p.148

1. Sua testa está muito quente. Você está com febre.
2. Desculpe, mas hoje não posso falar. Estou com dor de garganta.
3. Tomei chuva ontem e hoje estou resfriado. Atchim!
4. Nossa! A reunião foi longa e cansativa. Estou com dor de cabeça.
5. Estou com dor de estmago porque comi demais.
6. Não posso ouvir bem o cantor porque João, ao meu lado, está com tosse.
7. Não quero comer nada. Não posso nem pensar em comida. Eu estou com enjôo.
8. Você falou demais e agora está com dor de garganta.
9. Esta cama não é boa. Estou sempre tenho dor nas costas.
10. Você está resfriada e com febre também. Acho que você está doente./ está com gripe.

답・안・지

## 명령법

명령법으로 문제 해결하기

p.152

1. Você está com dor de dente? Vá ao destista.
2. Você está com dor nas costas? Deite na cama.
3. Você está com dor de garganta? Tome remédio.
4. Você está com dor de cabeça? Tome aspirina.
5. Você está com dor nos pés? Vá para o ortopedista.
6. Você está com gripe? Vá para o hospital.
7. Você está com tosse? Tome um chá.
8. Você está com enjôo? Coitado! Vá ao consultório do Doutor Fagundes.
9. Você está resfriado? Tomeremédio.

체조수업 시간에 쓰는 명령표현

p.152

1. (abrir-fechar)
   → Abra e feche as mãs com movimentos firmes!
2. (abaixar)
   → Abaixe os braços!
3. (levantar)
   → Levante os braços acima da cabeça!
4. (fazer)
   → Faça novamente o movimento com as mãs!
5. (abrir-fechar)
   → Abra e feche os braçs! Mais depressa! Vamos! Mais umpouco!
6. (dobrar)

→ Agora dobre o joelho direito!

7. (levantar)
   → Levante os braços atéa altura dos ombros!
8. (esticar)
   → Agora estique a perna!
9. (dobrar-esticar)
   → Agora, ráido, dobre e estique a perna. Vamos!
10. (fazer)
    → Agora faça o mesmo movimento com a perna esquerda!
11. (dobrar)
    → Primeiro dobre o joelho! Vamos, coragem!
12. (correr)
    → Agora corra!
13. (controlar)
    → Controle a respiração!
14. (ser)
    → Nãosejam preguiçsos! Vamos! Ótimo! Agora, chega. Excelente!
15. (ir - estar)
    → Agora, vá para casa! Esteja aqui amanhãàmesma hora!

명령법으로 문장 완성하기 p.154

1. (você)
   → Você trabalha demais e estámuito magro. Descança mais e trabalhemenos!
2. (você)
   → Não hábons programas na televisão. Não assistam muita televisão!
3. (nós)
   → Nosso carro estámuito velho. Compremos um carro novo!
4. (você)
   → Não quero comprar nada. Não insista, por favor.
5. (vocês)
   → A reunião é à oito. Sejam pontuais!
6. (vocês)
   → Já é tarde. Vão dormir!

## 문법적 기능을 하는 <전치사a + 여성형 정관사a(s)>의 축약→à(s)

p.155

1. Primeiro vamos ao banco e, depois, à prefeitura e à biblioteca.
2. Mostrei meus planosao diretor e à secretária.
3. Ontem à noite ofereci um coquetel aos colegas do meu marido e às esposas deles.
4. Vamos ao aeroporto receber nossos amigos.
   Eles estão voltando de uma longa viagem.

Eles foramao Méico, aos Estados Unidos, às Bermudas, à Espanha, à França, a Alemanha, à Grécia e ao Japão.

5. No ano que vem, vamos à Europa.
   Queremos ir à Suíça, a Zurique.
   Depois vamos à Itáia, a Roma.
   Queremos ir também à Áustria, a Viena e,se possível, as Bruxelas, na Bégica.

## 이중부정 não ~ nem ~ nem ~

p.156

1. Você nunca compra nem chololate nem frutas para eles.
2. Eles não gostam nem de carne nem de peixe.
3. Ontem não saímos nem com Pedro nem com Teresa.
4. O ladrão não é nem alto nem moreno.
5. Eles não querem nem leite nem chocolate.
6. Esta casa não é nem velha nem feia.
7. Esta casa não é nem grande nem antiga.
8. Eles nem sempre viajam de avião nem de carro.
9. Meus filhos nem sempre comem doces nem frutas.
10. Ontem não assisti nem o jogo nem o filme

## 구어체를 문어체로 바꾸기

p.158

Ontem eu fui no consultório do Dr. Fagundes. No consultório dele tem sempre muita gente. Ele disse que eu estou bem. Só as minhas costas não estão em ordem. Depois de falar com o doutor, eu fui para a farmácia, comprei o remédio, voltei para casa e o tomei com pressa. Uh! Que remédio horrível.

## 명사의 성에 따라 부정관사와 형용사 일치 시키기

p.159

1. (uma) telefonema (longa)
2. (um) chefe (jovem)
3. (uma) diretora (confortável)
4. (uma) sofa (cara)
5. (uma) dentista (nervosa) / (um) dentista (nervoso)

## 명사의 성에 따라 지시형용사와 형용사 일치 시키기

p.159

1. (este) dia (feito)

2. (esta) oportunidade (única)
3. (esta) idéia (brilhante)
4. (este) mapa (antigo)
5. (este) limão (azedo)
6. (esta) opinião (contrária)

UNIDADE · 7

# 직설법 현재와 과거

## FAZER 동사

### FAZER 동사의 직설법 현재

p.163

1. Eles não fazem favores, mas eu faço.
2. Eu não faço isto. E você? Você faz?
3. Nós não fazemos viagens longas. E eles? Eles fazem?
4. Eles fazem compras aos sábados. E vocês? Quando vocês fazem?
5. Ela faz o trabalho em casa, mas todo mundo faz na fábrica.
6. A gente faz cursos interessantes. E ele? Eu acho que ele não faz.

### FAZER 동사의 직설법 과거

p.164

1. Eu não fiz isso. Quem fez?
2. Eu fiz tudo direito, mas ele não fez.
3. Ela fez um almoço muito gostoso.
4. Nós não fizemos compras. Alguém fez?
5. Você não fez seu trabalho. Ninguém fez.
6. Vocês já fizeram as malas? Eu ainda não.
7. Meus amigos fizeram uma longa viagem, mas a gente não fez.
8. Todo mundo fez tudo certo, menos ele. Ele fez tudo errado.

## DAR 동사

### DAR 동사의 직설법 현재

p.164

1. Aqui a gente dá informações, mas lá ninguém dá.
2. Nós damos explicações para o diretor. Eles também dão.
3. Vocês dão informações por telefone, mas ela não dá.
4. Eu não dou gorjeta. E você? Você dá?
5. Quem dá aula de português? Você dá?
6. Todo mundo dá descontos, mas eu não dou.

DAR 동사의 직설법 과거 p.165

1. Ontem nós demos uma festa. Foi ótima.
2. Eu gostei muito do livro que vocês mederam.
3. O que você deu para ela? Eu não dei nada.
4. A gente deu bom-dia para ela, mas ela não respondeu.
5. Todo mundo deu gorjeta, por isso eu também dei.
6. Quem lhe deu permissão para entrar? Ninguém deu.
7. Eles já deram o novo endereço, mas não deram o número do telefone.



## PÔR 동사

PÔR 동사의 직설법 현재 p.165

1. Você põe açúcar no café, mas eu não ponho.
2. Ele põe seus documentos no cofre. E vocês? Onde vocês põem?
3. Nós pomos paletó e gravata para trabalhar. Todo mundo põe.
4. Quem põe a mesa na sua casa? Ninguém põe. Ninguém almoça em casa.
5. A gente põe dinheiro no banco todos os meses. E ele? Ele também põe?
6. Eles põem as cartas no correio, mas ela não põe. Ela só manda fax.

PÔR 동사의 직설법 과거 p.166

1. Eu não sei quem pôs a mesa. Alguém pôs.
2. Quem pôs isso aqui? Foi você? Você pôs isso aqui?
3. Eu não pus nada na gaveta. Vocês puseram?
4. Ontem nós pusemos um anúncio no jornal.
5. Eles puseram todo o dinheiro no banco. A gente também pôs.
6. Todo mundo pôs jeans para ir ao churrasco. Ninguém pôs bermudas.
7. Ele pôs o carro no estacionamento, mas eles puseram na garagem.

## DIZER 동사

DIZER 동사의 직설법 현재 p.167

1. Nós não dizemos nada. E você. Você diz?
2. Eles sempre dizem a verdade. E vocês? Vocês também dizem?
3. A gente só diz a verdade, mas elas só dizem mentiras.
4. Ela sempre diz que trabalha demais.
5. Eu sempre digo sim, mas ele não. Ele sempre diz não.
6. Todo mundo diz até-logo quando sai. Ninguém diz até-logo quando chega.

DIZER 동사의 과거 p.167

1. O que vocês disseram? Nós não dissemos nada.
2. O que ela disse? Você sabe o que ela disse?
3. A gente disse “obrigado” e eles disseram de nada".

4. Todo mundo disse a mesma coisa. Ninguém disse nada diferente.
5. Quem disse isso? Alguém disse?
6. Eu quero saber o que ele disse.
7. O que você disse? - Eu? Eu não disse nada.

## TRAZER 동사

### TRAZER 동사의 직설법 현재 p.168

1. Todos os dias ele traz a filha aqui.
2. Nem sempre os jornais trazem a verdade.
3. O padeiro traz o pão e o leiteiro traz o leite.
4. E o jornaleiro? O jornaleiro traz o jornal.
5. Quem traz as cartas? O carteiro, claro.
6. Na televisão passa muita propaganda.
7. Eu sempre trago o livro de português para a aula.
8. Fique sentado. Eu lhe trazer o café aqui.
9. Vocês sempre trazem seus amigos aqui?
10. Nós sempre trazemos tudo. Eles nunca trazem nada.

### TRAZER 동사의 직설법 과거 p.169

1. Fomos ao supermercado e trouxemos tudo o que você pediu.
2. Quem trouxe isto para cá?
3. Ela trouxe cafezinho para as visitas.
4. Ninguém trouxe nada aqui para nós?
5. Você já trouxe as cadeiras aqui para a sala?
6. Por que vocês não trouxeram a Mariana para cá?
7. Eles trouxeram os documentos aqui para o advogado.
8. Eu não posso pagar a conta porque não trouxe o dinheiro.
9. Estamos aqui preocupados. Vocês trouxeram mais notícias?
10. Esta máquina até agora só nos trouxemos problemas. Precisamos vendê-la.

## 간접목적어

### 간접목적어 1 p.171

1. Ele viu o diretor e deu-lhe um folheto.
2. Você não tomou o café que lhe preparei.
3. Ele entrou na loja e o vendedor lhe mostrou as novas máquinas.
4. Convidei os Vieira e ofereci-lhes um jantar.
5. Ele não gostou do presente que eu lhe dei.
6. Não tenho notícias do Mário. Vou lhe telefonar.
7. Vocês não responderam a carta que eu lhes escrevi.
8. Eulhe fiz um favor mas vocênão me disse obrigado.

간접목적어 2

p.172

1. (nós)
→ Ele nos mostrou sua casa nova.
2. (nós)
→ Não fomos à festa porque vocês não nos disseram a data.
3. (eu)
→ Escrevi para ele, mas ele não me respondeu.
4. (eu)
→ Você pode me explicar o problema?
5. (eu)
→ O diretor não me deu outra chance.



## 소유형용사를 소유대명사로 받기

p.173

1. (eu/você)
→ Minha casa é grande. E a sua, como é?
2. (eu/você)
→ Minhas irmãs moram na Holanda. E as suas, onde moram?
3. (eu/você)
→ Meu pai trabalha na Ford. E o seu, onde trabalha?
4. (eu/você)
→ Meus livros estão no armário. E os seus, onde estão?
5. (eu/ele)
→ Meu amigo vai almoçar aqui. E o seu, onde vai almoçar?

## 부정사 todo o, todos os, tudo, todo

p.174

1. Nós conhecemos todos os alunos da escola.
2. Todas as casas têm portas e janelas.
3. Ela mandou tudo pelo correio.
4. Ele telefona todo o dia, menos sábado.

(참고) Ele telefona todos os dias, menos aos sábados. 와 같은 뜻.

5. Diga tudo o que você sabe.
6. Encontrei tudo em ordem.
7. Toda família tem seus problemas.
8. As crianças comeram tudo?
9. A empregada limpa toda a casa, todo dia.
10. Ele tomou toda a sopa, mas não comeu mais nada.

11. Ele vai para a Europa todo ano e passa dois meses lá.
12. Este ônibus passa por todas as ruas da pequena cidade.
13. Ele trabalhou toda semana, mas no domingo foi para a praia.
14. Toda manhã é a mesma coisa: acordo atrasado e saio correndo para o trabalho.
15. Ele vem aqui todo dia, mas não fica comigo todo o dia. Depois doalmoço ele vai embora.

## LEVAR와 TRAZER 동사의 차이

p.176

1. O gravador não está aqui em casa.
   Acho que o Felipe o levou para a escola.
   Ele temde trazê-lo de volta.
   Preciso muito dele.

   그 녹음기가 여기 집에 없네요.
   내 생각에 Felipe가 학교에 가지고 간 것 같습니다.
   그가 반드시 그것을 집으로 가져와야 합니다.
   내가 그것이 필요하거든요.

2. Dona Liana, sua televisão estáquebrada.
   Vou levá -la para a oficina.
   Láémaisfácil consertar.
   - E quando o senhor vai trazê -la de volta?

   Dona Liana, 당신의 텔레비전이 고장났어요.
   제가 작업장으로 그것을 가지고 가겠습니다.
   그곳에서 수리하는게 훨씬 쉬워서요.
   - 그럼 언제 다시 그것을 가져올 건가요?

3. Alô, meu bem. Estou aqui no escritório.
   Vou levar um amigo para jantar conosco aíem casa.
   - Tudo bem, Afonso, mas traz a bebida. Talvez uma garrafa de vinho.

   여보! 난 지금 여기 사무실에 있어요. 집에서 저녁을 먹기 위해 친구 한 명데려 갑니다.
   - 네, 알았어요, Afonso, 그런데 술 좀사오세요. 와인 한 병도 나쁘지 않겠지요? / 좋겠지요?

## 관련 표현 연결하기

p.177

1. Ela é meu braço direito.
2. Mas esse quadro não tem pé nem cabeça!
3. Estou com dor-de-cotovelo. Que raiva!
4. Meu Deus, ela fala pelos cotovelos!

(4) 오 이런, 그녀는 말이 너무 많아./그녀는 수다쟁이야.
(3) 아이! 질투나! 화나 죽겠어.
(2) 그런데 저 그림은 이해가 안되네?
(1) 그녀는 내 오른팔이야.

## 동사의 총복습

p.178

1. (fazer-pôr-dizer)
   → Todas as manhãs, eu faço café, ponho a mesa e digo bom-dia para ascrianças.
2. (ver)
   → Ele sempre me vê na rua, mas eu nunca o vejo. Não sei por quê.
3. (poder-dar)
   → Ontem, nós não pudemos dar a informação ao cliente, mas nossa colega deu.
4. (estar-querer-poder-ser)
   → Eles estiveram aqui ontem e quiseram falar comigo. Eu não pude atendê-los. Que pena!
   (= 그들은 어제 나와 대화하고 싶어 했기 때문에, 여기에 있었다.
   그러나 나는 안타깝게도 그들과 면담할 수 없었다.)
5. (ir-fazer-trazer-dar)
   → Ontem eles foram ao supermercado, fizeram compras, trouxeram tudo paracasa e deram tudo para mim. Vou fazer um grande jantar.
   ▶어제 그들은 슈퍼마켓에 가서 물건을 사고, (산 물건 모두를) 집으로 가져 와서, 나에게 모두 주었다. (따라서) 나는 (오늘 저녁) 성대한 저녁을 준비할 것이다.
6. (trazer)
   → Aos domingos, eu sempre trago vinho para nosso almoço e ela traz asobremesa. Uma delícia!
   ▶일요일마다 우리의 점심을 위해 나는 언제나 와인을, 그녀는 디저트를 가져온다.
   그것(일요일마다 같이 점심을 먹는 것)은 (무엇과도 바꿀 수 없는) 하나의 즐거움이다!

## 질문에 과거로 대답하기

p.179

1. Você vai fazer compras?
   - Não, eu já fui. Eu sempre faço compras de manhã.
   당신 물건 사러갈 겁니까?
   - 아니오, 저 벌써 갔다 왔습니다. 언제나 아침에 물건을 삽니다.
2. Vocês vão ver o show?
   - Não, já vi. Nós sempre vimos os shows no primeiro dia.
   당신들은 그 쇼를 보러갈 것입니까?
   - 아니오, 벌써 봤어요. 저희들은 언제나 쇼 첫 날 봅니다.
3. Vocês vão pôr a mesa?
   - Não, já pusemos. Nós sempre pomos a mesa bem cedo.

당신들은 식탁을 (지금) 차릴것 입니까?
- 아니오, 이미 차렸습니다. 저희들은 식탁을 언제나 일찍 차립니다.

4. Você já fizeram compras?
   - Não, nós fizemos. Nó sempre fizemos compras no final de semana.
   
   당신들은 벌써 쇼핑을 하셨습니까?
   - 아니오, 우리는 쇼핑을 하지 않았습니다. 언제나 주말에 물건을 삽니다.
5. Eles vão dizer obrigado?
   - Não, já disseram. Ele são muito educados.
   
   그들이 고맙다고 말을 할까요?
   - 아니, 이미 말했어요. 그들은 매우 교양있는 사람들이니까요

## UNIDADE · 8

### 직설법 반과거

과거의 습관/반복된 동작

p.183

1. (comprar)
   → Antigamente eu comprava tudo nesta loja.
2. (fumar)
   → Antigamente ele não fumava muito.
3. (estudar)
   → Antigamente nós estudávamos todos nesta escola.
4. (escrever)
   → Antigamente eles escreviam para nós toda semana.
5. (comer)
   → Antigamente ele comia muito pouco.
6. (receber/responder)
   → Antigamente nós recebíamos muitas cartas e nunca as respondiam.
7. (discutir)
   → Antigamente ele discutia com todo mundo.
8. (ir)
   → Antigamente a gente iamos á escola a pé.
9. (ir)
   → Antigamente a gente ia daqui até a cidade em l0 minutos.
10. (ser)
    → Ele era um bom aluno quando criança.
11. (ser)
    → Nós éramos bons amigos quando crianças.
12. (ser/ter)
    → Antigamente a cidade era mais bonita, porque tinha mais árvores.
13. (pôr)

→ Antes eles punham paletó e gravata para trabalhar.

14. (fazer/pôr/lavar)

→ Antes ela fazia café, punha a mesa e leva a louça. Agora ela não faz mais nada.

15. (ser/ir/ter)

→ Quando nós eramos crianças, iramos a pé para a escola porque nossa família não tinhamos carro.

과거 시점에서 당시 상황을 강조할 때(1): <과거 + 반과거> p.184

1. (estar)

→ Ontem chegamos cedo ao escritório. As portas ainda estavam fechadas .

2. (estar)

→ Ontem eu não fui trabalhar porque estava com febre.

3. (estar/ser/ter)

→ O carro que estava na nossa garagem era antigo e tinhaquatro portas. Ele não está mais lá.

4. (estar/estar/haver)

→ Entrei na sala. Ela estava escura porque as janelas estavamfechadas. Não haviam ninguém lá.

5. (estar/poder)

→ Ontem nós estavamos muito nervosos e quase não podiamos falar.Temos problemas, você sabe.

6. (ter)

→ No escritório ontem conversamos o dia inteiro. Não tinhamos nada para fazer,por isso saímos mais cedo.

과거 시점에서 당시 상황을 강조할 때(2): <과거 + 반과거 진행형> p.185

1. (almoçar/tocar)

→ Nós estavamos almoçando quando o telefone tocou.

2. (ver/apagar)

→ Eles estavam verendo televisão quando a luz apargou.

3.(pôr/começar)

→ Ele estava porando o carro na garagem quando comegou a chover.

4. (entrar/conversar)

→ Quando o chefe entava na sala, ele estava converando com a secretária.

5. (sair/roubar)

→ Enquanto ela saia da loja, o ladrão estava roubarando sua bolsa.

6. (pensar/aparecer)

→ Eu estava pensando nela quando ela aporecia na minha frente.

7. (ler/chamar)

→ Eu estava lendo o jornal quando ele me chamava .

8. (chegar/sair)

→ A gente estavamos chegando quando vocês sairam.

9. (apagar/pôr)

→ Quando a luz apagou, eu estava pondo a mesa para o jantar.

10. (pör/quebrar)

→ Ana estava pondo a mesa quando os copos quebram. Que barulhão!

과거 시점에서 동시 상황 1 : <반과거 진행형 + 반과거 진행형>

p.186

1. (trabalhar/dormir)

→ Que absurdo! Enquanto a gente estava trabalhando, você estava dormindo?

2. (ler/ver)

→ Ontem enquanto ela estava lendo, ele estava vendo televisão. Eles não conversaram.

3. (ir/ir)

→ Nós não nos encontramos porque enquanto eu estava indo para o Rio, ela estava indopara Curitiba.

4. (falar/pensar)

→ Enquanto ela estava falando, ele estava pensando em seus problemas.

5. (fazer/pôr/conversar)

→ Enquanto eu estava fazendo chá e ela estava pondo a mesa, nós estavamos conversando

6. (trabalhar/economizar/perder/gastar)

→ Ela ficou brava com ele porque enquanto ela estava trabalhando e estava enconomizando, ele estava perdendo tempo e gastando dinheiro em bobagens.

## 과거미래

과거의 시점에서 미래를 나타낼 때

"~ 하려고 했으나"

p.187

1. (reclamar)

→ Ele ia reclamar mas mudou de idéia.

2. (atravessar)

→ Ele ia atravessar a rua quando viu o amigo.

3. (dizer)

→ Ele ia dizer alguma coisa, mas mudou de idéia.

4. (ser)

→ A festa ia ser um sucesso, mas ninguém apareceu.

5.(trazer)

→ Eu ia trazer flores para você mas a loja estava fechada.

6. (comprar)

→ Nós íamos comprar a casa, mas achamos o preço muito alto.

7. (ir)

→ Depois do trabalho, nós íamos ir ao cinema, mas não deu certo.

8. (pagar)

→ Ela ia pagar a conta do restaurante, mas a gente não permitiu.

과거 시점에서 동시 상황 2 : <반과거 + 반과거> p.188

1. (telefonar/estar(=dar))
   → Ontem, toda vez que eu telefonava para você, o telefone estava ocupado.
2. (ouvir/pensar)
   → Ontem sempre que ele ouvia aquela música, pensava nela.
3. (olhar/sorrir)
   → Na festa, sempre que ele olhava para ela, ela sorria.
4. (falar/interromper)
   → Fiquei furioso na reunião de ontem porque toda vez que eu falava, ele meinterrompia.
5. (diminuir/morrer)
   → Tivemos problemas com o carro ontem. Sempre que eu diminuia a velocidade,ele morria.

반과거 사용하여 작문하기 p.188

1. Ontem, eles estavam na sala vendo televisão, quando a luz se apagou. A casa toda ficou às escuras. A empregada, que estava pondo a mesa para o jantar, parou o serviçoe foi para a cozinha.
2. O programa que estavam vendo era muito interessante: uma história de Sherlock Holmes. O filme parou quando o detetive estava reunindo provas para mostrá-las à polícia. Naturalmente, eles iam perder o final do filme.

## 비교급 p.189

우등비교

| | | | | | |
|---|---|---|---|---|---|
| mais | 형용사<br>명사 | + | 부사 | + | do que |

열등비교

| | | | | | |
|---|---|---|---|---|---|
| menos | 형용사<br>명사 | + | 부사 | + | do que |

동등비교

| | | | | |
|---|---|---|---|---|
| tão | + | 형용사<br>부사 | + | como<br>quanto |

비교급 (1)

p.190

1. (caro)

→ O jantar no restaurante é mais carodo que o lanche na lanchonete.

2. (longo)

→ A viagem do Brasil para o Japão é mais longo do que a viagemdo Brasil para os Estados Unidos.

3.(velho)

→ A cidade de Londres é mais velha/antiga do que Brasília.

4. (tranqüilo/agitado)

→ Antigamente a gente tinha uma vida mais tranqüila e menos antiga do queagora.

5. (grande)

→ Os problemas de uma cidade grande são maiores do que osproblemas de uma cidade pequena.

6. (bom)

→ Este restaurante é ótimo. Ele é tão bom quanto o restaurante GrandeCésar de Roma.

7. (mau)

→ Seu trabalho não está bom. Ele está pior do que o meu.

8. (mau)

→ Não falo bem inglês nem francês. Meu inglês é tão mau quanto meu francês.

9. (bom)

→ Os carros americanos são melhores do que os carros europeus?

→ Os carros americanos são tão bons quanto os carros europeus?

10. (econômico)

→ Os carros grandes são mais econômicos do que os carrospequenos.

11. (quente)

→ O Saara é mais quente do que o Rio.

12. (bom)

→ João e Pedro são bons professores. João é um professor tão bom como Pedro.

13. (longo)

→ Janeiro é um mês mais longo do que fevereiro .

14. (longo/quente)

→ Julho é tão longo quanto dezembro, mas é mais quente.

비교급 (2)

p.191

1. Eu não tenho tanto tempo quanto você.
2. Nós não temos tanta paciência quanto vocês.
3. Ele tem tantos problemas quanto ela.
4. Eu fiz tantas perguntas quanto você.
5. Eu não vejo tantos filmes quanto vocês.
6. Ele vai ganhar tantoquanto nós.
7. Eles sabem tanto quanto nós. Ninguém sabe nada sobre o novo chefe.

## VIR 동사의 총복습

p.193

1. Eu sempre venho aqui para conversar com meus amigos.
2. Ontem ele veio sozinho, mas geralmente ele vem com ela.
3. Antigamente ninguém vinha aqui porque era perigoso.
4. No domingo passado eu vim. Por que vocês não vieram?
5. Nós vimos aqui todo domingo. Por que vocês não vêm?
6. Antes eu vinha aqui todo dia. Agora eu não venho mais.
7. Antigamente nós vínhamos ver Helena toda semana.
   Eles também vinham. Mas agora mudou.
   Ontem só nós viemos. Nesses dias ninguém mais vem.
8. A gente vem aqui quando a gente pode. Ontem a gente não pôde. Desculpe!

## SABER 동사의 총복습

p.194

1. Eu soube ontem que você vai viajar.
2. Quando crianças, nós não sabíamos falar inglês. Agora sabemos.
3. Vocês sabem onde está o Rodrigo?
4. Nós não sabíamos que você estava precisando de ajuda. Desculpe!
5. Ele soube na semana passada que a situação é complicada.
6. Ela nunca sabe o que está acontecendo porque não lê jornal.
7. Vocês sabem que eles vão se casar?

(참고) Vocês souberam que eles vão se casar?

8. Antigamente ninguém sabia o endereço dele. Agora todo mundo sabe.
9. Eles ontem souberam que a situação está melhor.
10. Estou nervoso. Não sei o que fazer. Por favor, me ajude!

## SABER와 CONHECER 동사

내용에 알맞은 동사를 선택하여 써 넣기

p.195

1. Ninguém sabe o que eu penso.
2. Eu não sei jogar golfe, mas eu conheço muitas pessoas que sabem jogar.
3. Quero conhecer outros países.
4. Você sabe quanto custou isto?
5. Eu conheço um homem que sabe falar 20 línguas.
6. Eu conheço este carro. Eu sei que ele é muito bom.
7. Eu sei quem é ele, mas não o conheço pessoalmente.
8. Nós conhecemos a família dele, mas não sabemos onde moram.

## 인칭대명사 (3)

간접목적어와 전치사의 목적격(mim, comigo, conosco) p.197

1.(nós)
→ Você gosta de nós.

2. (eles)
→ Eu sempre penso neles.

3. (eu)
→ Ele deu o caderno e os livros para mim.

4. (eu)
→ Vocês não têm cartas para mim?

5.(eu/eu)
→ Ele não quer falar comigo porque não gosta muito de mim.

6. (você)
→ Eu tenho uma notícia para você.

7. (nós/elas)
→ Ele não quer jantar conosco. Ele prefere jantar com elas.

8. (ele/eu)
→ Eu não gosto dele porque ele não gosta de mim.

9. (nós)
→ Eles trabalharam muito tempo conosco.

10. (eu/eu)
→ Eles telefonaram para mim e disseram que querem falar comigo.

11. (eu/eu/ele)
→ Ele sempre pensa em mim porque precisa de mim. Eu nuncapenso nele.

12. (eu)
→ Venha comigo. Quero mostrar-lhe a cidade.

13. (nós/nós)
→ Ele não quer sair conosco porque não gosta mais de nós.

14. (eu/eu)
→ Minha amiga saiu comigo e comprou um presente para mim.

15. (vocês/vocês/eu)
→ Sem vocês eu não posso ir. Eu preciso de vocês. Por favor, venham comigo.

## 목적격 인칭대명사 총복습

(직접목적어, 간접목적어, 전치사의 목적격)중 써 넣기 p.198

1. Alice, ligue para mim amanhã. (전치사의 목적격)
Quero contar uma novidade.

2. Vimos Pedro saindo do hotel e corremos para cumprimentá-lo. (직접목적어, 전치사의 목적격)

Ele também me viu e sorriu para nós. (직접목적어, 전치사의 목적격)

3. Eles não gostam desta cidade, mas visitaram-na com seus amigos. (직접목적어)
4. Nã vejo Ricardo há muito tempo.
Vou telefonar-lhe hoje à noite e convidá-lo paravir àminha festa. (간접목적어, 전치사의 목적격)
Vou lhe telefonar. (간접목적어)
5. Améia, vou visitá-la amanhã. Quero lhe mostrar o que eu fiz nas férias. (직접목적어, 간접목적어)
6. Eu gosto muito de você, mas não sei se você gosta de mim. (전치사의 목적격)
Eu penso sempre em você.
Quando é que você pensa em mim? (전치사의 목적격)
7. Onde estáo André?
Eu não consigo encontrá-lo. (직접목적어)
Preciso muito falar com ele. (전치사의 목적격)
8. Gostei muito do livro.
Vou lê-lo outra vez. (직접목적어)
9. Meu amigo, venha.
Quero lhe mostrar minha casa. (간접목적어)
10. Mariana, eu gosto de você. (전치사의 목적격)
E você? Você gosta de mim? (전치사의 목적격)
11. Vamos àpraia amanhã Vocênã quer ir conosco ? (전치사의 목적격)
12. Fui ao shopping sozinho porque Adriana não quis ir comigo. (전치사의 목적격)

답·안·지

## 직설법 현재 과거, 반과거 (_ir로 끝나는 불규칙동사)

친구와의 대화 1 p.204

1. O que você vai usar na festa?
   → Vou usar um vestido novo que comprei na semana passada..
2. O que você vai servir?
   → Vou servir um bolo de queijo.
3. Como você diverte os seus amigos?
   → Com piadas.
4. O que você prefere: receber seus amigos em casa ou ir com eles para um restaurante?
   → Eu prefiro meus amigos em casa porque é mais confortável.
5. O que você serve para suas visitas?
   → Ee lhes sirvo frutas e doces caseiros.
6. O que você sente?
   → Eu sinto frio.
7. O que você veste?
   → Visto com camisa de lã.
8. O que você prefere: ficar em casa ou sair?
   → Eu prefiro ficar em casa.
9. Como você se diverte?
   → Eu me divirto assistindo à televisão, bebendo cerveja.

## 3군 동사의 직설법 현재 연습

p.205

1. (divertir)
   → Ele anda nervoso. Nada o diverte.
2. (preferir)
   → O que vocês preferem? Chá ou café?
3. (servir)
   → O que você serve como sobremesa no verão?
4. (divertir)
   → Você diverte seus amigos com suas histórias.
5. (divertir)
   → Eu diverto meus amigos com minhas piadas.
6. (mentir)
   → Vocês mentem muito. Não acredito mais em vocês.
7. (preferir)
   → Eles preferem visitar o Rio em julho. Não é tão quente.
8. (servir)
   → Eu sempre sirvo cafezinho para meus amigos, quando eles vêm me visitar.

9. (servir)
→ Você acha que este garçom serve bem? Nós já estamos aqui há meia hora.
10. (servir)
→ Este livro não serve para nossos alunos. É muito antigo.
11. (servir)
→ Estas blusas ainda servem para você. Use-as mais um pouco.
12. (mentir)
→ Eu nunca minto, mas ele mente o tempo todo.
13. (vestir)
→ Eu visto roupas quentes quando está muito frio.
14. (mentir)
→ Cuidado com eles! Eles sempre mentem.
15. (divertir)
→ No circo, o palhaço diverte as crianças.
16. (preferir)
→ Nós preferimos esperar pelo João aqui.
17. (preferir)
→ Eu prefiro chá verde, por favor. E você?
18. (vestir)
→ Os gaúchos vestem poncho no inverno.
19. (servir)
→ Eu sirvo o sorvete.
20. (divertir)
→ Cinema e teatro nunca me divertem.

## 재귀동사

재귀용법으로 작문하기 p.207

1. 그는 저 칼로 자해했다
→ Ele se feriu com aquela faca.
2. 나는 목욕탕에서 옷을 입어요.
→ Eu me visto no banheiro.
3. (당시에는) 아무도 6시에 일어나지 않았다.
→ Ninguém se levantava às 6 horas.
4. 우리는 여기에서 기분이 좋다. 왜 그럴까?
→ Nós nos sentimos bem aqui. Por quê?
5. 너는 그 소파에 앉아.
→ Você se senta no sofà.
6. 그들은 그 파티에서 매우 즐겼다.
→ Eles se divertiram muito na festa.
7. 그녀는 자신을 거울에서 바라보고 "내가 예쁘게 느껴지네"라고 말했다.
→ Ela se olha no espelho. E diz "Eu me sinto linda".

재귀동사가 들어간 문장 해석하기 p.207

- 당신 (지금) 왜 (이렇게) 피곤해 해요?
- 왜냐하면 지금까지 일만 했거든요. 일 분도 앉아 있질 못했어요 (= 단 한 순간도 엉덩이를 붙이지 못했 거든요). 당신과 아이들을 먹여 살리느라고 내가 죽을 지경이에요.
- 불평하지 말아요. 내일은 일요일이니까요.

재귀동사용법 (재귀용법과 상호용법) 구분하기 p.208

1. Ela, então, se decidiu. (재귀용법)
2. Levantou-se, vestiu-se e saiu. (재귀용법)
3. No elevador encontrou um vizinho.
4. Cumprimentaram-se, conversaram um pouco e, na rua, despediram-se. (상호용법)
5. Ela virou a esquina e dirigiu-se para o escritório do noivo. (재귀용법)

1. Eles se lavam sempre neste banheiro. (재귀용법)
2. Eles se conhecemhá dez anos.. (상호용법)
3. Você se chama João? (재귀용법)
4. Estes cachorros se secamao sol. (재귀용법)
5. Nósnos mudamos hoje para esta casa. (재귀용법)
6. Quem se oferece para ajudar-nos. (재귀용법)

## 재귀동사의 시제 총복습

p.209

1. Teresa, o avião já vai partir. Precisamos nos nos despedir agora mesmo.
2. Na festa todos se divertem alegremente. → 그 파티에서 모두가 즐긴다 (직설법 현재).

   Na festa todos se divertiam alegremente. → 그 파티에서 모두가 즐기곤 했다 (직설법 반과거).

   Na festa todos se divertiram alegremente. → 그 파티에서 모두가 즐겼다 (직설법 과거).
3. Se não me engano, ele vai acabar morando nesta casa.
   → 내가 틀리지 않는다면, 그는 이 집에 (눌러) 살게 될 것이다.
4. A gente sempre se cuprimenta com as mulheres.
   → 우리들은 그 여자들과 인사를 한다 (인사를 하고 지낸다).
5. Quando ela passou, todos os rapazes se viraram para vê-la.
6. Quando cheguei a Londres, diriji-me ao hotel.
7. As crianças estavam atrasadas, por isto elas vestim depressa e correram para a escola.
   → 그 아이들은 학교에 지각할까봐, 옷을 빨리 입고 학교를 향해 뛰었다.
8. O almoço estava pronto, mas a empregada não estava em casa. Por isso nós mesmos se viramos.
9. Quando a gente está cansado, a gente não se sente bem.

→ 우리는 피곤할 때, 기분이 별로 좋게 느껴지지 않습니다.

10. A festa vai ser animada. As moças e os rapazes vão se divertir muito.
    → 그 파티는 활기찰 겁니다. 따라서 청춘 남녀들이 많이 즐기게 될겁니다.
11. Aquele homem não estava se sentindo bem. Ele pegou um táxi e foi para casa.
12. Ela gosta do Antônio e do Pedro, mas não se decidiu por nenhum deles.
    Por issoPedro diz "ela se acha o máximo".
    → 그녀는 Antônio와 Pedro를 좋아하지만, 그들 중 누구에게도 가까이하지 않는다.
    그래서 Pedro는 "저 여자는 자기가 최고라고 생각하나 봐"라고 말한다.



## 최상급

p.211

| | | |
|---|---|---|
| <정관사 + 비교급 + 전치사 de~ > | | |
| bom | → | o melhor de |
| mau, ruim | → | o pior de |
| grande | → | o maior de |
| pequeno | → | o menor de |
| | | |
| <절대 최상급> | | |
| amável | → | amabilíssimo |
| mau, ruim | → | péssimo |
| bom | → | ótimo |
| agradável | → | agradabilíssimo |
| fácil | → | facílimo |
| dlficil | → | dificílimo |

최상급으로 문장 바꾸기

p.211

1. Ela mora numa casa confortável.
   → Ela mora na casa mais corfortável.
2. Esta fábrica vende aviões velozes.
   → Esta fábrica vende os aviões mais velozes.
3. Ontem vimos um filme interessante.
   → Ontem vimos o filme mais interessante.
4. A sala dele é clara.
   → A sala dele é claríssima.
5. Fizemos uma viagem curta.
   → Fizemos a viagem mais curta da nossa vida.
6. Ela mora num bom apartamento.
   → Ela mora no melhor apartamento da cidade.
7. Fabricamos máquinas grandes.
   → Fabricamos as maiores máquinas do país.

8. Eles fizeram um mau negóio.
→ Eles fizeram o pior negócio do mundo.
9. Ela abriu uma loja pequena.
→ Ela abriu a menor loja do bairro.

## 절대최상급으로 문장바꾸기

p.213

1. Ele comprou um apartamento velhíssimo.
2. O irmão dela é altíssimo.
3. O tempo em São Paulo é instabilíssimo.
4. Esta bicicleta é baratíssima.
5. É dificílimo dirigir em São Paulo.
6. Ela acha facílimo dirigir em Nova York.
7. Nosso diretor é um homem ocupadíssimo.
8. Ele éjovem, mas é responsabilíssimo.
9. O que aconteceu com Tómas? Ele está gordíssimo.
10. O carro está conservadíssimo e o preço é ótimo.
11. Pobre homem! Ele está péssimo.
12. Não gosto desta rua. Ela é escuríssima.
13. Vou a pépara o escritório. Moro pertíssimo do centro.
14. Neste restaurante, os garçons são ruins, mas o cozinheiro é ótimo.

## 동사의 시제 총복습

p.215

1. (ouvir)
→ Eu ouço rádio todas as manhãs, mas ele não ouve.
2. (ouvir)
→ Não façam barulho! Ele está ouvindo seu programa preferido.
3. (fazer)
→ Ela não vai sair agora porque está fazendo um bolo.
4. (pedir)
→ Ontem ele me pediu um livro emprestado.
5. (pedir)
→ Amanhã eles vão pedir férias ao chefe.
6. (fazer)
→ No ano passado, ele me fez muitos favores.
7. (pedir)
→ Você sempre pede sorvete de sobremesa, mas eu peço salada de frutas.
8. (fazer/fazer)
→ No ano passado, eu fazia ginástica duas vezes por semana. Agora não faço mais.

9. (fazer/fazer/pedir)
→ Você faz bons negócios com esta fábrica japonesa?
- Não, não faço. Eu sempre peço os folhetos, mas nunca os recebo.
10. (fazer)
→ As baianas fazem quindins muito bons.
11. (pedir)
→ Quando como neste restaurante, sempre peço o prato do dia.
12. (pedir)
→ Nós pedimos o número do telefone dele, mas ele não deu.
13. (ouvir/ouvir)
→ Antes nós ouviamos muita música clássica; agora não ouvimos mais porque não temos tempo.
14. (ouvir/pedir)
→ O público ouviu o concerto em silêncio e depois pediu bis.
15. (ouvir/ouvir)
→ Quando eu morava numa casa, ouvia a chuva bater no telhado;agora que moro em apartamento e não ouço mais.



## Acabar de + V(동사원형)

"지금 막 ~을 했다"
"지금 막 ~하기를 끝냈다"의 표현으로
"~하는 것을 지금 막 끝냈다"의 뜻

p.216

1. (quebrar)
→ Sinto muito, mas não vamos mais tomar vinho no jantar. Eu acabei de quebrar a última garrafa.
2. (contratar)
→ Temos uma nova secretária. acabamos de contratá-la.
3. (telefonar)
→ Julieta não está em casa. Eu acabei de telefonar para lá .
4. (sair)
→ Querem falar com o sr. Morais, mas ele acabou de sair.
5. (receber)
→ Hoje vamos jantar fora. Eu acabei de receber meu salário.
6. (ver)
→ Marina não está em casa. Eu acabei de vê -la na porta do cinema.
7. (fazer)
→ Ele está contente porque acabou de fazer um ótimo negócio.
8. (comprar)
→ Eles estão sem dinheiro porque acabaram de comprar uma casa.
9. (sair)
→ Vou comprar o último disco desta cantora. Ele acabou de sair.

10. (limpar)
→ A casa está limpa. Eu acabei de limpá-la.

## Mal + poder + V(동사원형)

"~하는 것을 거의 할 수 없(었)다"의 뜻

"~하는 것을 거의 하지 못한다"의 뜻

p.218

1. Eu trabalho muito e mal posso sair com meus amigos.
2. Ele está com sono e mal pode trabalhar.
3. Por causa da dor de cabeça ela mal pode falar.
4. Ela estava com dor na mão e mal podia escrever.
5. Porque minha amiga estava com pressa eu mal podia fazer compras.
6. Não é possível! Eu mal posso acreditar no que eu estou vendo.
7. Por causa do sol, ele mal podia ver o farol fechado.
8. Meu salário é muito baixo, com ele mal posso viver.
9. Não vou convidar meu vizinho para a festa, porque mal o conheço bem.
10. Não me lembro do rosto dele. Eu mal o conheço.

## PRECISAR 동사

PRECISAR로 된 질문에 대답하기

p.219

1. O que você precisa fazer hoje?
   → Eu preciso fazer lição de casa.
   → Eu preciso escrever uma carta.
2. O que eles precisam comprar?
   → Eles precisam comprar frutas para o jantar.
   → Eles precisam comprar uma casaem lugar de um carro.
3. A que horas você precisa almoçar?
   → Eu preciso almoçar às 11 horas.
   → Eu preciso almoçar ao meio-dia.
4. Por que ele precisa sair?
   → Porque eleprecisair ao escritório.
   → Porque ele precisa conversar com seu pai.
5. Com quem você precisa falar?
   → Eu preciso falar com minha mãe.
   → Eu preciso conversar com um mecânico para consertar meu carro.

PRECISAR 대신

## Ter de / Ter que로 대답하기

p.219

1. O que você precisa fazer hoje?
   → Eu tenho que ir ao dentista.
   → Eu tenho que terminar o relatório.
2. O que eles precisam comprar?
   → Eles têm de comprar carne e batata para jantar.
3. A que horas você precisa almoçar?
   → Eu tenho que almoçar à 1:00 da tarde.
4. Por quê ele precisa sair?
   → Ele tem que marcar um encontro com seu professor.
5. Com quem você precisa falar?
   → Eu tenho que falar com minha mãe.

## 문장 완성하기

p.220

1. Não posso ajudá-la porque tenho que enviar este e-mail.
2. Ele não veio à festa porque teve devisitar as seus pais que viver no campo.
3. O médico não vai nos atender hoje porque vai ter que fazer uma operação à tarde.
4. Para ser engenheiro você vai ter de estudar muito.
5. Para marcar uma entrevista com aquele artista a gente vai ter que esperar muito tempo
6. A gente tem de prestar atenção para dirigir em São Paulo.

(참고) * prestar atenção: 집중하다

7. Para levantar cedo a gente tem que dormir cedo.
8. A gente não tem de tomar-se gordo para ser elegante.
9. Para abrir uma firma nó temos que ter dinheiro de arranjar.
10. Para falar com o Papa você tem de ir ao Roma.

# 부록 4

# 참고 문헌

# 참고 문헌 (Bibliografia)


Almeida, Nílson Teixeira de(2008), *Gramática da Língua Portuguesa para concursos,* vestibulares, ENEM, colégio técnicos e militares, Editora Saraiva, 7a ed.

Coudry, Pierre, Elizabeth Fontão(1989), *Fala Brasil: Português para estrangeiros,* Editora Pontes.

Fernandes, Gláucia Roberta Rocha; Ferreira, Telma de Lurdes São Bento & Ramos, Vera Lúcia(2008), *Muito Prazer: Fale o portguguês do Brasil,* Editora Disal.

Laroca, Maria Nazaré de.; Bara, Nadime & Pereia Sonia Maria da Cunha (1991), *Aprendendo Português do Brasil: Um curso para estrangeiros,* Editora Pontes.

Lima, Emma Eberlein & Iunes, Samira A.(2010), *Falando… Lendo… Escrevendo… Português: Um curso para estrangeiros,* Editora E.P.U., 2a ed. 8 publicação.

Lima, Emma Eberlein; Rohrmnn, Lutz Ishihara Tkok; Bergweiler, Cristian Gozález & Iunes, Samira A(1991), *Avenida Brasil: Curso básico de Português para estrangeiros,* Editora E.P.U. & Editora Pedagógica e Universitária Ltda.

Mesquita, Roberto Melo(2001), *Gramática da Língua Portuguesa,* Editora Saraiva, 8a ed(1999). 3 tiragem(2001).

Neto, Pasquale Cipro & Infante, Ulisses(1999), *Gramática da Língua Portuguesa,* Editora Scipione.

Ponce, Maria Harumi; Burim, Silvia Andrade & Florissi, Susanna(2004), *Bem-Vindo!: a língua portuguesa no mundo da communicação,* Editora SBS. 6a ed.